Le Pèlerinage National

de 1908

A LOURDES

AF233764

8° L k7
36963

LA VIERGE COURONNÉE SUR L'ESPLANADE

DÉPÔT LÉGAL

LE
Pèlerinage National
DE 1908

RÉCITS & SOUVENIRS

PAR

Louis GUÉRIN

PARIS

5, RUE BAYARD, 5

Nihil obstat.

Parisiis, die 31 januarii 1909.

O. ROLAND-GOSSELIN,
can. hon.

IMPRIMATUR

Parisiis, die 1ª februarii 1909.

P. FAGES,
vic. gen.

A la mémoire

du vénéré P. François PICARD

et à son successeur

HOMMAGE

RECONNAISSANT ET FILIAL

L. G.

DÉCLARATION

Conformément au décret du pape Urbain VIII, nous déclarons que les faits et grâces extraordinaires rapportés par nous dans cet ouvrage n'ont qu'une valeur purement historique. Nous écrivons d'après le témoignage de ceux qui ont vu, et si nous employons avec eux le mot *miracle* en racontant quelques-unes des guérisons constatées par la science, nous ne voulons pas donner par nous-même à cette expression sa valeur canonique. Nous ne prétendons en aucune manière prévenir le jugement de la Sainte Église Catholique, Apostolique et Romaine, à laquelle nous voulons en tout et toujours rester soumis d'esprit et de cœur.

INTRODUCTION

BUT DU PÈLERINAGE NATIONAL

Lourdes de 1858 à nos jours.

Les apparitions.

Lourdes en 1858. — Louis Veuillot, qui écrivit un des premiers sur Lourdes, en a fait cette description dans l'*Univers* du 28 août 1858 :

ARMES DE LOURDES

Lourdes est une ville des Hautes-Pyrénées, très ancienne, plus traversée que connue. Elle est assise sur les premiers degrés d'un escalier de montagnes, au bord de la route de Tarbes à Pau, entre Bagnères et le sanctuaire renommé de Bétharram. On la traverse pour aller de Bagnères à Cauterets. Le voyageur qui parcourt ces vallées, pleines de spectacles grandioses et charmants, remarque le vieux et pittoresque château fort de Lourdes, garnison successive des Romains, des Sarrasins, qui, dit-on, ne le voulurent rendre qu'à Notre-Dame du Puy; des Anglais qui le gardèrent longtemps; objet de convoitise souvent disputé dans les guerres civiles; berceau de légendes, théâtre de combats et de douleurs, aujourd'hui pacifiquement gardé par un peloton d'infanterie (1). Au pied de ce château, bâti sur le roc, passe en gron-

---

(1) « Le château fut bâti par les Romains, selon l'historien Froissard. On y remarque une grande tour carrée, un bastion et de vieux parapets. » (*Itinéraire topographique et historique des Hautes-Pyrénées*, par A. A***,

LE CHÂTEAU FORT DE LOURDES

dant le Gave. Tout proche, sur le bord du torrent, se trouve la Grotte, de peu d'apparence, et jusque-là fort peu visitée, où depuis quelques mois le témoignage d'une petite fille pauvre attire tant de curieux.....

Paris, 1819.) « Un fossé et un mur contigus contournaient la ville du Midi au Nord et la protégeaient au Levant; des tours la fermaient aux quatre angles de son enceinte. Les tours ont été rasées; le vieux mur a presque entièrement disparu; le fossé a été comblé, et une rue, celle des Petits-Fossés, le remplace : seul, le château reste debout, avec la vieille tour de Garnabie qui émerge encore dans ce quartier. » (JEAN BARBET, *Guide de Lourdes et de la Grotte.*) Actuellement, ce château est vide; édifice communal, il abrite un musée et on peut le visiter. En 1897, un groupe des « miraculés » du Pèlerinage National y fut bienveillamment hospitalisé. En 1903, il fut illuminé et embrasé au soir des fêtes jubilaires.

LA VILLE, LE CHATEAU FORT ET LA VIEILLE ÉGLISE DE LOURDES

La première apparition du 11 février. — C'était le jeudi gras. On manquait de bois dans la pauvre maison du meunier François Soubirous, rue des Petits-Fossés, et sa femme, Louise-Marie Castérot, s'en chagrinait. Ses deux filles lui offrirent d'aller ramasser des branches sèches sur les rives du Gave.

La cadette, Marie, qu'on appelait aussi Toinette, était forte et robuste ; mais l'aînée, Bernadette, était frêle et souffrait d'un asthme. Elle était née le 7 janvier 1844 au moulin de Boly, qu'occupaient alors ses parents, et avait été confiée à une femme du village voisin de Bartrès, Marie Aravant, qui l'avait nourrie et élevée avec grande affection. Elle venait d'y faire un second séjour où elle s'était employée comme bergère, et il y avait quinze jours à peine qu'elle était rentrée à Lourdes. A cause de ses absences et de sa santé, et bien qu'âgée de quatorze ans, elle n'avait pas encore fait sa Première Communion, et toute sa science consistait à savoir dire le chapelet, puisqu'elle ne savait ni lire ni écrire.

Le froid et le temps sombre firent hésiter la mère. Une petite voisine, Jeanne Abadie, ayant insisté et promis de les accompagner, Louise Soubirous les laissa partir.

PORTRAIT AUTHENTIQUE
DE BERNADETTE SOUBIROUS

Bernadette avait à ce moment, comme c'est la coutume parmi les paysannes du Midi, la tête coiffée d'un mouchoir noué sur le côté. Cela ne parut pas suffisant à la mère :

— Prends ton capulet, lui dit-elle.

Le capulet est un vêtement très gracieux, particulier aux races pyrénéennes, et qui tient à la fois de la coiffure et du petit manteau; c'est une espèce de capuchon, en drap très fort; tantôt blanc comme la toison des brebis, tantôt d'un rouge éclatant, qui couvre la tête et retombe en arrière sur les épaules jusqu'à la hauteur des reins..... Le capulet de la petite bergère de Bartrès était blanc (1).

Après avoir franchi le Pont-Vieux, les trois compagnes descendirent le long du torrent, et par le moulin de Savy

LA GROTTE DE MASSABIEILLE EN 1858

se trouvèrent bientôt en face de la Grotte creusée dans les roches Massabieille (*masse vieille* ou vieux rocher), au pied du mont des Espelugues (*spelunca*). L'air était calme, il était environ midi.

Pour continuer, il fallait traverser le petit canal du moulin qui se jetait dans le Gave, presque devant la Grotte. Jeanne et Marie prirent leurs sabots à la main et franchirent le ruisseau, dont l'eau était peu abondante ce jour-là, mais très froide. Bernadette, craignant d'être reprise par son

---

(1) HENRI LASSERRE, *Notre-Dame de Lourdes*, dont nous allons résumer le récit, en le complétant par quelques détails d'historiens plus récents.

asthme si elle se mouillait les pieds, pria Jeanne de la passer sur ses épaules. Elle eut un refus et vit les deux jeunes filles, continuant leur cueillette, disparaître le long du Gave.

Restée seule, elle dut se résoudre à les imiter. Elle commençait à ôter un de ses bas quand elle entendit tout à coup « une grande rumeur pareille à un bruit d'orage ». Elle regarda autour d'elle : aucun arbre ne bougeait.

— Je me serai trompée, se dit-elle.

Elle continua à se déchausser ; le même souffle violent se fit encore entendre.

Oh ! alors j'eus peur et me dressai toute droite, raconte-t-elle avec une précision merveilleuse et un charme ingénu. Je n'avais plus de parole et ne savais que penser, quand, tournant la tête du côté de la Grotte, je vis, à une des ouvertures du rocher, un buisson, un seul, remuer comme s'il avait fait grand vent. Presque en même temps, il sortit de l'intérieur de la Grotte un nuage couleur d'or. Et peu après, une Dame jeune et belle, belle surtout comme je n'en avais jamais vue, vint se placer à l'entrée de l'ouverture au-dessus du buisson. Aussitôt elle me regarda, me sourit et me fit signe d'avancer comme si elle avait été ma mère. La peur m'avait passé, mais il me semblait que je ne savais plus où j'étais. Je me frottais les yeux, je les fermais, je les ouvrais ; mais la Dame était toujours là, continuant à me sourire et faisant comprendre que je ne me trompais pas. Sans me rendre compte de ce que je faisais, je pris mon chapelet dans ma poche et me mis à genoux. La Dame m'approuva par un signe de tête et amena elle-même dans ses doigts un chapelet qu'elle tenait à son bras droit. Lorsque je voulus commencer le chapelet et porter ma main au front, mon bras demeura comme paralysé, et ce n'est qu'après que la Dame se fut signée que je pus faire comme elle. La Dame me laissa prier toute seule ; elle faisait bien passer entre ses doigts les grains de son chapelet, mais elle ne parlait pas ; et ce n'est qu'à la fin de chaque dizaine qu'elle disait avec moi : *Gloria Patri, et Filio, et Spiritui Sancto*. Quand le chapelet fut récité, la Dame rentra à l'intérieur du rocher, et le nuage d'or disparut avec elle (1).

La céleste Apparition qui venait de disparaître, après cette scène qui n'avait pas duré un quart d'heure, était d'une incom-

------

(1) M. Estrade, *Récits d'un témoin*.

parable beauté. La voyante en précisa plus tard les détails.

La Dame était de taille moyenne; elle semblait toute jeune, seize ou dix-sept ans; et pourtant elle avait à la fois la candeur de la vierge, la gravité de la mère et la majesté de la souveraine. Son visage respirait une grâce infinie; ses yeux bleus et ses lèvres avaient une indicible expression de douceur et de bonté. Ses vêtements étaient blancs. La robe, longue et traînante, laissait ressortir les pieds nus, sur chacun desquels brillait une rose d'or. Une ceinture bleue pendait en deux bandes; un voile blanc, fixé autour de la tête et laissant à peine apercevoir les cheveux, enveloppait les épaules et tombait en arrière jusqu'au-dessous de la taille. Le chapelet qu'elle portait à son bras droit était à grains blancs, avec une chaîne d'or luisante comme les roses de ses pieds.

Bernadette était restée à la même place. Sa sœur et Jeanne l'y rejoignirent, se moquant d'elle. Elle traversa le ruisseau, n'éprouvant qu'une sensation d'eau tiède malgré le froid qui avait fait crier ses compagnes, et elle les aida à faire les fagots de bois mort. En revenant, elle leur demanda si elles n'avaient rien remarqué à la Grotte.

— Non, répondirent-elles; pourquoi nous fais-tu cette question?

— Oh! alors, rien, dit-elle avec indifférence.

Quand Jeanne les eut laissées, d'après M. Estrade, Bernadette raconta à sa sœur ce qu'elle avait vu et lui demanda le secret. Le soir, en faisant la prière de famille, elle se troubla et se mit à pleurer. La mère interrogea. Marie répondit et Bernadette dut donner des explications sur l'apparition qu'elle avait eue. La pieuse femme, vaguement inquiète, lui dit que c'étaient des illusions qu'il fallait chasser et lui défendit de retourner à Massabieille.

La deuxième apparition (14 février). — Cette défense fut une grande épreuve pour l'enfant, qui se sentait attirée vers la Grotte. A force de prières, elle obtint de sa mère de s'y rendre le dimanche suivant, 14 février. Elle y alla donc, avant les vêpres, après s'être munie d'une fiole d'eau bénite contre les ruses possibles du démon. Cinq ou six jeunes filles de son âge l'accompagnaient avec sa sœur; d'autres devaient suivre avec Jeanne Abadie; toutes avaient été mises au courant de la première apparition.

Arrivée à la Grotte, Bernadette se mit à genoux en face du buisson au-dessus duquel la Dame s'était montrée. Elle commença à prier, et tout à coup — il semble que ce fut à la troisième dizaine du chapelet que les enfants récitaient ensemble — elle s'écria, dans un transport de joie :

— Voyez-la..... Elle a le chapelet passé au bras droit. Elle vous regarde.....

Mais ses compagnes ne voyaient rien. L'une d'elles, Marie Hillot, qui tenait le flacon d'eau bénite, le lui passa, et la voyante en jeta le contenu vers le buisson.

— Si vous venez de la part de Dieu, approchez, dit-elle.

La Dame s'avança sur le rebord du rocher, s'inclina et sourit. Bernadette n'eut pas le courage d'ajouter le reste de la formule qu'on lui avait indiquée : « Si vous venez de la part du démon, allez-vous-en..... »

Le second groupe arriva, et toutes furent effrayées à la vue du ravissement dans lequel était plongée la voyante. Il fallut, pour le faire cesser, qu'elles allassent chercher le jeune meunier Antoine Nicolau, qui, aidé de sa mère, put amener l'enfant au moulin de Savy, où seulement la vision cessa. C'était bien, dit-elle, la même Dame que le jeudi précédent.

La troisième apparition. — L'événement s'ébruita. La mère Soubirous, encore plus inquiète, renouvela à sa fille la défense d'aller à la Grotte. Mais, le 17 février, deux personnes pieuses, Mme Millet et Mlle Antoinette Peyret, la firent revenir sur sa décision en s'engageant à accompagner l'enfant. Et le jeudi 18 février eut lieu, de bon matin, la troisième apparition.

Bernadette, suivie de ses deux compagnes, arriva à la Grotte après avoir assisté à la messe et s'agenouilla sur une pierre plate. Sa figure fut aussitôt transfigurée :

— Elle est là, dit-elle. Elle me fait signe d'avancer.

Mme Millet, qui avait apporté le cierge bénit de la Chandeleur, l'alluma et s'unit à la prière.

Antoinette, qui s'était munie d'une feuille de papier, d'une plume et d'encre, tendit ces objets à la voyante :

— Va, dit-elle, demander à la Dame ce qu'elle veut, et qu'elle le mette par écrit.

Bernadette se leva, s'approcha seule du rocher en faisant signe aux deux femmes de ne pas la suivre, et revint avec le papier en blanc.

— Quand je lui ai présenté le papier et l'encre, dit-elle, elle s'est mise à sourire, puis, sans se fâcher, elle m'a répondu : « CE QUE J'AI A VOUS DIRE, IL N'EST PAS NÉCESSAIRE QUE JE LE METTE PAR ÉCRIT. »

Ce fut la première parole de l'Apparition. Puis, ayant paru un instant réfléchir, elle dit à Bernadette :

— VOULEZ-VOUS ME FAIRE LA GRACE DE VENIR ICI PENDANT QUINZE JOURS ?

— Je vous le promets.

— ET MOI, JE VOUS PROMETS DE VOUS RENDRE HEUREUSE, NON POINT DANS CE MONDE, MAIS DANS L'AUTRE.

Mme Millet et Antoinette, ne sachant si leur présence était importune, le firent demander à la Dame.

— NON, répondit la Dame, ELLES PEUVENT REVENIR AVEC VOUS, ELLES ET D'AUTRES ENCORE. JE DÉSIRE Y VOIR BEAUCOUP DE MONDE.

Nous nous agenouillâmes et nous priâmes, raconte Mlle Peyret. Nous étions près de nous retirer, quand Bernadette me dit :
— Cette Dame vous a regardée pendant longtemps.
Mme Millet répondit :

— C'était le cierge qu'elle regardait.

Bernadette, s'adressant à moi, redit :

— Non, c'était vous : cette Dame vous a regardée en souriant.

La vision s'était achevée sur un colloque intime. Elle avait duré une heure environ.

En reconduisant Bernadette à sa famille, les deux femmes dirent à la mère :

— Ah! que vous êtes heureuse d'avoir une pareille enfant!

Les apparitions de la quinzaine. — Les parents étaient de plus en plus troublés et indécis. La mère, en ce jour du 18, alla consulter sa sœur aînée, Bernarde, marraine de sa fille. Celle-ci réfléchit et vint le soir donner son avis. Il ne fallait pas empêcher Bernadette de se rendre à la Grotte, mais sa mère et sa tante devaient l'accompagner. Ce qu'elles firent, dès le lendemain matin, 19 février, au point du jour. L'extase commença aussitôt. La mère fut effrayée :

— O mon Dieu! je vous en conjure, ne m'enlevez pas mon enfant!

— Oh! qu'elle est belle! dit une assistante, car des femmes les avaient suivies.

Tous avaient aux yeux des larmes d'attendrissement pendant la demi-heure que dura le ravissement de Bernadette.

Revenue à elle et au retour vers la ville, la voyante déclara que la Dame s'était montrée satisfaite de sa fidélité à revenir à la Grotte et lui avait annoncé des révélations pour plus tard.

Un fait étrange s'était produit pendant la vision.

Un tumulte de voix sinistres paraissant sortir des entrailles de la terre, raconta Bernadette, était venu éclater au-dessus des eaux du Gave. Ces voix s'interpellaient, se croisaient, se heurtaient, comme les clameurs d'une foule en querelle. L'une de ces voix, dominant les autres, avait crié d'une manière stridente et pleine de rage : *Sauve-toi! Sauve-toi!* A ce cri qui ressemblait à une menace, la Dame avait levé la tête et froncé le sourcil en regar-

dant vers la rivière. Sur ce simple mouvement, les voix s'étaient prises d'épouvante et avaient fui dans toutes les directions (1).

Le lendemain, 20 février, le bruit s'étant répandu, 1 journal local ayant parlé, une foule assez nombreuse se trouvait déjà à la Grotte lorsque Bernadette et sa mère y arrivèrent vers 6 heures 1/2. La vision eut lieu comme les aurtes fois, et la voyante avoua ensuite que la Dame lui avait appris « mot par mot une prière particulière et spéciale pour elle ».

Le dimanche 21 février, l'apparition se produisit pour la sixième fois. Plusieurs milliers de personnes étaient venues

------

(1) M. Estrade, *Récits d'un témoin.*

y assister. Le Dr Dozous, médecin de Lourdes, se trouvait près de l'enfant et étudiait attentivement ses moindres mouvements. Or, ce jour-là, Bernadette fit sur ses genoux quelques pas en avant dans la Grotte.

— La Dame, lui raconta-t-elle après l'extase, en me quittant un instant de son regard, l'a dirigé au loin par-dessus ma tête. Ensuite, le reportant sur moi qui lui demandais ce qui l'attristait, elle m'a dit : « Priez pour les pécheurs. » Je fus bien vite rassurée par l'expression de bonté et de sérénité que je pus revoir sur son visage, et aussitôt elle disparut.

Mais ce dimanche fut un jour d'épreuves pour Bernadette. Le procureur impérial, M. Dutour, et le commissaire de police, M. Jacomet, l'interrogèrent l'un après l'autre, sans la troubler ni la confondre, malgré la menace de la prison. « Il fallait qu'elle fût sainte ou qu'elle eût beaucoup d'inspiration, pour être de sang-froid comme elle était, cette petite! » déclara le cantonnier Léon Latapie, qui l'avait amenée là par le bras. Son père vint la chercher et promit qu'elle n'irait plus à la Grotte.

De fait, le lundi 22 février, elle dut aller le matin à l'école, mais, après midi, poussée par une force invisible, elle descendit à Massabieille au lieu de rentrer chez elle. Deux gendarmes la suivirent; elle se mit en prières entre eux. Mais, épreuve plus douloureuse, la Dame ne se montra pas.

Bernadette fut plus joyeuse le mardi 23 février. Son père, la veille au soir, avait levé sa défense. Elle retourna donc à la Grotte dès le matin. L'Apparition lui confia un secret qui ne regardait qu'elle seule, qu'elle ne devait jamais dévoiler et qu'elle emporta dans la tombe.

A la fin, la Dame parut se recueillir et dit :

— Allez dire aux prêtres qu'il faut me batir ici une chapelle (1).

____

(1) M. Estrade place cette parole seulement à l'apparition du 27 février.

Le curé de Lourdes avait nom l'abbé Peyramale; âgé de quarante-sept ans, c'était un homme de haute stature, au regard imposant, à la figure sévère. Bernadette en avait « plus peur que d'un gendarme ». C'est à lui cependant qu'elle porte le message céleste. Le prêtre la reçoit avec froideur; il s'était tenu jusque-là sur une réserve prudente et pleine de tact au sujet des apparitions, défendant à ses vicaires d'aller à la Grotte et n'y paraissant point lui-même. Mais ce prêtre éminent, dit Henri Lasserre, « qui unissait à un cœur d'apôtre un bon sens d'une rare fermeté et un caractère que rien au monde ne pouvait faire fléchir quand il s'agissait de la vérité », est bientôt gagné par la candeur, l'ingénuité et le naturel de la petite voyante. Et, sans répondre directement au message, il demande que la Dame lui fasse connaître son nom et que pour preuve de sa puissance elle fasse fleurir l'églantier qu'elle a sous les pieds.

Le mercredi 24 février, la foule était encore plus grande devant la Grotte. M. Estrade, receveur des contributions indirectes et qui avait assisté à l'interrogatoire chez le commissaire de police, était au premier rang. Bernadette s'était agenouillée sur la pierre qu'elle s'était choisie précédemment et qu'on respectait toujours, à une dizaine de mètres environ de la niche.

Soudain, un nuage de tristesse vint assombrir sa figure, des larmes coulèrent sur ses joues, elle se leva et gravit la pente de la Grotte vers le rocher en baisant la terre à chaque pas. Il y avait environ 15 mètres. Arrivée sous l'églantier, elle leva la tête comme pour écouter, et, se tournant vers les spectateurs, elle répéta trois fois avec des sanglots dans la voix les mots de la Vision :

— PÉNITENCE ! PÉNITENCE ! PÉNITENCE !

Puis la Vierge, après avoir souri à la demande du curé de Lourdes, confia à l'enfant un second secret personnel.

Le jeudi 25 février eut lieu la neuvième apparition. La multitude avait encore augmenté. Pendant son extase, Bernadette alla de nouveau baiser la terre sous la roche, et revint prier à sa place habituelle. Un troisième secret lui fut révélé pour elle seule. Puis la Vierge dit :

— ALLEZ BOIRE ET VOUS LAVER A LA FONTAINE, ET MANGEZ L'HERBE QUI EST A CÔTÉ.

L'enfant se leva, hésitante, et se dirigea vers le Gave. Un signe de l'Apparition la rappela dans la Grotte, à l'endroit où la veille elle était montée à genoux. Ne voyant pas d'eau, elle gratta la terre, et la petite cavité qu'elle venait de faire se remplit d'eau boueuse. Elle la laissa s'éclaircir un peu, en but avec quelque répugnance et s'en lava la figure, prenant aussi un brin d'herbe qui poussait sur le sol et le portant à sa bouche. Elle revint à sa place, et l'extase s'acheva peu après.

La foule avait suivi cette scène sans la comprendre ; on crut à un accès de démence. C'était au contraire le signe manifeste de la toute-puissance de la Vierge, puisque, par cette source miraculeuse, les malades devaient bientôt et en si grand nombre obtenir leur guérison (1).

Le vendredi 26 février, dit Henri Lasserre, il n'y eut pas d'apparition. M. Estrade place cependant en ce jour la dixième apparition. Bernadette, d'après lui, vint d'abord

---

(1) La *Géographie* si vantée d'Elisée Reclus ose écrire : « La grande célébrité de Lourdes lui vient des visions d'une bergère ; une anfractuosité du rocher, où coule un *filet d'eau dérivé du Gave*, attire jusqu'à 250 000 pèlerins dans une année. » (T. II, p. 146.) Or, ce « filet d'eau », qui n'est pas du tout « dérivé du Gave », donne 122 400 litres par vingt-quatre heures ! Telle est la précision scientifique de certains auteurs renommés.

à la nouvelle fontaine qui coulait déjà assez abondamment, elle y but et s'y lava comme la veille. Puis elle reprit sa place habituelle, s'abandonnant aux effusions de l'extase. Et la Dame lui dit d'une voix attristée :

— Vous baiserez la terre pour les pécheurs.

A la onzième apparition (27 février), les joies de l'extase se prolongèrent un peu plus.

Le lendemain, dimanche 28 février, plus de 2 000 spectateurs étaient assemblés devant la Grotte. Le garde champêtre, Pierre Callet, qui avait ordre de les surveiller, devait dire comme presque chaque jour au commissaire de police : « Il n'y a rien de nouveau, le monde est calme. » Bernadette, qui était accompagnée de sa plus jeune tante, Lucile, reçut encore de l'Apparition des communications intimes et personnelles.

A la treizième apparition (1ᵉʳ mars), un incident eut lieu, que raconte ainsi M. Estrade :

Une personne de Lourdes, désirant attacher un souvenir pieux à son chapelet, l'avait remis à Bernadette avec prière de vouloir bien le réciter à la Grotte pendant l'apparition de la Dame céleste. Bernadette ne fit aucune difficulté pour se rendre au désir de cette personne. Le matin du 1ᵉʳ mars, en arrivant à la Grotte, la voyante se mit à genoux et prit, au hasard, le premier chapelet qu'elle rencontra dans sa poche. Quand elle voulut le porter à son front, sa main fut arrêtée, et la Dame lui demanda sur le ton du reproche ce qu'était devenu son chapelet. Bernadette, étonnée, avança le bras pour montrer celui qu'elle tenait à la main : « Vous vous trompez, lui dit la Dame, ce chapelet n'est pas le vôtre. » Bernadette regarda et reconnut en effet que le chapelet dont elle voulait se servir était le chapelet qu'on lui avait confié. Elle le remit prestement dans sa poche, en retira le sien (1) et le présenta à la Dame en allongeant son bras vers la Grotte. La Dame fit un signe de tête affirmatif, et la voyante, dès lors, put commencer sa prière.

Le mardi 2 mars, la voyante eut un nouveau message

____

(1) Cet humble chapelet est conservé actuellement dans le trésor de la Basilique de Lourdes.

à porter au curé de Lourdes. Elle se rendit aussitôt au presbytère, accompagnée de sa tante Basile, et, malgré l'accueil encore un peu froid du prêtre, lui dit que la Dame l'avait chargée de répéter qu'elle désirait avoir une chapelle à Massabieille, et de plus qu'elle avait ajouté :

— Je veux qu'on vienne ici en procession.

L'abbé Peyramale essaya de discuter, et déclara finalement qu'il allait en référer à l'évêque de Tarbes, à qui il appartenait de décider et d'agir.

Le 3 mars, d'après M. Estrade et le rapport de M. Jacomet — Henri Lasserre est muet sur ce jour, — la Dame n'apparut point, et ce fut un jour d'épreuve pour Bernadette. On crut à la fin des apparitions, mais la voyante déclara que la quinzaine n'était pas finie et qu'elle reviendrait le lendemain qui en était le dernier jour. Le maire de Lourdes, M. Lacadé, en prévision d'une affluence considérable, avait requis les soldats du fort. Il y eut en effet, le 4 mars, de 15 à 20 000 pèlerins assemblés de tous les environs, gardés par l'infanterie et trois ou quatre brigades de gendarmerie venues du dehors. Le maire, l'adjoint, le procureur impérial et le commissaire de police étaient là, ceints de leurs écharpes. Bernadette, accompagnée de sa mère, arriva à travers la foule, précédée de deux gendarmes sabre au clair. Dès que l'extase commença, un silence imposant se fit et tous tombèrent à genoux. On sentait la puissance du surnaturel. L'apparition dura une heure environ. Comme les jours précédents, l'enfant dut aller boire et se laver à la fontaine ; sa figure s'attendrit un moment jusqu'aux larmes, puis se rasséréna et s'épanouit. Rien de ce colloque intime n'a été recueilli ; aucun signe miraculeux ne se produisit ; le nom de la Dame ne fut pas encore révélé.

La quinzaine était finie. La voyante reprit sa vie journalière. L'affluence des pèlerins continuait de plus en plus à la Grotte, chaque jour et à chaque heure du jour. On commençait à l'orner ; on y mit un autel, une statue, des *ex-voto*, des fleurs et surtout des cierges qui brûlaient jour et nuit ; on y jetait même de l'argent pour aider à la construction de la future chapelle : le total de ces petites sommes se montait déjà à plus de 1 500 francs au mois de septembre suivant.

L'apparition du 25 mars. — La Dame n'avait pas dit son dernier mot. Le 25 mars, Bernadette entendit un appel intérieur et se rendit à la Grotte, dès 5 heures du matin, avec sa tante Basile. A cette heure matinale, il y avait peu de monde en cette fête de l'Annonciation, mais l'Apparition s'y trouvait déjà. La voyante s'excusa de son retard ; un sourire la pardonna. Elle eut de nouveau l'idée de demander à la Dame « de vouloir bien lui dire qui elle était ».

Comme à mes précédentes questions, la Dame inclina la tête, sourit, mais ne répondit pas. Je ne sais pourquoi je me sentis plus courageuse, et je revins à lui demander la grâce de me faire connaître son nom. Elle renouvela son sourire et sa gracieuse salutation, mais elle continua à garder le silence. Une troisième fois, les mains jointes, et tout en me reconnaissant indigne de la faveur que je réclamais, je recommençai ma prière. La Dame se tenait debout au-dessus du rosier et se montrait comme elle se montre dans la médaille miraculeuse. A ma troisième demande, elle prit un air grave et parut s'humilier..... Elle joignit ensuite ses mains et les porta sur le haut de la poitrine..... Elle regarda le ciel....., et me dit, en laissant trembler sa voix :
— JE SUIS L'IMMACULÉE CONCEPTION !

Il y avait un peu plus de trois ans que Pie IX avait solennellement proclamé le dogme de l'Immaculée Conception, le 8 décembre 1854. C'était la confirmation divine de la parole infaillible du Vicaire de Jésus-Christ.

C'était aussi la réponse de la Dame à la demande de l'abbé Peyramale, et ce fut dès lors qu'on l'appela : *Notre-Dame de la Grotte* ou *Notre-Dame de Massabieille*, et enfin *Notre-Dame de Lourdes*.

Phot. Bonne Presse.

LA VIERGE DE LA GROTTE

La petite bergère entendait ces mots pour la première fois, et, pour ne pas les oublier, racontait-elle un jour, « jusqu'au presbytère où j'allais, je disais : *Immaculée Conception, Immaculée Conception*, à chaque pas que je faisais, parce que je voulais porter à M. le curé les paroles de la Vision, afin que la chapelle se bâtît. »

Les deux dernières apparitions. — Le mercredi de Pâques 7 avril, une dix-septième apparition (1) eut lieu devant 9 000 personnes. Elle fut marquée par l'incident du cierge. Le Dr Dozous, qui en fut le témoin et l'acteur, le raconte ainsi :

Bernadette était à genoux, récitant avec une ferveur angélique les prières de son chapelet qu'elle avait à la main gauche, pendant qu'elle tenait de la main droite un gros cierge bénit allumé. Au moment où elle commençait à faire, à genoux son ascension ordinaire (vers le fond de la Grotte), il survint tout à coup un temps d'arrêt dans ce mouvement, et sa main droite, se rapprochant alors de la gauche, plaça la flamme du gros cierge sous les doigts de cette main, assez écartés les uns des autres pour que cette flamme pût facilement passer entre eux. Activée en ce moment par un courant d'air assez fort, elle ne parut produire sur la peau qu'elle atteignait aucune altération. Etonné de ce fait étrange, j'empêchai que personne ne le fît cesser, et, prenant ma montre, je pus, durant un quart d'heure, l'observer parfaitement. Bernadette, après cet intervalle de temps, toujours en extase, s'avança vers le haut de la Grotte, en déplaçant ses mains et les éloignant l'une de l'autre. Elle fit ainsi cesser l'action de la flamme sur la main gauche. Sa prière terminée et la transfiguration de son visage ayant disparu, Bernadette se leva et se disposa à s'éloigner de la Grotte. Je la retins un moment et je lui demandai de me montrer sa main gauche que j'examinai avec le plus grand soin. Je ne trouvai nulle part la moindre trace de brûlure. M'adressant alors à la personne qui s'était emparée du cierge, je la priai de le rallumer et de me le remettre. Aussitôt je plaçai plusieurs fois de suite la flamme du cierge sous la main gauche de Bernadette, qui l'en éloigna bien vite, en me disant « Vous me brûlez ! » (2)

Le médecin, qui avait refusé jusque-là d'admettre la réalité objective des apparitions, dit alors à la voyante :

— A présent, je crois que tu vois réellement quelque chose.....

------

(1) Henri Lasserre la place au lundi 5 avril, malgré un rapport du commissaire de police qui lui parut sans doute avoir été postdaté.
(2) M. ESTRADE, *Récits d'un témoin*.

Bernadette, qui avait fait, le 3 juin, sa Première Communion, à l'hospice, selon la coutume alors en vigueur, eut, le 16 juillet, en la fête de Notre-Dame du Mont-Carmel, la dernière apparition. Elle avait communié le matin même; et dans la soirée, se trouvant en prière dans l'église paroissiale, elle entendit en elle-même l'appel de la Vierge. Elle

L'ANCIENNE ÉGLISE PAROISSIALE AUJOURD'HUI DISPARUE

se rendit aussitôt à la Grotte avec sa tante Lucile. Un arrêté municipal du 8 juin et une palissade en planches en interdisaient l'accès (1). La voyante alla donc sur la rive

---

(1) Cet arrêté et cette palissade surexcitèrent les carriers et les fidèles de Lourdes, qui, par trois fois, firent sauter la barrière pour accéder à la Grotte. On dressa des procès-verbaux, 94 en moins de deux mois. Le 28 juillet, le garde-champêtre verbalisa contre « un monsieur de 45 à 50 ans, d'une forte corpulence, à la figure un peu grêlée, mais expressive et dont le regard parlait » (c'était Louis Veuillot), et contre une dame âgée qui déclara se nommer « l'amirale Bruat, gouvernante du prince

droite du Gave, en face du rocher de Massabieille. La nuit approchait, car le soleil venait de se coucher.

Dès que l'enfant se fut agenouillée, son visage s'éclaira d'une douce joie, la Vierge lui sourit.

— Je ne voyais, en ce moment, a raconté Bernadette, ni le Gave, ni les planches : il me semblait qu'il n'y avait pas, entre la Dame et moi, plus de distance que les autres fois. Je ne voyais que la Sainte Vierge.

SŒUR MARIE-BERNARD

L'extase dura un quart d'heure environ, puis l'Apparition

---

impérial ». Ce fut la fin des procès-verbaux, et l'arrêté municipal devait être rapporté un peu plus tard, le 5 octobre, sur l'ordre même de Napoléon III.

disparut, après une inclination de tête qui sembla un adieu.

Bernadette ne devait plus revoir, en effet, la divine Mère que dans les splendeurs du Paradis. En attendant, le monde lui paraissant trop vide, elle se réfugia dans le cloître (1). Elle entra le 8 juillet 1866 chez les Sœurs de la Charité et de l'Instruction chrétienne de Nevers; prit, le 19 juillet, l'habit de novice, sous le nom de Sœur Marie-Bernard; fit ses vœux temporaires le 30 octobre 1867, ses vœux perpétuels le 22 septembre 1878, et mourut saintement, à Nevers, le 16 avril 1879. Ses obsèques, vraiment triomphales, furent célébrées le 19, sous la présidence de l'évêque, Mᵍʳ Lelong. Sa cause de béatification a commencé en 1908 par le procès canonique de l'Ordinaire, sur l'initiative de Mᵍʳ Gauthey, évêque de Nevers.

Après les apparitions.

La réponse du clergé. — M. l'abbé Peyramale, curé de Lourdes depuis décembre 1854, avait agi, dès les débuts, avec prudence; mais dès qu'il eut la certitude de la réalité des apparitions, il mit tout son zèle à répondre aux demandes de la Vierge Immaculée. Il commença la Basilique, organisa les premières processions, attira les premiers pèlerinages. Puis il dut remettre l'œuvre aux mains des religieux de Notre-Dame de Garaison, dits missionnaires de l'Immaculée-Conception, et mourut pieusement le 8 septembre 1877, après avoir été nommé protonotaire apostolique par Pie IX, le 3 mars 1874 (2).

---

(1) Sa mère mourut le 8 décembre 1866, son père le 4 mars 1871, et sa sœur Marie-Toinette le 13 octobre 1892.

(2) L'église paroissiale plus digne de Lourdes, qu'il avait entrepris de construire en 1875 et qui vit tant de difficultés, a été enfin inaugurée le septembre 1903. Son corps repose dans une crypte, sous le chœur. L'ancienne église, où Bernadette fut baptisée le 8 janvier 1844, a été démolie en 1904; elle datait, d'après Mᵍʳ Peyramale, de l'an 950.

Avisé par lui, Mgr Laurence, évêque de Tarbes, dès le 28 juillet 1858, institue, par ordonnance, une Commission canonique chargée d'examiner les faits merveilleux de Lourdes, et qui commence son enquête le 17 novembre.

Trois ans et demi plus tard, par une nouvelle ordonnance, le 18 janvier 1862, le prélat proclame la réalité des apparitions de la Vierge Immaculée et annonce la construction de la chapelle sur le rocher. Le 4 avril 1864, il prend solennellement possession de cette terre sacrée, devenue déjà propriété des évêques de Tarbes le 5 septembre 1861, et bénit la statue en marbre de Carrare sculptée par Fabisch, de Lyon, et placée

Mgr LAURENCE, ÉVÊQUE DE TARBES

dans la niche rustique de la Grotte (1). Le 22 août suivant, en son nom, M. Peyramale achetait encore la prairie de Savy, aujourd'hui l'esplanade.

Le sanctuaire, de style ogival du xiiie siècle, commencé en octobre 1862 par l'architecte Hippolyte Durand, s'élève rapidement ; la Crypte, taillée dans le roc même, en est bénite le 19 mai 1866, et, trois jours plus tard, la première

____

(1) On a critiqué la ressemblance de cette statue. Mais, dit avec raison M. l'abbé B. Mazoyer (*Lourdes et Bétharram*, 1895), ce n'est pas une « image miraculeuse. A Lourdes, l'image miraculeuse, c'est Marie : c'est Elle qui a apparu ; la statue n'a d'autre but que de fixer le souvenir des apparitions. »

messe y est célébrée par Mgr Laurence. L'église supérieure
est solennellement bénite le 15 août 1871, et élevée à la
dignité de Basilique mineure le 13 mars 1874, à la demande
de Mgr Langénieux, nouvel évêque de Tarbes (1). Elle se
décore peu à peu : statue de la Vierge par Cabuchet, derrière le maître-autel qui est lui-même en marbre de Carrare légèrement veiné ; 23 verrières et vitraux, par Gsell-
Laurent ; 112 lampes et lustres et plus de 800 drapeaux et
bannières donnés en *ex-voto* et suspendus à la voûte (2), etc.
On inaugure les orgues de Cavaillé-Coll (à 25 jeux), le
7 septembre 1873, la chaire en chêne du Canada offerte
par Marseille le 4 octobre suivant, les quatre premières cloches
le 16 août 1874, bénites par le cardinal Donnet, archevêque
de Bordeaux, et les trois autres le 22 juillet 1885, en même
temps que l'horloge monumentale. Enfin, le 2 juillet 1876,
la basilique est consacrée avec ses 16 autels par le cardinal
Guibert, archevêque de Paris, assisté du nonce apostolique,
de 11 archevêques et de 22 évêques, en présence de
3 000 prêtres et près de 100 000 pèlerins (3).

Les foules continuant d'affluer, il avait fallu songer
à ériger une autre chapelle, et l'année précédente, le
1er février, Mgr Langénieux, nommé archevêque de Reims,

---

(1) Construite en granit de Lourdes pour l'extérieur et en pierre blanche
d'Angoulême pour l'intérieur, elle a 51 mètres de longueur sur 21 mètres
de largeur.

(2) « Toutes les villes de France sont représentées. Et lorsque le grand
vent des Pyrénées, s'engouffrant dans la basilique, fait frissonner ces bannières et ces oriflammes, il sort de ce frôlement de soie et de velours
comme un hymne glorieux chantant la grande victoire remportée par la foi
sur le scepticisme, en la fin du XIXe siècle. » (DANIEL BARBÉ, *Lourdes hier,
aujourd'hui, demain.*)

(3) Le trésor de Lourdes est agréablement décrit dans *Une journée à
Lourdes*, par l'abbé GARDES, curé de Sainte-Sabine (Tarn-et-Garonne), Toulouse, 1901. Il énumère : couronne d'or de la Vierge (lis et églantines),
avec 792 diamants, œuvre de Mellerio ; calice d'or du Brésil ; ostensoir
d'or de 1^m^,35, œuvre d'Armand Calliat et don d'un anonyme ; rosaire d'or
à grains de nacre ; lampes d'or de Viviers et Valence ; tapis symbolique du
sanctuaire offert sur l'initiative de M. l'abbé Boyer, de Saintes ; reliquaire
contenant une racine de l'églantier de la Grotte, etc.

avait présenté au Pape les plans d'une nouvelle église dédiée au Rosaire et de style byzantin, avec des rampes monumentales de 800 mètres de longueur, formant un vaste hémicycle et permettant d'atteindre, sur le sommet, le parvis de la Crypte et de la Basilique. La première pierre en fut posée le 16 juillet 1883, sous Mᵍʳ Billère. Elle fut inaugurée et bénite le 7 août 1889 par le cardinal Richard, archevêque de Paris, entouré de 15 archevêques et évêques, de 1500 prêtres et de 30000 pèlerins. Enfin, le 6 octobre 1901, le cardinal Langénieux la consacrait solennellement, avec les 16 autels définitifs, assisté de

LE CARDINAL LANGÉNIEUX

23 archevêques et évêques et devant un grand concours de peuple. On l'orne peu à peu : au tympan du portail, haut-relief de Maniglier en 1890 ; aux 15 chapelles, tableaux représentant les mystères du Rosaire, œuvres de A. Grellet, Edgar Maxence, Louis-Edouard Fournier et Doze sur des mosaïques de Facchina (1902) ; orgues inaugurées le 30 mai 1897 ; les deux clochetons qui achèvent le plan d'ensemble ont été construits en 1907 et 1908.

Le zèle des évêques de Tarbes (1), aidé des mission-

----

(1) Mᵉʳ Laurence, évêque de Tarbes depuis 1845, décédé le 30 janvier 1870 à Rome, où il s'était rendu pour le Concile du Vatican, a eu pour successeurs : NN. SS. Pichenot (1870-1873), promu à l'archevêché de Chambéry ; Langénieux (1873-1874), promu à l'archevêché de Reims, cardinal en 1886, décédé le 1ᵉʳ janvier 1905 ; Jourdan, nommé en 1875, décédé

naires de l'Immaculée-Conception (1), a aménagé et décoré les alentours de la Grotte (2), reculé le Gave, construit des piscines pour les malades, élargi l'esplanade, bâti sous les rampes monumentales un Bureau de constatations médicales et des locaux pour les divers services d'ordre, édifié un abri pour les pèlerins, une résidence épiscopale et une vaste maison pour les chapelains et les évêques pèlerins.

Bienveillance des Papes. — Les Souverains Pontifes ont comblé Lourdes de faveurs et lui ont montré une bienveillante affection.

Pie IX, le 4 septembre 1869, envoie un Bref d'éloges à l'historien de Notre-Dame de Lourdes, Henri Lasserre, et proclame que « l'apparition de l'Immaculée Conception dans la Grotte de Lourdes est un fait d'une vérité lumineuse. » Il veut que son portrait en mosaïque, fait sous ses yeux au Vatican, soit posé comme un sceau sur la façade de la chapelle, qu'il érige en Basilique mineure le 13 mars 1874 et qu'il fait consacrer en son nom en en chargeant le cardinal Guibert par Bref du 11 mai 1876; c'est aussi en son nom qu'il demande, par Bref du 1er février 1876, à son nonce apostolique, Mgr Méglia, de

---

à Lourdes le 16 juillet 1882; Billère, nommé en 1882, décédé à Lourdes le 27 août 1899; Schœpfer, sacré à Paris le 22 février 1900.

(1) Ces missionnaires, dont la maison-mère était à Garaison, furent appelés à desservir le pèlerinage le 20 mai 1866. Ils y restèrent jusqu'en 1903, au moment où leur Congrégation fut dissoute comme tant d'autres, et où ils durent se disperser. Leur premier supérieur y fut le P. Sempé, mort à Lourdes le 1er septembre 1889. Ils sont remplacés actuellement, pour le service des sanctuaires, par des prêtres séculiers, sous la direction de M. le chanoine Ozon.

(2) Une grille en fer défend l'entrée de la Grotte, où un autel en argent ciselé était dressé au moment des grands pèlerinages; il a été remplacé en 1908 par un autre en marbres précieux. Le rocher est tapissé de béquilles ou *ex-voto*, et des cierges brûlent jour et nuit devant la statue de la Vierge. A droite de la grille est une chaire en marbre de Lourdes et à gauche une borne en marbre gris où sont gravées ces paroles : « Allez boire à la fontaine et vous y laver. » L'eau de la source est conduite à 12 robinets, puis aux piscines des malades, et s'écoule ensuite dans le Gave.

couronner la statue de la Vierge, ce qui eut lieu le 3 juillet suivant, au milieu d'une foule immense, après un discours de Mgr Pie, évêque de Poitiers (1). Un nouveau Bref du 22 juillet au cardinal Guibert affirme la haute satisfaction du Pape, au récit de ces fêtes splendides. Enfin, le 3 septembre 1876, puis le 15 septembre 1877, il fait porter à Lourdes, comme hommage à l'Immaculée, d'abord une palme d'or et d'émaux qu'il venait de recevoir de l'île Majorque, puis la Rose d'or que les Papes ont coutume d'offrir aux reines et aux princesses de la terre. Au Vatican même,

PIE IX

Pie IX place dans son oratoire privé un émail cloisonné du plus beau dessin représentant l'apparition du 25 mars, don de Mgr Langénieux le 19 février 1874 ; il pose la statue de la Vierge de Lourdes au milieu de la splendide salle de l'Immaculée-Conception ; il fait aménager

____

(1) « Il entre, disait Louis Veuillot de ce discours, dans les trésors de l'éloquence française ; il entre dans l'histoire du pèlerinage, et il fait entrer le pèlerinage dans l'histoire de France..... »

dans ses jardins, au fond d'une charmille, un fac-similé en
terre cuite de la Grotte que lui avait offert, le 31 janvier 1874,
un catholique lyonnais, M. Hispa, et où coule un jet de
l'eau miraculeuse, qu'il recommande ou qu'il envoie aux

LÉON XIII

malades et dont
il use lui-même;
dans ses prome-
nades il s'arrête
là fréquemment
pour réciter un
Ave Maria (1).

Léon XIII a
hérité de cette dé-
votion de Pie IX.
Dès la première
année de son pon-
tificat, le 9 dé-
cembre 1878, il
excite l'évêque de
Tarbes à élever
en l'honneur de
Notre-Dame de
Lourdes un grand
et durable monu-
ment, l'histoire
authentique de
« ses insignes
bienfaits dans l'ordre spirituel et temporel ». Le 20 décembre 1878, il érige l'Archiconfrérie de l'Immaculée-Conception, l'enrichit d'indulgences le 21 août 1884, ainsi que
les pèlerinages à Lourdes et l'Hospitalité (25 février 1885),
comme il l'avait fait pour le pèlerinage spirituel (indult

____

(1) Ajoutons, pour la coincidence de la date, que c'est le *11 février* 1908
que le procès de béatification de Pie IX a commencé dans la curie d'Imola.

du 24 décembre 1882). Il proclame, à cette dernière date, le jubilé des noces d'argent de Notre-Dame de Lourdes pour 1883 et offre en même temps à son sanctuaire un magnifique calice. La nouvelle église du Rosaire, dont la première pierre fut posée pendant ce jubilé, le 16 juillet 1883, par le cardinal Desprez, archevêque de Toulouse, au nom du Pape, fut bénite et inaugurée le 7 août 1889. Pour le représenter à cette cérémonie, Léon XIII avait nommé le cardinal Richard son légat, par rescrit du 15 juillet précédent; mais le cardinal, venu à Lourdes, fut indisposé ce jour-là, et dut être suppléé par l'archevêque d'Auch. Le 6 octobre 1901, en la fête du Rosaire, l'église fut solennellement consacrée, ainsi que ses 16 autels, par le cardinal Langénieux, légat du Pape (1). Enfin, Léon XIII approuva, le 16 juillet 1890, l'office et la messe de l'Apparition de Notre-Dame de Lourdes, inaugurés à Lourdes par le cardinal Langénieux le 11 février 1892. Et dans ses jardins du Vatican, sur la proposition de Mgr Schœpfer, évêque de Tarbes, en date du 10 décembre 1900, il accepta de faire construire, près de l'Observatoire, un plus vaste et plus ressemblant fac-similé de la Grotte qu'il inaugura et bénit le 1er juin 1902, et où il aimait à aller prier, l'appelant son « petit coin de France ».

Pie X, qui, sur le siège patriarcal de Venise, avait annoncé en 1902 son prochain pèlerinage à Lourdes auquel il dut renoncer pour raison de santé, avait, dès le lendemain de son élection au Souverain Pontificat, visité la grotte de Lourdes dans les jardins du Vatican pour s'y recommander à la Vierge Immaculée. Il fut très touché de l'attention de l'évêque de Tarbes, qui aida à l'embellissement de ce fac-similé, comprenant la Grotte, le grand cintre et les rampes du Rosaire et au-dessus une réduction

---

(1) Le cardinal Langénieux a été aussi légat du Pape, le 7 août 1899, pour présider le XIIe Congrès eucharistique qui s'est tenu à Lourdes.

de la façade et de la flèche de la Basilique, en ciment armé; la bénédiction en fut faite par le Pape, le 28 mars 1905.

L'année précédente, le 18 mai, à Lourdes, la chapelle de la Pentecôte, dans l'église du Rosaire, avait été achevée et ornée de marbres italiens très précieux, au nom de Pie X, qui fit en même temps au sanctuaire le don d'un calice d'or.

Le cinquantenaire des apparitions fut l'occasion de nouvelles faveurs pontificales. Un rescrit du 9 novembre 1907 accorde à l'oraison jaculatoire « Notre-Dame de Lourdes, priez pour nous », une indulgence de 300 jours *toties quoties* applicable aux âmes du Purgatoire. Un décret du 13 novembre suivant étend à l'Eglise universelle la fête de Notre-Dame de Lourdes. Par Bref du 27 du même mois, la faveur d'un jubilé est accordée aux pèlerins pendant l'année du cinquantenaire. Un rescrit du 11 décembre accorde à l'église paroissiale et aux chapelles de la ville le privilège déjà accordé aux sanctuaires de Massabieille au sujet de la messe votive de l'Apparition, malgré l'occurrence d'un office de rite double. Par lettres apostoliques du 24 décembre, le Pape confie au cardinal Lécot, archevêque de Bordeaux, la mission de le représenter en qualité de légat aux fêtes jubilaires du 11 février 1908. Un rescrit du 8 janvier 1908 accorde une indulgence plénière aux pèlerins qui visitent la Grotte, comme des rescrits du 6 mai 1870 et du 21 juin 1884 l'avaient accordée pour la Basilique et la Crypte. Un autre rescrit du 30 mai 1908 étend les mêmes indulgences à l'église du Rosaire. Tous ces actes manifestent clairement la pensée de Pie X, qui disait à Mgr Schœpfer le 27 février 1904:

Je considère les apparitions de Lourdes, avec toutes leurs conséquences si admirables, si opportunes, si salutaires, comme une des grâces les plus insignes qui aient été méritées à l'Eglise par la proclamation dogmatique de l'Immaculée Conception.

Les concours de peuple. — « Je veux qu'il vienne ici beaucoup de monde; je veux qu'on y vienne en procession », avait dit Notre-Dame. Dès l'époque même des apparitions, les foules étaient accourues par centaines, puis par milliers, quelquefois à pied, et de très loin, même de l'étranger. Les dénombrements faits par le maire indiquent 9 000, 10 000, 20 000 fidèles accourus à la Grotte en mars et avril 1858, malgré les tracasseries du pouvoir administratif (1). Le premier pèlerinage « organisé » porte la date du 23 mai 1863. Lors de la bénédiction de la statue de la Grotte, le 4 avril 1864, il y eut 200 prêtres et 20 000 pèlerins.

La ville de Lourdes, dit Henri Lasserre, était pavoisée de fleurs, d'oriflammes, de guirlandes, d'arcs de triomphe. A la haute tour de la paroisse, à toutes les chapelles de la cité, à toutes les églises des environs, les bourdons, les cloches et les campaniles sonnaient à toute volée. Des peuples immenses étaient accourus à cette grande fête de la terre et du ciel.

A l'inauguration de la Crypte, le 21 mai 1866, la foule fut plus grande encore : la voie ferrée de Bordeaux arrivait à Lourdes par Tarbes, et commençait à y amener des convois de fidèles, sûrs de trouver désormais près de la Grotte un autel, une table sainte et un confessionnal. En juin 1867, la ligne de Pau arrivait à son tour en passant devant le rocher de Massabieille et en saluant la Madone, et par cette voie, le 16 juillet, un premier train spécial de 700 pèlerins arrivait de Bayonne, sous la direction de M. l'abbé Laparade, L'année suivante, le 10 mai, un pèlerinage de 900 hommes. et le 20 mai, un pèlerinage de 1 000 femmes venaient encore de Bayonne, puis le 27 juin, 300 jeunes ouvriers de Bordeaux, et le 20 septembre, un train de Toulouse, suivi, en juin 1869, d'un autre amenant de cette ville les élèves du collège Sainte-Marie, dirigé par les Jésuites, et laissant plusieurs *ex-voto*, missel, couronne, lampe de la Crypte. A la suite et en plus des petits pèlerinages de paroisses voisines, les grands pèlerinages étaient fondés. En 1872, de mai à septembre, on a compté 96 pèlerinages de paroisses, de

____

(1) Voir HENRI LASSERRE, *Notre-Dame de Lourdes.*

villes, de régions, de diocèses. Et le P. Chocarne pouvait dire, le 5 octobre suivant, que 100 000 pèlerins étaient venus à la Grotte en cette période. En 1873, on compte 250 000 pèlerins de 50 diocèses.

De 1867 à 1907 inclusivement, les statisticiens ont compté 4.937 pèlerinages, dont 384 de l'étranger, ayant amené, à eux seuls, un total de 4 518 000 pèlerins. Encore ce n'est qu'une faible partie de ceux qui visitent la Grotte. Les pèlerins isolés sont les plus nombreux. La gare de Lourdes accuse, en effet, une moyenne annuelle de plus de 400 000 voyageurs s'arrêtant à Lourdes en dehors des trains de pèlerinage. L'épiscopat catholique a donné l'exemple. De 1868 à la fin de 1907, on avait noté la présence à Lourdes de 65 cardinaux, 18 patriarches, 10 primats, 308 archevêques et 1 436 évêques (1). Les souverains étrangers ne dédaignèrent pas de venir prier à Lourdes; on cite les rois de Naples, de Portugal, de Hanovre, d'Espagne; les reines de Suède et d'Espagne; un grand nombre de princes et de princesses.

Le 6 octobre 1872, sur l'initiative de M. l'abbé Chocarne, curé de Beaune, et avec l'appui d'un Comité de dames à la tête duquel était Mmes de Mac-Mahon, de Lamoricière et de Parseval, une manifestation splendide eut lieu, au nom de la France humiliée et repentante, sous ce titre : *Manifestation de foi et d'espérance de la France envers Notre-Dame de Lourdes* (2). Plusieurs diocèses y étaient représentés par neuf évêques, et l'on évalue la foule à plus de 60 000 personnes. 277 bannières, toutes très riches, furent offertes par les plus célèbres sanctuaires de Marie, par des villes, corporations et associations, pour être suspendues aux voûtes de la Basilique. Le défilé fut émouvant : c'était comme un salut et un hommage de la patrie à la Vierge Immaculée.

---

(1) *Histoire critique des événements de Lourdes*, par M. l'abbé GEORGES BERTRIN, agrégé de l'Université et docteur ès lettres. Nouvelle édition, 1908.

(2) Le compte rendu a paru en volume sous ce titre: *La France à Lourdes*. Paris, 1873. Une seconde manifestation de ce Comité eut lieu le 8 septembre 1873, mais avec moins d'éclat.

LA BASILIQUE SUPÉRIEURE

Tout à coup, trois bannières, simples, lugubres, l'une tout entière en velours noir et revêtue d'un long crêpe, s'inclinèrent devant les évêques français. On lisait sur leurs plis : METZ, STRASBOURG, ALSACE. Mgr de Langalerie, archevêque d'Auch, qui présidait, prit au passage celle de l'Alsace en deuil, et, approchant ses lèvres, la baisa en pleurant. Un frisson passa soudain dans les rangs de l'immense assemblée, et des sanglots éclatèrent..... (1)

Parmi les cérémonies pieuses, « ce qui frappa le plus les auditeurs, disent les *Annales de Notre-Dame de Lourdes*, ce sont les acclamations latines à la Trinité, à la Vierge, à la France, au Pape. » Ce pèlerinage, dit *des Bannières*, fut vraiment le prélude des grands Pèlerinages Nationaux de Notre-Dame de Salut, qui commencèrent l'année suivante et n'ont pas cessé depuis, comme nous le verrons, d'apporter à la Vierge Immaculée la foi, les prières, les sacrifices, les douleurs et les espoirs de la France catholique.

Depuis 1870, constatent les Guides, l'affluence des pèlerins, déjà considérable auparavant, est telle qu'on en peut évaluer le nombre annuel à plus de 600 000, venus soit isolément, soit par des trains spéciaux qui amènent souvent de très loin les fidèles d'une paroisse, d'une ville ou d'une région. Des trains de malades partent chaque année de Paris, amenant des infirmes et les personnes qui se sont attachées bénévolement à leur service pendant le voyage ; c'est le moment du « grand pèlerinage » (2). — Le clergé aidant, surtout l'Ordre des Assomptionistes et l'Association de Notre-Dame de Salut, il s'est organisé et il s'organise encore partout en été des trains spéciaux qui amènent à Lourdes des milliers de personnes malades ou bien portantes..... Les organisateurs recueillent du reste de tous côtés des aumônes considérables pour assurer aux malades qui leur sont recommandés le transport et l'hospitalisation gratuits. Les grands pèlerinages ont lieu de la mi-août à la mi-septembre, et certains d'entre eux amènent jusqu'à 50 000 personnes..... Mais Lourdes n'en est pas moins alors très curieuse à visiter, surtout au « Pèlerinage National » vers le 20 août, pour trois jours. La procession du Saint Sacrement, l'après-midi, est la plus impo-

---

(1) *L'Immaculée à Lourdes depuis cinquante ans*, par l'abbé ALEXANDRE PETIT, Angoulême, 1908.
(2) *Guide Joanne*, 1908.

sante manifestation religieuse, et la procession aux flambeaux, vers 8 heures du soir, quand il fait beau, est féerique (1).

Signalons encore quelques grandes manifestations qui ont eu lieu en dehors du Pèlerinage National, comme les grands concours de peuple amenés en l'année jubilaire de 1883, et au cinquantenaire de la proclamation du dogme de l'Immaculée Conception en l'année mariale 1904, où le mois d'août vit 140 000 communions et 17 000 messes célébrées. Nous avons déjà parlé du Congrès eucharistique du 7 au 11 août 1899, qui eut un éclat incomparable, et nous parlons plus loin des fêtes jubilaires de 1908.

Enfin, de grands pèlerinages d'*hommes* ont amené à Lourdes de 50 à 60 000 hommes, dont 5 à 6 000 prêtres, quatre fois déjà : du 18 au 21 avril 1899, du 22 au 25 avril 1901, du 29 avril au 2 mai 1903, du 8 au 12 mai 1905. Des orateurs célèbres y firent entendre leur voix.

Les guérisons de Lourdes. — Au lieu de faire fleurir inutilement l'églantier en hiver, comme le demandait inconsidérément le curé de Lourdes, Notre-Dame préféra donner un signe plus maternel et plus puissant de la réalité de ses apparitions : elle fit sourdre la fontaine miraculeuse pour guérir les malades et les infirmes, signe sensible de la résurrection invisible des âmes (2).

Le jour même où, sous les doigts de Bernadette, commença à couler l'eau encore boueuse de la source, un carrier de Lourdes, Louis Bouriette, qui avait eu l'œil droit écrasé par un éclat de pierre et avait perdu la vue vingt ans auparavant, envoya sa plus jeune fille chercher de cette eau et en frotta son œil mort. Bientôt il poussa un grand cri et se mit à trembler : il voyait! Le Dr Dozous, qui le soignait, l'ayant rencontré et ayant appris le prodige, ne voulut pas

---

(1) *Manuel du Voyageur*, de BAEDEKER (Sud-Ouest de la France), 1901.

(2) On expédie en France et à l'étranger de grandes quantités de l'eau miraculeuse : en 1885, par exemple, 96 000 bouteilles ont été envoyées.

y croire. Il lui appliqua un bandeau sur l'œil gauche, fit des mouvements de mains que l'aveugle distingua complètement à distance ; puis, se rapprochant, il écrivit au crayon quelques lignes que Bouriette lut sans hésitation. Le médecin, « homme de science et surtout homme de conscience », reconnut aussitôt, dans cette guérison soudaine d'un mal incurable, l'action d'une puissance supérieure.

Trois jours plus tard, le 28 février, une pauvre femme de Lourdes, Croisine Bouhohorts-Duconte, voyait son fils Justin, âgé de deux ans, infirme et mal constitué, dans les affres de l'agonie. Folle de douleur, elle prend le petit corps, l'enveloppe en son tablier, l'emporte et va le plonger tout entier, sauf la tête, dans l'eau de la Grotte. L'effroi et l'indignation se manifestent dans la foule ; mais on la laisse faire, croyant que la douleur l'égare. Elle reprend son enfant et revient chez elle, ayant la foi que « la Vierge de la Grotte le guérirait ». Il fut complètement guéri, en effet, et le lendemain, lui qui n'avait jamais marché, il s'échappa de son berceau, « montrant ainsi que sa guérison, dit le Dr Vergez, avait eu lieu, sans convalescence, d'une façon toute surnaturelle. » (1)

Le 1er mars, Catherine Latapie-Chouat, de Loubajac, dont deux doigts de la main droite étaient repliés depuis deux ans à la suite d'une chute, et à qui le médecin, après d'inutiles traitements, avait déclaré que son infirmité était incurable, plongeait sa main dans la source et se sentait instantanément guérie. Elle est morte le 27 février 1880, sans avoir jamais souffert de son ancienne infirmité.

Le 29 avril, Henri Busquet, de Nay, âgé de quinze ans, était délivré d'un ulcère purulent, en buvant et en appliquant sur son mal, chez lui, un peu d'eau de la Grotte.

Six mois après, le 17 octobre, dans la même paroisse de

---

(1) Justin Bouhohorts figura en tête du cortège des « miraculés » à la procession d'actions de grâces du 23 août 1908.

Nay, Mme V^re Rizan, âgée de cinquante-huit ans, était instantanément guérie d'une perturbation générale de l'organisme due à une attaque de choléra en 1834; elle est morte en 1869 sans revoir cette maladie.

Le 9 novembre, une jeune fille des Landes, Marie Moreau de Sazenay, fut guérie d'une grave maladie d'yeux, après application de compresses d'eau de la Grotte; guérison instantanée et radicale reconnue par le Dr Bermond, chirurgien de Bordeaux, le 8 février 1859. Elle est devenue Mme d'Izarn de Villefort et habite Duhort, près d'Aire.

Trente-deux guérisons furent ainsi constatées en 1858 et sont relatées dans l'ouvrage d'Henri Lasserre; quinze des plus importantes servirent à la Commission épiscopale pour porter son jugement sur les apparitions : les privilégiés de la Vierge eurent donc l'honneur de devenir ses témoins dans l'enquête canonique de l'Église. « De tels phénomènes, disait le rapport de la Commission, dépassent la portée de l'esprit humain. »

Quelques guérisons furent encore obtenues les années suivantes, notamment celle de Jules Lacassagne, de Bordeaux, en février 1866 (1), et celle du célèbre P. Hermann Cohen, Juif converti et Carme, guéri d'un glaucome chronique le 1er novembre 1868. Mais c'est à partir de 1869 et surtout de 1872 (2) qu'elles s'accrurent en des proportions vraiment merveilleuses. On ne les connaît pas toutes; on n'a retenu parmi celles qui se sont déclarées que les plus sûres; et

---

(1) HENRI LASSERRE, *Notre-Dame de Lourdes*. Le même écrivain a consacré un autre volume à cinq guérisons, sous ce titre : *Episodes miraculeux de Notre-Dame de Lourdes*. Ce sont, outre la sienne, celles de François Macary, de Lavaur, guéri le 19 juillet 1871 ; de l'abbé Victor de Musy, du diocèse d'Autun, guéri le 15 août 1873 ; de Mlle Jeanne de Fontenay, de Baccarat, guérie le 15 août 1874 ; de Mme Guerrier, de Beaune, guérie le 16 septembre 1877.

(2) Dès cette époque, M. Ernest Artus, oncle de Mlle Juliette Fournier, guérie le 14 juin 1870 au Bouscat, près de Bordeaux, offrit 10 000 francs, déposés chez Me Turquet, notaire à Paris, à qui prouverait que ces guérisons n'étaient pas des miracles. Le défi ne fut jamais relevé. (*Les Miracles de Notre-Dame de Lourdes, défi à la libre-pensée*, par E. ARTUS.)

cependant, en relevant les listes des journaux (1), on arrivait à la fin de 1907 au chiffre consolant de **3 803** (2).

Quelle puissance et quelle miséricordieuse bonté en Notre-Dame !

Une des guérisons qui ont eu le plus heureux résultat pour faire connaître et aimer la Vierge de Lourdes dans le monde entier fut celle d'Henri Lasserre, guéri à Paris d'une maladie d'yeux après une lotion d'eau de Lourdes, le 10 octobre 1862, sur le conseil de deux amis, l'un, protestant, M. de Freycinet, devenu président du Conseil des ministres et actuellement sénateur; l'autre, Wladimir Czacki, noble Polonais et homme du monde, devenu prêtre, nonce

______

(1) Voir les ouvrages très remarqués du Dr Boissarie : *Lourdes, Histoire médicale (1858-1891)*, Paris, 1891; *Lourdes, depuis 1858 jusqu'à nos jours* réédition ou complément du précédent, Paris, 1894; *L'Œuvre de Lourdes*, Paris, 1907; du Dr Félix de Backer, *Lourdes et les médecins*, Paris, 1905; de M. l'abbé G. Bertrin : *Histoire critique de Lourdes*, 1908, etc.

(2) Sur le désir du Pape, des Commissions d'enquête canonique se constituent en beaucoup de diocèses pour examiner et juger les guérisons. Après celle de Tarbes en 1858, dont nous avons parlé, et celle de Troyes des 29 juillet et 31 octobre 1887 (guérison de Mlle Célestine Dubois du 20 août 1886), citons celles de Tours, le 27 octobre 1907 (guérison de Mlle Jeanne Tulasne du 8 septembre 1897); d'Arras, le 4 février 1908 (guérison de Mlle Elise Lesage du 21 août 1902); de Marseille, le 5 février 1908 (guérison de Sœur Maximilien du 20 mai 1901); de Reims, le 11 février 1908 (guérison de Mlle Marie-Thérèse Noblet du 31 août 1905); d'Evreux, le 11 février 1908 (guérison de M. l'abbé Cirette du 31 août 1893), et le 25 mars 1908 (guérison de Sœur Béatrice Vildier du 20 août 1904); de Namur, le 27 avril 1908 (guérison de Mlle Joachine Dehaut du 13 septembre 1878); de Beauvais, le 1er mai 1908 (guérison d'Aurélie Huprelle du 21 août 1895); de Rodez, le 10 mai 1908 (guérison de Sœur Saint-Hilaire du 20 août 1904); de Paris, le 6 juin 1908 (guérison de Mlle Clémentine Trouvé du 21 août 1891, aujourd'hui Petite-Sœur de l'Assomption; de Marie Lemarchand du 21 août 1892, aujourd'hui Mme Authier; de Marie Lebranchu du 20 août 1892, aujourd'hui Vve Wuiplier; de Mlle Esther Brachmann du 21 août 1896; de Mme François du 20 août 1899); de Rennes, le 1er juillet 1908 (guérison du P. Capucin Salvator de Rouellé du 25 juin 1900); de Périgueux, le 2 juillet 1908 (guérison de Johanna Dubos du 8 août 1904, aujourd'hui Mme Bézenac); de Bruges, le 25 juillet 1908 (guérison de Pierre de Rudder du 7 avril 1875); d'Evreux, le 30 août 1908 (guérison de Sœur Eugénia Mabille du 21 août 1883); de Cambrai, le 15 août 1908 (guérison de Sœur Marie de la Présentation du 25 août 1892 et de Marie Savoye du 20 septembre 1901).

apostolique à Paris et mort cardinal. En reconnaissance, Henri Lasserre accepta d'être l'historien de Notre-Dame de Lourdes, et son récit, paru d'abord dans la *Revue du monde catholique* en décembre 1867 et année 1868, puis en volume, fut répandu dans le monde entier à plus de 550 000 exemplaires, traduit en 74 langues ou dialectes et honoré d'un Bref élogieux de Pie IX, du 4 septembre 1869. Il fut le bienfaiteur de Lourdes et mourut pieusement le 22 juillet 1900.

Une autre guérison qui a aidé à étendre à l'étranger la dévotion à Notre-Dame de Lourdes fut celle de Pierre de Rudder, dont les os de la jambe, cassés depuis huit ans, furent subitement soudés le 7 avril 1875, au pèlerinage fondé en l'honneur de la Vierge de Massabieille à Oostacker, près de Gand (1). D'autres guérisons ont eu lieu à cette chapelle, ainsi qu'aux sanctuaires de Lourdes déjà célèbres, érigés à Constantinople chez les Géorgiens de Féri-Keuï, aux Indes à Vilnour près de Pondichéry, dans l'Amérique du Nord à Belmont (Caroline septentrionale), et jusqu'au Chili, chez les Augustins de l'Assomption de Santiago (2).

A Lourdes, la fondation et l'apostolat des Pèlerinages Nationaux amenant depuis longtemps déjà près de mille malades à la Vierge miraculeuse et leur exemple étant imité par beaucoup de pèlerinages diocésains et étrangers, les guérisons merveilleuses ont augmenté considérablement, ravivant dans les cœurs la foi et la reconnaissance envers Notre-Dame. Nous allons le voir plus complètement encore dans les faits qu'il nous reste à raconter.

---

(1) A l'occasion du Jubilé des apparitions et sur l'initiative de l'évêque de Gand, un pèlerinage y amena, le 6 septembre 1908, 50 000 hommes : les femmes n'y étaient pas admises.

(2) Un Bref de Pie X, du 2 décembre 1907, a accordé à ce dernier sanctuaire l'indulgence de la Portioncule.

L'Association de Notre-Dame de Salut.

Le fondateur.

Le P. Picard. — Le vrai fondateur du Pèlerinage National fut le P. François Picard, de vénérée mémoire. Né à Saint-Gervasy (Gard) le 1er octobre 1831, il fit ses études au collège de l'Assomption, à Nîmes, que le P. d'Alzon venait d'acheter et de réorganiser, et fut un des disciples préférés de ce maître éminent, en même temps que celui qui devait être Mgr de Cabrières, évêque de Montpellier. A Noël 1850, il assistait aux premiers vœux de quatre religieux avec lesquels le P. d'Alzon commençait la Congrégation des Augustins de l'Assomption ; et, l'année suivante, il émettait ses vœux annuels, après que les premiers se furent engagés pour la vie. Il fut presque aussitôt envoyé à Rome pour y faire ses études théologiques et aider à y fonder la procure de l'Ordre naissant. Ordonné prêtre le 25 mai 1856, nommé assistant général au Chapitre de 1858, il fut un moment supérieur du Collège diocésain de Rethel, à la demande du cardinal Gousset, archevêque de Reims. Il revint ensuite à Paris (1) pour diriger d'abord à Auteuil, puis au quartier des Champs-Élysées, cette maison qui, bien pauvre à ses débuts, fut le centre si remarqué d'un grand mouvement de prière et d'action. Il s'occupa activement des Assomptiades pendant plusieurs années et visita

---

(1) Le P. d'Alzon avait fondé un collège à Paris, faubourg Saint-Honoré, dans le local occupé depuis par les Dominicains ; ce collège fut transféré à Clichy et y vécut jusqu'en 1860.

même leurs maisons de France, d'Angleterre et d'Espagne. Par son ministère près des autres communautés religieuses, par ses relations avec les personnes du monde, le clergé, les membres mêmes du gouvernement, il eut une influence considérable pour le bien. Ainsi, avec quelques-uns de ses amis, comme MM. Bournisien et Henri de l'Epinois, il aida M. de Beaucourt à fonder la Société bibliographique, le 6 février 1868.

Pendant la guerre de 1870, il s'offrit pour les ambulances de Paris, avec d'autres au-môniers volontaires qu'il centralisa et nourrit pendant le siège; l'un d'eux, Mgr Bonnefoy, est devenu archevêque d'Aix. Il assista aux batailles de Champigny, fut fait prisonnier et emmené à Versailles. Au moment de l'insurrection du 18 mars 1871, il se trouvait à Nîmes. A la nouvelle des premiers massacres, il se hâta de rentrer dans la capitale, à son poste. Pendant toute la

Phot. B. P.

LE P. PICARD

Commune, il se dévoua au péril de sa vie puisqu'il était sur les listes de proscription, et parvint à entrer en communication avec plusieurs otages qu'il fit délivrer, notamment la sœur de Mgr Darboy. Le 26 mai, il écrivait : « Les révolutionnaires sont complètement vaincus..... Notre petite chapelle de la rue François Ier a passé inaperçue au milieu des grandeurs du quartier; on a pu continuer le mois de Marie. Prions et remettons-nous à l'œuvre avec plus d'ardeur et de confiance que jamais. »

Pendant son récent séjour à Nîmes, avec le P. d'Alzon,

il avait étudié le plan d'une vaste Ligue catholique pour
la défense de l'Église. Il en avait écrit lui-même le programme. La Ligue devait faire appel à tous les fidèles ;
« ses associés seront animés de l'esprit catholique ; ils lui
apporteront le concours de leurs prières et de leurs œuvres et seront toujours prêts à défendre les droits de l'Église dans la société. » Et dans l'énumération des moyens à employer pour atteindre le but, qui est de rechristianiser la France, nous citons celui-ci, d'une très intelligente compréhension du temps : « La presse doit devenir un levier pour le bien. »

LE P. D'ALZON

Cette Ligue ne se fonda pas, du moins sous cette forme. Mais peu après et dans le même esprit s'établit une humble association de dames qui fut d'abord et surtout association de prières et d'œuvres sociales, et devait peu à peu créer ou susciter toutes les organisations énumérées alors : mouvement de foi et de pénitence pour le pays, pétitions pour les droits de Dieu et de l'Église, pèlerinages publics, œuvres de presse, Congrès pour l'enseignement, secours aux écoles et aux patronages, etc. Ce fut l'Association de Notre-Dame de Salut, dont nous allons bientôt parler. Nous verrons que le P. Picard fut l'âme de tout ce mouvement, à Paris et à Rome, à La Salette et à Lourdes, et jusqu'à Jérusalem, où il conduisit le premier Pèlerinage de Pénitence en 1882.

La force attractive de cette autorité, a écrit le R. P. Edmond Bouvy, se faisait sentir même à distance, et il se pourrait bien que, en dehors même de sa Congrégation, le P. Picard ait été obéi autant et plus qu'aucun de ses contemporains..... Dans les pèlerinages et devant les foules, sa parole était vive, ardente, impérieuse. Dès les premiers mots, il prenait possession des âmes; sa foi, son zèle pouvaient tout dire, tout demander, tout imposer au nom de Dieu, et personne n'hésitait à obéir. Tandis qu'il parlait, on sentait courir à travers la multitude comme un frisson divin. Tous croyaient entendre la voix de Dieu lui-même, donnant ses ordres avant de répandre ses grâces, brisant les cèdres, lançant des flammes, convertissant les cœurs et préparant ainsi ses miracles. Nous pourrions dire davantage, car, nous le savons de science certaine, et pour l'avoir vu de nos yeux, la Vierge Marie qu'il a tant aimée s'est servie plus d'une fois d'un mot ou simplement d'un geste de son serviteur pour en faire la cause immédiate des plus éclatantes merveilles (1).

Mais déjà une grande épreuve avait atteint l'Assomption. Son fondateur, le P. d'Alzon, était mort le 21 novembre 1880, en pleine persécution. Le P. Picard, nommé depuis peu vicaire général, après avoir été maître des novices et provincial, fut élu, quatre jours plus tard, pour lui succéder. Léon XIII lui fit envoyer aussitôt « une bénédiction toute spéciale ». Le nouveau Général se mit à l'œuvre. Sa maison de Paris venait d'être crochetée le 5 novembre; il put y rester avec quatre ou cinq religieux et continuer ses œuvres. Les résidences, alumnats, missions, se multiplièrent, même dans les deux Amériques, et surtout en Orient, où la mission compte aujourd'hui 180 Assomptionistes environ, travaillant à l'union des Églises et pour le plus grand bien de la France en Bulgarie, Roumélie, Turquie d'Europe, Asie Mineure et Palestine; quelques-uns passés au rite grec et d'autres au rite bulgare, afin de former un clergé indigène dans ces rites, selon le désir de Léon XIII, qui a établi le 25 mai 1898 l'Archiconfrérie de Notre-Dame de l'Assomption pour la conversion de l'Orient schismatique.

A la fin de 1882, le P. Picard, revenant de visiter le noviciat exilé en Espagne, fut blessé à la jambe dans une

_____

(1) *Revue Augustinienne*, 15 mai 1903.

chute. Il ne put jamais guérir et resta infirme durant vingt ans, passant la plus grande partie de ses jours étendu sur une chaise longue. Mais cette infirmité ne devait en rien arrêter son activité, comme vint le lui promettre don Bosco, quelque temps après l'accident. Il montra la même vitalité, donna l'essor à tout ce qu'il avait entrepris, vit se développer les noviciats et scolasticats, les missions à l'étranger, les œuvres d'enseignement et de prédication, celles de presse et de pèlerinages, les associations de charité et de prières, etc., et, en toutes ces œuvres, on a noté chez lui « un bon sens magistral allié à une profondeur d'esprit surnaturel qui, sous l'homme d'action, révèle l'homme de Dieu et le saint » (1). Presque chaque année il recevait du Pape pour ses saintes entreprises un Bref d'éloges et d'encouragement. Le 14 décembre 1892, Léon XIII, sur sa demande, donna à son Institut un cardinal protecteur, S. Em. Vincent Vannutelli, qui était et resta son ami. En 1897, le Souverain Pontife lui montra sa confiance en le choisissant, avec Dom Sébastien Wyart, Abbé général des Trappistes, pour une importante et délicate mission près des évêques de France. Le gouvernement s'en vengea en faisant perquisitionner, le 11 novembre 1899, dans toutes ses maisons. Avec onze de ses fils, il dut comparaître devant le tribunal correctionnel de la Seine et fut condamné le 24 janvier 1900 pour infraction à l'article 291 du Code pénal, qui défendait les associations de plus de vingt personnes ; en appel, le 6 mars suivant, la condamnation fut maintenue, et la Congrégation dissoute en France, quinze mois avant la loi du 1er juillet 1901, ce qui ne devait pas empêcher les sectaires de la poursuivre encore plus tard. Des témoignages incomparables de sympathie et d'affection lui furent donnés. Le cardinal Richard, archevêque de Paris, fut blâmé d'être venu le consoler ; NN. SS. Gouthe-Soulard, archevêque

---

(1) Henri Chérot, S. J., *Etudes*, 20 mai 1903.

d'Aix; de Cabrières, évêque de Montpellier; Cotton, de
Valence; Bonnet, de Viviers; Denéchau, de Tulle, et Goux,
de Versailles, eurent leurs traitements supprimés pour
l'avoir félicité, ainsi que M. Neveu, archiprêtre de Pontoise,
et M. Dumas, curé doyen de Saint-Pierre d'Avignon. Des
extraits de tous les témoignages reçus à cette occasion,
on a pu former un volume de 520 pages, sous ce titre :
Le livre d'or des défenseurs de la liberté religieuse.

Enfin, il fallut, en avril 1900, vendre la *Croix* et la
Bonne Presse à un généreux ami, M. Paul Feron-Vrau,
liquider les autres maisons selon la teneur des lois exis-
tantes, puis se disperser. Le P. Picard choisit pour lui
l'exil, et en Belgique, à Constantinople ou à Rome, il continua la direction de son Institut et apprit les attentats
monstrueux perpétrés en France contre l'Église et les Ordres
religieux. Ces douleurs poignantes hâtèrent sa fin, et au
lendemain de nouvelles perquisitions violentes chez ses
religieux dispersés à Paris, il mourut à Rome le 16 avril 1903,
dans l'octave de la Résurrection, béni par Léon XIII qu'il
précédait de trois mois dans la tombe, pleuré par ses fils,
regretté de tous les catholiques, admiré même de ses plus
haineux ennemis. Ses obsèques, auxquelles prirent part
sept cardinaux et un grand nombre d'évêques, de prélats,
de supérieurs d'Ordres, d'amis, furent un vrai triomphe
pour le saint religieux qui laissait tant d'œuvres vivantes...

L'Association.

Origine et vocable. — Au lendemain de la Commune et
au milieu des ruines du couvent des Dames de l'Assomption à Auteuil, dévasté par la fureur révolutionnaire, le
P. Picard fonda, parmi les dames du monde, l'Association
de Notre-Dame de Salut. Un de ses lieutenants, le P. Vincent de Paul Bailly, en raconte ainsi le but et l'origine
dans son Rapport général de 1873 :

Peu de temps auparavant nous avions retrouvé, dans ces salles
mêmes du couvent, de pauvres communards blessés la veille,

heureux de recevoir le prêtre et de réclamer le pardon que Dieu ne refuse pas aux pénitents. Pauvres égarés! Ils protestaient qu'ils n'étaient point nés pour ce métier de pillards, qu'ils avaient des parents honorables ; plusieurs avaient communié au temps de Pâques.

— Nous avons été entraînés, disaient-ils.

NOTRE-DAME DE SALUT

Le peuple est enrôlé pour le mal ; l'entraînement est partout organisé pour le perdre, et cependant, par la grâce de Dieu, il conserve des éléments puissants de foi.

— Il nous faut le sauver, s'écrièrent de saintes âmes, et sans autre arme que ce nom qui fut invoqué soudain : *Notre-Dame de Salut, aidez-nous!* on commença.

C'était en 1871 : on n'a plus la date exacte de ces débuts; les plus vieux chênes, d'ailleurs, n'ont pas de date sur les registres de naissance; ils portent en eux-mêmes le témoignage de leur maturité.....

L'Association de Notre-Dame de Salut se constitua donc avec ce seul plan: courir au secours des ouvriers et les racheter.....

On devait employer la prière, le don de soi, la générosité, pour travailler au relèvement moral et chrétien de notre pays. La céleste Protectrice qu'on choisissait assurait d'avance le succès. Qu'était Notre-Dame de Salut ?

Une vieille statue de pierre avait été sculptée par ordre de saint Louis pour la Sainte-Chapelle. Elle ornait la porte de la crypte. Duns Scot, le *Docteur subtil,* s'était un jour agenouillé devant elle, en 1304, avant d'aller soutenir la doctrine de l'Immaculée Conception. Et, après avoir prié, dit la légende, en relevant la tête, il vit le visage de Marie s'abaisser et lui sourire ; et la statue conserva cette inclinaison et ce sourire. En 1793, on cacha l'image vénérée, qui fut découverte vers 1855 chez un marchand d'antiquités, par le P. Tissot, un des premiers compagnons du P. d'Alzon, et placée avec honneur au collège de l'Assomption de Clichy-la-Garenne, jusqu'au jour où un boulevard traversa cette institution et la détruisit. Au moment de la guerre franco-allemande, la statue se trouva au couvent des Dames de l'Assomption, à Auteuil, bâti à côté de l'ancien château de la Tuileries. Le siège de Paris et la Commune lui envoyèrent des obus, et la statue souriante, placée provisoirement au fond du cloître, reçut au visage un coup de crosse qui brisa le sourire miraculeux accordé aux croyants de l'Immaculée Conception (1).

Et c'est là que, quelques mois plus tard, des dames, se trouvant réunies à ses pieds parmi les ruines, résolurent, sous l'impulsion du P. Picard, de se dévouer par les prières publiques et les œuvres sociales au salut du pays. La Patronne de cette croisade fut la Vierge au sourire, que l'on baptisa du vocable de *Notre-Dame de Salut*, car, pensait-on, c'est elle qui doit nous sauver en nos tribulations : *Salus nostra in tempore tribulationis.* Et peu après, la statue restaurée eut sa chapelle spéciale, 8, rue François Ier, d'abord très modeste sanctuaire, exigu et pauvre, qui eut l'honneur d'être mis sous scellés par les persécuteurs de 1880 ; puis, après un abri provisoire de quinze mois, grandiose et artistique église, construite en 1898-1899 pour être le reliquaire de la statue qui dominait tout l'ensemble, et placée sous séquestre par les sectaires de 1901. Mais la statue, qui n'a surtout de valeur que par tous ces souvenirs, a été mise en sûreté.

Précieuses approbations. — Un Conseil central (2) fut

---

(1) *Jubilé du Pèlerinage National à Lourdes,* 1897, Paris, Bonne Presse.

(2) Le premier Conseil central était ainsi constitué en 1872 : Mme la duchesse d'Estissac, présidente (décédée le 28 septembre 1905) ; Mme Gossin, vice-présidente ; Mme Auber, secrétaire ; Mme Morillon, trésorière ; Mme Février, Mlle Marguerite Auber et Mlle Marie de Surcy, vice-secrétaires ; Mlle Cécile Morillon, vice-trésorière ; Mmes de Bacques, de Baudicour, vicomtesse de Chambrun, Deguerry, Dumont, Laforest, comtesse de Lastic, Linder, Monnier, Patten, Ernest de Ribes, comtesse de Ruty, Mlles Claire

aussitôt formé, ayant pour directeur le P. Picard, et l'on se mit à l'œuvre. Aussitôt, en cette première année, 74 archevêques et évêques approuvèrent la nouvelle Association par un acte positif; à la fin de 1873, le nombre de ces approbations épiscopales était monté à 81.

De plus hautes faveurs étaient venues de Rome. Dès le 17 mai 1872, Pie IX, de sainte mémoire, avait, dans un Bref élogieux, encouragé l'œuvre : « Humble dans ses débuts, cette Association a pris un développement si rapide que déjà un grand nombre d'évêques français l'ont érigée dans leurs diocèses et que la plupart des autres ont l'intention de l'établir bientôt. » Il lui accordait en même temps de riches indulgences, que Léon XIII devait augmenter encore le 1er mai 1886 (1), après lui avoir donné comme protecteur, le 8 avril précédent, le cardinal Parocchi, son vicaire, mort le 15 janvier 1903, et à qui S. Em. le cardinal Vincent Vannutelli a succédé le 6 décembre 1905. S. S. Pie X a continué la même bienveillance vis-à-vis de l'Association, augmentant le nombre de ses indulgences (17 novembre 1908) et disant aux pèlerins qu'elle amenait à Rome pour son Jubilé sacerdotal : « Vous faites une œuvre sublime, c'est l'œuvre des œuvres, l'œuvre par excellence. » (2)

Le Conseil central devait donner l'impulsion aux Comités diocésains, placés sous le patronage des évêques et qui se formèrent bien vite. Les premiers fondés étaient, à la fin de 1873 : Arras, Avignon, Bordeaux, Lille, Fréjus, Langres, Nancy, Nantes, Nîmes, Perpignan, Soissons, Tournon et Carpentras. Tous travaillaient avec ardeur, même le dernier,

---

de Fabrias, Lemaître et Miss Moriss, conseillères. — Directeur, le P. Picard; secrétaire général, le P. V. de P. Bailly. (Voir à l'appendice I, p. 261, la composition du Conseil central actuel.)

(1) Voir à l'appendice I, p. 255, la notice générale sur l'Association, qui détaille ces indulgences.

(2) Discours du Saint-Père à l'audience des pèlerins de Notre-Dame de Salut, 17 novembre 1908. (Voir *Bulletin de Notre-Dame de Salut*, novembre 1908.)

qui était le plus jeune en date. « Les Parisiens, disait spirituellement le P. V. de P. Bailly en son Rapport du 12 mars 1874, se plaisent parfois à rire des héros de Carpentras. Eh bien, je n'hésite pas à affirmer que si Paris avait, en proportion de sa population, fait la moitié de Carpentras, la France serait sauvée; je vous l'affirme, et cependant je ne suis pas de Carpentras. »

Les autres diocèses virent se former aussi peu à peu des Comités et sous-Comités, ayant à leur tête un directeur diocésain, intermédiaires obligés entre les associés et le centre de l'œuvre, aussi bien pour les prières à promouvoir que pour les secours à accorder aux œuvres. Il y a actuellement 60 directeurs diocésains et 49 Comités diocésains en 71 diocèses de France (1).

Ces Comités, dit le Rapport du 2 février 1876, poursuivent lentement leurs fondations, mais s'affermissent chaque année; ils forment pour l'avenir des citadelles où l'Association pourrait désormais, nous en avons la confiance, être au besoin isolée bien des années, sans être entamée. Ces Comités se forment en effet deux, trois, quatre remparts d'associés; ils ont pour commandant de place M. le Directeur ecclésiastique, pour officiers les dames du Bureau, pour soldats les zélatrices, pour armes un zèle à plusieurs tranchants, et pour drapeau l'image de Notre-Dame de Salut.

Le cachet d'agrégation porte en effet cette précieuse image dessinée par l'artiste Imlé.

Assemblées générales. — Ce travail de l'Association en toute la France était périodiquement passé en revue pour en remercier Dieu et la Vierge du Salut, et aussi pour s'encourager. La première Assemblée générale se tint le 6 février 1873, sous la présidence de Mgr de Ségur, chanoine-évêque de Saint-Denis et prélat de Sa Sainteté. Celles qui suivirent eurent lieu sous la même présidence, le 12 mars 1874, le 2 février 1876 et le 7 février 1878, au jour même où

---

(1) Voir la liste à l'appendice I, p. 262.

mourait Pie IX ; puis le 8 février 1880, le 2 février 1881, le 11 avril 1886 ; le 6 mars 1887 vit pour président Mgr Gay, évêque titulaire d'Anthédon ; le 11 février 1892 et le 8 mai 1894, le P. Picard présidait, avec, à cette dernière date, Mgr Menini, vicaire apostolique de Bulgarie. Nous espérons les voir reprendre en février 1909.

A chacune de ces réunions, le P. V. de P. Bailly, secrétaire général, donnait un *Rapport* sur la marche et les progrès de l'Association. Ces rapports, où un esprit de foi très ardent et l'humour parisien animent et transfigurent les faits et les chiffres pour le plus grand charme du lecteur, sont presque les seules sources où nous pouvons puiser ce court historique. Celui de 1886 est resté célèbre : en énumérant les « douze montagnes » que le « Salut » avait soulevées par sa foi et ses œuvres, il illustrait magnifiquement ce mot de Joseph de Maistre : « L'esprit religieux n'est pas éteint en France ; il y soulèvera les montagnes, il y fera des miracles. »

Mgr DE SÉGUR

D'autres réunions ont lieu, chaque année, à Lourdes, au moment du Pèlerinage national et sous la présidence du directeur. La première eut lieu en septembre 1875, « auprès des miracles, sous le regard de Marie, toute embaumée de sacrifice et de sainte fatigue. » (1) On y fait la revue générale de tous les Comités présents ou représentés et pour presque tous une élogieuse et méritoire citation

______

(1) Rapport du 2 février 1876.

à l'ordre du jour. C'est l'encouragement le plus efficace à poursuivre l'œuvre et à étendre davantage son apostolat. « Notre-Dame de Lourdes, écrit la secrétaire de ces séances, Mlle Dubois, de Montpellier, a toujours béni et fécondé ces réunions. »

Éclosion d'œuvres.

Œuvres surnaturelles. — Le but des fondateurs avait été d'aller au secours des ouvriers. Sans le laisser de côté, ils durent s'employer tout de suite à un autre, et presque malgré eux, celui de susciter et d'exciter la prière nationale pour la patrie.

Le pays vaincu avait une forte rançon à payer. Des souscriptions patriotiques s'étaient offertes, mais le Parlement les avait refusées, craignant d'amoindrir le crédit de la France. Alors, un vaillant chrétien, le vice-amiral Gicquel des Touches, proposa, dès 1871, comme une prière de contre-invasion, la messe mensuelle et la communion de la *délivrance*. « Il faut opter, écrivait-il, entre le joug de Dieu et celui de la Prusse. La prière de la nation sauvera notre malheureuse patrie. »

L'Association du Salut, à laquelle il s'adressa, recueillit aussitôt, sur un livre d'or, la promesse de 34 000 communions et de 1 000 messes mensuelles; puis les promesses affluèrent tellement qu'on ne les compta plus. Les cérémonies étaient très suivies à Paris et en beaucoup de villes; on y chantait le cantique de Notre-Dame de Salut que venait de composer à Nîmes M. Monnier, professeur au collège de l'Assomption :

> Dieu de clémence,
> Vois nos douleurs!
> Sauve, sauve la France,
> Exauce enfin nos pleurs !

Ce mouvement de foi continua avec le même zèle les années suivantes. En 1875, la *messe de la délivrance* devint la *messe du Salut*, et elle a continué depuis, un peu partout, provoquant d'innombrables communions pour la France.

Dès le début aussi, on suscita, sachant combien elle est agréable à Notre-Seigneur, la prière innocente des enfants, dans les asiles, écoles, orphelinats, pensionnats, et dans les familles. On leur faisait réciter l'invocation : *Notre-Dame de Salut, convertissez et sauvez la France*. Des exemples

LA PREMIÈRE CHAPELLE DE NOTRE-DAME DE SALUT
8, RUE FRANÇOIS Ier

touchants sont cités dans les premiers Rapports. Cette coutume a persévéré, et dans toutes les œuvres scolaires et post-scolaires actuellement secourues par l'Association, les enfants continuent à prier pour la France.

Le 21 mai 1872, un député catholique, M. de Belcastel, fit voter par l'Assemblée nationale des prières publiques pour le dimanche 17 novembre, qui devait suivre la rentrée des Chambres. Une pieuse personne, pour associer tout le pays à cet acte de foi, eut l'idée de demander à l'Association du Salut de préparer ces prières publiques par une neuvaine préparatoire, un jeûne et une communion. Le P. Picard accepta cette hardiesse comme un désir de la Providence (1), et proposa aussitôt aux associés et même à tous les fidèles une neuvaine commençant le samedi 9 novembre avec un jeûne le vendredi 15 et une communion générale le dimanche 17. Du Vigan où il se trouvait alors, il annonçait les premières adhésions: trois communautés et plus de 300 personnes. A Paris, on rédigea à la hâte une petite feuille explicative, qui fut imprimée à Bourges avec l'*imprimatur* de l'archevêque, et on l'offrit partout. Les demandes arrivèrent en foule, le courrier débordait. On expédia plus de trois millions de ces imprimés, qu'on multipliait sur place par des copies à la main, et dans 14 villes on les fit réimprimer. Plus de 50 évêques approuvèrent ou prescrivirent la neuvaine en leur diocèse, èt Pie IX lui-même daigna envoyer la faveur d'une indulgence plénière.

Cette première neuvaine fut fervente. Il y eut dans les églises des cérémonies, des prédications, le chant du cantique du Salut. Le jeûne fut observé en beaucoup d'endroits; des enfants, des ouvriers jeûnèrent. En quelques diocèses ce fut un jeûne aussi rigoureux que celui du Vendredi-Saint : des travailleurs se sont même refusé tout aliment ce jour-là. Les communions du 17 novembre furent innombrables. La neuvaine se fit non seulement en France, dans les villes et dans les campagnes, mais aussi en Algérie et dans nos colonies, dans les chères provinces d'Alsace et de Lorraine,

---

(1) Presque toutes les grandes œuvres entreprises par le P. Picard semblent lui avoir été suggérées par d'humbles intermédiaires de la volonté divine. Il eût dit volontiers avec saint Vincent de Paul, le grand apôtre de la charité au XVIIe siècle : « Laissons faire Dieu, et nous tenons humblement dans l'attente et dans la dépendance des ordres de la Providence.... Au nom de Dieu tenons-nous là et laissons faire Dieu. Suivons, je vous prie, ses ordres, et ne les prévenons pas. » (*Saint Vincent de Paul*, par EMMANUEL DE BROGLIE. Paris, Lecoffre, 1897, p. 110.)

et à l'étranger, en Belgique, en Hollande, en Suisse, à
Moscou même et en Italie, où les feuilles de prières furent
imprimées en italien. Ce fut partout une explosion de foi.
« Aussi, écrivait M. de Belcastel au directeur de l'Association, l'œuvre si bien nommée de Notre-Dame de Salut est-
elle une œuvre éminemment catholique et française. »

LA CHAPELLE PROVISOIRE DE NOTRE-DAME DE SALUT EN 1898
10, RUE FRANÇOIS 1er

L'année suivante, une nouvelle neuvaine fut proposée
du 1er au 9 novembre 1873. Pie IX l'avait enrichie d'indulgences par rescrit du 1er octobre; 70 évêques l'approuvèrent;
les grandes organisations catholiques y aidèrent en la
recommandant à leurs adhérents : les Conférences de Saint-
Vincent de Paul, le Comité catholique de Paris par son

Phot. C^{sse} de Rochechouart.

LA CHAPELLE ACTUELLE DE NOTRE-DAME DE SALUT
8, RUE FRANÇOIS Ier

président, M. Bailloud, et son secrétaire, M. Léon Pagès;
les Cercles catholiques d'ouvriers par leur secrétaire général,
M. le comte Albert de Mun, alors capitaine au 9e dragons.
Des feuilles de prières furent demandées par quantités en
presque tous les diocèses, et une souscription pour ses frais
d'impression et d'envoi fut ouverte dans le *Pèlerin* et

donna 5 000 francs en deux mois. Et pendant que, dans le *XIXe siècle*, Francisque Sarcey croyait spirituel de se moquer de cette neuvaine et de l'Association qui la provoquait, les députés catholiques, en grand nombre, s'associaient à ce mouvement : « Je crois, écrivait par exemple au P. Picard, en octobre 1873, l'un d'eux, M. Ch. Combier, je crois qu'il serait bon d'organiser parmi les catholiques de France la prière perpétuelle pour le salut de la France. » « La France se relèvera chrétienne ou elle ne se relèvera pas, » disait Mgr Pie, évêque de Poitiers, en ordonnant la neuvaine à ses diocésains. Quelques jours après, le 25 novembre, dans une allocution, l'illustre prélat s'écriait : « Le symptôme le plus rassurant de l'heure actuelle est cette ardeur de la prière qui se manifeste de toutes parts. » Et Mgr Mabile, de Versailles, concluait : « Une voie de salut est ouverte. »

Un triduum du 12 au 14 août 1873, agréé par Pie IX et enrichi d'indulgences par lui, avait été aussi solennellement célébré en France et à Rome, ainsi qu'une neuvaine du 30 novembre au 8 décembre 1875, en union avec les catholiques italiens.

En 1874, ces manifestations de foi se continuèrent. Notons-en quelques-unes : un mois de l'Enfant Jésus, de Noël au 2 février 1874, fut proposé aux enfants et aux communautés religieuses. Une neuvaine à saint Joseph, patron de l'Eglise, se termina le 19 mars. Une autre fut demandée aux Enfants de Marie de Paris, approuvée par le cardinal Guibert et clôturée le 25 mars à Notre-Dame, avec allocution, procession aux flambeaux et salut du Saint Sacrement. Presque aussitôt, une *année de pénitence* du 3 avril au 26 mars 1875, proposée par Mme de Blic et les Carmélites de Beaune, fut recommandée et propagée par l'Association. Pendant un nouveau mois de l'Enfant Jésus et sur l'initiative du P. d'Alzon, un *Veni Creator* fut demandé à tous les collèges en janvier 1875, pour obtenir la loi sur l'enseignement supérieur, et l'on fut exaucé cette même année. Signalons encore une croisade de prières pour la conversion de Paris, avec indulgence accordée par Pie IX le 3 mai 1875; une octave préparatoire à la consécration au Sacré Cœur indiquée par le Pape le 16 juin 1875; enfin des prières spéciales en février 1878 à l'occasion du Conclave qui élut Léon XIII.

Les neuvaines nationales continuaient. Celle qui eut lieu à la rentrée des Chambres, en décembre 1874, eut le même succès que les précédentes : deux millions d'imprimés furent demandés et distribués. En 1875, elle eut lieu en novembre. Celle de 1876, du 12 au 20 février, fut préparatoire aux élections générales, avec indulgence accordée par Pie IX le 15 janvier. De l'étranger, notamment d'Angleterre, on s'unit à ces prières pour la France, et le P. V. de P. Bailly pouvait dire alors en son Rapport : « La correspondance *internationale* relative à notre prière *nationale* forme le dossier le plus *français* de nos archives. »

Les événements se précipitaient. La neuvaine proposée pour les élections générales du 14 octobre 1877, avec mandements épiscopaux et indulgences accordées par Pie IX le 17 septembre — ce furent ses dernières faveurs, — émut le ministère du 16 mai. Il fit faire des démarches par M. Brunet, ministre de la Justice, près du nonce et de l'archevêque de Paris, qui écrivirent confidentiellement aux évêques de supprimer leurs ordonnances. Le soir même de ce Conseil, où on avait décidé de faire cesser cet élan de prières pour qu'on n'accusât pas le ministère d'être « un gouvernement de curés », l'amiral Gicquel des Touches, ministre de la Marine, vint en informer le P. Picard, qui resta convaincu de la nécessité de cette neuvaine. L'amiral lui-même l'encouragea en disant : « Je viens de vous donner l'avis du Conseil des ministres; le mien, c'est que j'espère bien que vous n'en tiendrez pas compte. » L'Association poursuivit, en effet, son œuvre. La petite feuille qu'elle répandait indiquait pourquoi : « La prière s'impose à nous avec plus de force que jamais. Tout nous montre ce que la

France aurait à redouter, si elle n'était entre les mains de Dieu ; et Dieu tient à nous convaincre que lui seul peut nous sauver. » Hélas ! l'hostilité et les influences du pouvoir empêchèrent cette prière en plusieurs diocèses, et la neuvaine se ressentit de cet état. Ainsi, « ce régime du 16 mai, dit le Rapport du 6 mars 1887, douta que Dieu pût poursuivre le succès, et cette action de la prière fut brisée par la prudence de ceux qui avaient reçu une aide du ciel pour parvenir. » « Que Dieu les assiste, s'écria Mgr Pie, évêque de Poitiers, qu'il les éclaire et qu'il les préserve de nous donner une fois de plus le spectacle des impuissances ! » Ce qui arriva. Le ministère fut renversé, malgré ses précautions trop humaines, et depuis, le pouvoir s'est toujours fait de plus en plus persécuteur.

La prière, interrompue pour un temps sous cette forme, ne cessa point cependant tout à fait. Nous ne pouvons énumérer toutes ses manifestations, depuis celles de mai et juin 1880, où fut porté à Montmartre, le 26 juin, le chiffre des prières individuelles et des pénitences s'élevant à plusieurs millions (1), jusqu'aux neuvaines nationales plus récentes de 1898, de 1902, de 1906, de 1908, à l'occasion des élections législatives ou municipales, et où la ferveur des débuts, surtout en 1906, attira, sinon la victoire, du moins des résultats partiels fort encourageants (2). D'autres neuvaines se font encore à l'occasion d'événements politiques ou religieux et sont suivies avec zèle par tous les associés.

Œuvres ouvrières. — Ce mouvement surnaturel n'avait pas fait oublier le but charitable et social en faveur des ouvriers. « Beaucoup d'œuvres utiles et fécondes, disait Pie IX en son Bref du 17 mai 1872, entrent dans le dessein

----

(1) Le Rapport du 2 février 1881 en donne l'émouvant détail.
(2) Voir *Bulletin mensuel de Notre-Dame de Salut*, juin 1906 et *passim*.

de l'Association ; toutefois, ce qui promet les fruits les plus précieux est assurément le but que se proposent les associés de consacrer leurs soins et leur zèle à former aux principes de la religion et de la vertu la classe ouvrière ; classe infortunée qui, dans ces temps malheureux, indignement trompée par les mensonges de l'impiété et du vice, et poussée dans les voies de l'égarement, menace d'ensevelir sous des ruines et de détruire par l'incendie, non seulement les villes, mais la société tout entière. » Près de quarante ans plus tard, Pie X constatait solennellement que ce but était toujours poursuivi par les associés auxquels il disait : « Vous exercez parmi le peuple toutes les formes de l'apostolat pour le bien, vous travaillez à la réconciliation des diverses classes sociales, vous unissez toutes vos forces pour faire disparaître les difficultés qui affligent la société et donner au peuple son vrai bien spirituel et temporel, en le désillusionnant des tromperies de ceux qui crient tout le jour : liberté ! liberté ! et qui voudraient le priver ensuite de la liberté de respirer l'air du bon Dieu et de jouir des rayons du soleil. » (1)

« Notre œuvre première, dit le Rapport de 1887, est la promesse faite, dès l'origine, par les associés, de s'occuper des serviteurs, ouvriers, enfants de la maison....., la négligence de cet apostolat étant la cause de tous nos malheurs et des malédictions qui menacent la société. » Des efforts courageux furent faits en ce sens, et le rapporteur du 8 mai 1894 en rappelait l'obligation toujours actuelle : « Sur nos ruines saignantes, après la Commune, vous demandiez à chacun de se sacrifier en sa propre maison, et tel est toujours le devoir principal des associés de se dire : Qu'ai-je fait pour les miens ? »

Puis, en sus de cet apostolat domestique, et pendant

____

(1) Discours aux pèlerins de Notre-Dame de Salut, 17 novembre 1908. (*Bulletin de Notre-Dame de Salut*, novembre 1908).

qu'un Comité des hommes de Notre-Dame de Salut tenait en 1873 des séances pour discuter des questions sociales, les dames lançaient une pétition adressée aux députés par les mères de famille en faveur du repos du dimanche. Un million 600 000 signatures de femmes chrétiennes furent recueillies, sans compter celles qui furent directement envoyées au Palais-Bourbon sans passer par l'Association. Toutes les classes de la société étaient représentées sur ces listes, surtout les classes laborieuses. Les Lorraines de Metz voulurent s'y faire inscrire. Le Parlement resta sourd à cet appel de la famille ouvrière que détruit peu à peu le travail du dimanche ; il a fallu attendre 1906 pour avoir enfin cette loi sur le repos hebdomadaire, que l'Association du Salut réclama pratiquement dès qu'elle commença à vivre.

Elle voulut aussi aller au secours des institutions ouvrières qui se fondaient ou allaient se fonder partout : patronages, cercles, Sociétés de secours mutuels, etc. « Elle n'a pas l'intention, écrivait le P. Picard dès le 9 octobre 1872, de diriger ces œuvres ; elle veut les servir ; elle cherche à favoriser leur fondation, elle les pousse à s'unir, elle est prête à les aider au besoin..... » Cette aide se manifesta aussitôt par des allocations et des secours réguliers. Dès cette première année, on secourut ainsi les œuvres ouvrières de Bessèges, Denain, Montmorillon, Nîmes, Poligny, Pont-à-Mousson, Saint-Claude, Tournon. En 1873, il y eut 50 œuvres secourues ; en 1874 et 1875, 140. En 1886, 153 patronages ou cercles et 55 écoles, car, après les lois scolaires, il fallut aussi aller au plus pressé et aider les fondations si urgentes d'écoles libres. De 1901 à 1907, le nombre des œuvres secourues a été de 350 en 50 diocèses environ par an. En 1908, il y en a eu plus de 500. L'espoir de ces secours a contribué grandement et contribue encore à la fondation de ces patronages et de ces écoles.

Presque en même temps que l'Association, naissait à Nevers, en septembre 1871, en un Congrès d'œuvres de jeunesse et d'œuvres ouvrières, l'*Union* de ces œuvres avec un Bureau central, qui eut son siège à Paris, 32, rue de Verneuil, et avec une revue comme organe. Son premier président fut Mgr de Ségur ; il eut à sa mort pour successeur Mgr Gay, ancien auxiliaire du cardinal Pie ; le président actuel est Mgr de Poterat, directeur diocésain de Notre-Dame de Salut à Orléans. Ce Bureau parut si utile pour promouvoir, unir et conseiller les œuvres ouvrières que l'Association du Salut lui fournit dès le début des subventions, d'abord 2 à 3 000 francs par an, puis 6 000 francs de 1878 à 1895, et actuellement, à cause de la multiplicité de ses obligations, un secours annuel de 500 francs. « La pensée de grouper toutes les œuvres ouvrières, jusque-là divisées, disait aux associés le rapporteur de 1876, de former désormais entre elles, sans détruire leur belle

Mgr GAY

variété, un formidable faisceau pour la défense commune, est la première qui a su vous séduire. »

Ajoutons une autre entreprise en faveur des jeunes ouvriers des patronages qu'il fallait occuper et distraire : l'Association ouvrit en 1875 un concours de pièces de théâtre avec un prix de 500 francs. Celle qui fut couronnée était du comte Lafond, décédé avant la proclamation, et le prix fut rendu par la famille, ce qui permit d'offrir 1 200 francs aux concurrents de 1876 (1).

____

(1) *Pèlerin*, 19 février 1876.

Pour toutes ces œuvres, il fallait un budget. Les cotisations, les quêtes, les souscriptions volontaires le fournirent. La caisse reçut ainsi 13 000 francs en 1872, 35 000 en 1873, 40 000 environ en 1874, et les chiffres suivants restent à peu près stationnaires jusqu'à notre époque, sauf en 1877 et en 1908, où l'on atteint 59 000 francs. Malgré quelques craintes parfois, il n'y eut jamais ce que le rapporteur du 2 février 1876 redoutait quand il décrivait si spirituellement le sujet de « ce monument sans poésie : la caisse ».

Il y a une toute petite porte qu'on nomme l'entrée et une vaste brèche qu'on appelle la sortie ; chez nous cette brèche est pratiquée par les assauts des œuvres ouvrières et des œuvres de prières. Le problème consiste donc à faire passer assez de monnaie par la petite porte pour fournir au pillage légitime qui s'opère du côté de la brèche ; quand la monnaie vient trop lentement, il se produit un phénomène qu'on appelle le déficit, et qui fait crouler le monument.

Pour empêcher ce fâcheux résultat, un concert de charité fut donné au début de 1874, puis une fête eut lieu en 1875 chez Mme la duchesse de Chevreuse, enfin une vente de charité a été régulièrement organisée chaque année depuis mai 1877, et c'est encore elle qui apporte le plus large appoint, puisqu'il a été de 19 000 francs en 1908. Notons encore un legs de 20 000 francs laissé en 1875 par Mlle Marie-Elisabeth de Bastard, religieuse de l'Assomption, pour fonder au Cercle Montparnasse l'*Hôtellerie de Notre-Dame de Salut,* qui abrita 20 jeunes ouvriers, et qui, hélas! a disparu.

En plus de la souscription ouverte pour le Salut dans le *Pèlerin* dès février 1874, cet organe de l'Association en ouvrit d'autres en son nom pour la basilique de Montmartre (un pilier de 130 000 francs de la grande nef fut offert par elle et porte son nom) (1), puis pour le denier de

____

(1) Depuis 1879, chaque année, l'Association tient à cœur de faire un pèlerinage à Montmartre.

Saint-Pierre, pour les écoles libres, pour les pèlerinages des malades à Lourdes, pour les «curés volés », pour les évêques privés de traitement, etc., etc. Un grand souffle de charité partait ainsi de cette œuvre de foi.

Œuvres de presse. — Le *Pèlerin,* fondé le 12 juillet 1873, devint bien vite son organe, sans cesser d'être celui des Pèlerinages, comme son titre l'indiquait. Le P. Picard et le P. Bailly en étaient déjà les rédacteurs. Son succès fut tel qu'il parut illustré et agrandi le 6 janvier 1877 et qu'en 1880 il tirait déjà à 80 000 exemplaires. La *Vie des Saints,* petite feuille hebdomadaire, créée cette même année, débutait avec 50 000 exemplaires. Puis la *Croix* quotidienne parut en juin 1883, enfantant peu à peu toutes les autres publications de

Phot. B. P.

LE P. VINCENT DE PAUL BAILLY

la Bonne Presse, dont nous ne pouvons raconter ici la merveilleuse histoire, et où demeure cet esprit d'apostolat inculqué par l'Association de Notre-Dame de Salut. « Et ce n'étaient pas là, dit le P. Edmond Bouvy, des œuvres personnelles, restrictives de l'initiative des autres. Toute la France catholique se l'appropria en quelques années : partout surgirent les *Croix* locales. Partout l'étendard du Christ, le labarum sacré, s'avançait sur le champ de bataille, pour vaincre sans doute, mais pour sauver la France par sa victoire. » (1)

---

(1) *Revue Augustinienne,* 15 mai 1903.

Mais ces revues et journaux augmentant considérablement d'importance et de diffusion, il fallut un organe plus intime : après le compte rendu lithographié des séances (1), un *Bulletin mensuel de l'Association* fut créé ; la première série va de mars 1892 à juillet 1899 ; la seconde a commencé en janvier 1902 et donne les renseignements utiles sur l'Œuvre, avec toutes les nouvelles des Comités diocésains et du Conseil central (2).

L'Association ne se désintéressa pas néanmoins de la diffusion de la bonne presse :

C'est l'œuvre urgente par excellence, lit-on dans son règlement intérieur, car il ne suffit pas de voir et de grouper des ouvriers, il faut aussi leur parler et les instruire..... L'Association aidera donc à développer et à promouvoir les centres de propagande de la bonne presse ; à répandre les bons journaux, les bonnes revues, les bonnes publications, surtout dans les classes populaires ; à aider par tous les moyens cette propagande. Elle fera prier aussi pour le succès de cet apostolat de la presse.

En ce même esprit, elle a entrepris, en 1906, une ligue contre les mauvaises lectures, qui a déjà groupé, parmi ses associés, un certain nombre d'adhérents. Elle lançait en même temps un appel pour faire entrer le crucifix dans les familles, le mettre à la place d'honneur et aider ainsi à combattre le respect humain par cet acte de foi.

Œuvres annexes. — Sans parler de campagnes entreprises un peu en dehors du but premier de l'Œuvre, comme celle qui remit en honneur la mémoire de Jeanne d'Arc lorsque les impies voulurent fêter en mai 1878 le centenaire de son insulteur Voltaire (3), puis le deuil provoqué partout

---

(1) Nous n'avons sous les yeux qu'une série de ces procès-verbaux mensuels de février 1878 à mars 1882.

(2) L'abonnement est de 2 francs par an. S'adresser au Secrétariat, 4, avenue de Breteuil, Paris.

(3) C'est à la suite d'une noble associée, Mme la duchesse de Chevreuse, qu'on porta d'innombrables couronnes à la statue de la grande héroïne lorraine.

à la mort de Pie IX pour manifester sa dévotion au Pape, et
la création d'une Ligue antimaçonnique à La Salette en
juillet 1884, sous le patronage de Mgr Fava, évêque de
Grenoble (1), l'Association contribua à la fondation de
quelques associations ayant un but distinct, mais qui lui
formèrent comme des branches magnifiques, bien que
quelques-unes se soient modifiées : l'œuvre des *En-*
fants du Salut, celle des *Apôtres du Salut,* la *Fra-*
ternité du Salut ou de l'Assomption parmi les ouvriers (2), et les *Filles de sainte Monique;* presque
toutes ont eu des bulletins spéciaux.

La Ligue de l'*Ave Maria,* fondée en octobre 1888 par
l'amiral Gicquel des Touches pour

L'AMIRAL GICQUEL DES TOUCHES

réunir davantage tous les catholiques de France sur le ter-
rain de la prière, le seul possible et le seul pratique, fut
affiliée à l'Association et bénéficia de ses indulgences.
« Vous adoptâtes cette Ligue de Salut, disait le rapporteur
du 8 mai 1894. Des centaines de mille s'inscrivirent; les
grands au pouvoir brisèrent cet effort, obligèrent par me-

---

(1) En voir les statuts dans la *Croix* du 10 juillet 1884.
(2) Le Rapport du 6 mars 1887 en donne *in extenso* le très sage et très
apostolique règlement.

naces à détruire ses inscriptions et ses registres... » Elle ressuscita et elle eut, en 1891, son drapeau qui fut celui du Sacré Cœur inauguré héroïquement à Patay, et en mars 1897 son organe spécial, le *Petit Journal bleu*, qui porte encore chaque mois le mot d'ordre de la prière en 100 000 foyers et qui a uni les ligueurs à toutes les neuvaines du Salut depuis les élections de 1898.

Un autre groupement de ce genre s'affilia aussi au Salut; ce fut, en 1894, la Ligue de prières établie à Lille en faveur de la diffusion de la bonne presse et en réparation du mal commis par les mauvais journaux; elle a fusionné depuis, par le *Journal bleu*, avec la Ligue de l'*Ave Maria*.

Pèlerinages. — L'œuvre qui eut les plus étonnants résultats fut celle des Pèlerinages.

Parmi les pratiques de la dévotion chrétienne, a écrit Mᵍʳ Freppel, évêque d'Angers, il n'en est pas de plus salutaire que les pèlerinages..... Dieu a échelonné de distance en distance ces stations de la foi, où sa grâce opère avec plus d'efficacité. De même qu'il a reporté sur plusieurs points du globe et ouvert, çà et là, dans les entrailles de la terre, des sources de vie qui jaillissent pour la santé du corps, des filons de métal liquide, des veines d'eau médicinales d'où s'échappe une vertu toujours féconde, ainsi a-t-il fait dans la région des âmes. Les lieux de pèlerinages sont, pour ainsi parler, les eaux thermales de la piété, des bains spirituels où les âmes viennent se régénérer, en y puisant une énergie nouvelle. C'est là que s'opèrent ces réactions salutaires, ces retours soudains, ces secousses imprévues qui arrêtent les progrès du mal et impriment à la vie un autre cours.

L'Association de Notre-Dame de Salut, après les ravages de la guerre et de la Révolution, voulut donc employer ce moyen pour la régénération sociale. Les Pèlerinages Nationaux furent créés : ils devaient prier et expier pour la France, en bravant le respect humain et en provoquant les actes de foi qui peuvent seuls sauver un pays. « Et en effet, disait alors le P. d'Alzon, tout est-il bien rassurant si l'on regarde l'avenir? Et peut-on être accusé de témérité en appliquant au temps actuel cette parole du prophète : *Nescierunt neque intellexerunt, in tenebris ambulant, movebuntur fundamenta terrae ?* » (1)

Ce projet était d'une hardiesse à nulle autre pareille, mais on osa. Les trains furent réquisitionnés et se remplirent de pèlerins. Ce fut la conquête pacifique de la science par la religion.

Discipliner les locomotives pour cette besogne nouvelle, disait, en 1887, le P. Bailly aux associés du Salut, n'était-ce pas plus que ce que le Sauveur avait accordé, à Bethphagé, à ses disciples, pour l'ânesse et l'ânon ? « Allez ! leur avait-il dit, déliez audacieusement, et, si le propriétaire s'étonne, dites : Le Maître en a besoin. » Allez, vous fut-il dit, chauffez les machines, attachez-les aux wagons et roulez : le Maître en a besoin. Les gens du chemin de fer riaient ; ils croyaient transporter une bande d'aliénés ; mais plus ils en portaient, plus il en revenait ; et bientôt ils sa'uront que les fous sont ceux qui voyagent pour s'amuser et pour gagner des richesses périssables, et que seuls vous aviez la sagesse et la raison (2).

Le premier pèlerinage organisé à Paris fut celui de La Salette, en août 1872. Il avait été proposé au P. Picard par l'abbé Thédenat, jeune vicaire de Paris (3), sous l'inspiration de sainte Philomène, et aussi par deux ardentes chrétiennes. Les Augustins de l'Assomption le conduisirent sans aucune aide de ceux qui en eurent l'idée et avec des difficultés inouïes. La Compagnie des chemins de fer Paris-Lyon-Méditerranée ne voulut consentir à former un train qu'après le versement, quelques jours à l'avance, de 15 000 francs, dont on n'avait pas le premier centime. Il fallut quêter et emprunter. On put enfin partir, sous les railleries des incrédules et des prudents. A Grenoble, les voitures de l'armée, sur lesquelles on comptait, firent défaut ; on dut réquisitionner d'autres véhicules, pendant

____

(1) Circulaire de l'évêché de Nîmes, juin 1874.
(2) Rapport du 6 mars 1887.
(3) Décédé le 8 septembre 1884.

que les pèlerins étaient lapidés par la canaille. Mais « les pierres de Grenoble, disait en 1875 celui qui avait été un des promoteurs de cette vaste entreprise, M. Bournisien, décédé le 20 novembre 1876, ont été pour beaucoup dans le succès de l'œuvre, comme les crachats des soldats du prétoire ont contribué à sauver le monde. » (1)

Sur la sainte montagne, devant l'hôtel de Notre-Dame, 375 prêtres venus de toute la France (2) s'unirent aux organisateurs du pèlerinage, et, sous les auspices de Mᵍʳ l'évêque de Grenoble, prirent l'engagement de consacrer tous leurs efforts à propager dans la France la dévotion des pèlerinages. Là furent délibérés les statuts et fut nommé un Conseil qui devait diriger l'œuvre et lui donner un caractère plus général (3).

M. BOURNISIEN

La pieuse pensée ne tarda pas à porter ses fruits. Dès cette fin d'année 1872, elle provoqua des pèlerinages, dont le plus

---

(1) Rapport de M. Bournisien, vice-président du Conseil des Pèlerinages, à l'assemblée générale des catholiques, 1ᵉʳ avril 1875.

(2) L'un des plus ardents fut l'abbé Léon Tardif de Moidrey, qui mourut saintement au pied de la montagne de La Salette, le 28 septembre 1879, dans l'octave de l'Apparition qu'il venait de prêcher pendant une neuvaine.

(3) Le Conseil général était ainsi composé dans les débuts : *directeur*, R. P. Picard ; *président*, M. le vicomte de Damas ; *vice-président*, M. Bournisien ; *secrétaire*, R. P. Germer-Durand ; *trésorier*, M. le duc de Chaulnes ; *conseillers*, RR. PP. V. de P. Bailly, Monsabré, Marie, Mursel, Bazin ;

célèbre fut celui *des Bannières* à Lourdes, dont nous avons parlé, et, pour avoir plus de grâces, le Conseil général se rendit à Rome en 1873 et obtint du Pape, le 7 mai, une paternelle bénédiction et des indulgences très précieuses, renouvelées le 7 août suivant. On pouvait désormais aller de l'avant. Un *mois des pèlerinages* était organisé pour chaque année, du 22 juillet au 22 août, et les pèlerins de la France entière se rendirent à La Salette, à Fourvière, à Ars, à Paray-le-Monial, à Issoudun, à Chartres, à Pontmain, au mont Saint-Michel, à Poitiers, au Puy, à Lourdes, même à Rome, en mai 1874, et plus tard, en 1882, à Jérusalem.

On consacrait le temps du voyage à des exercices de piété faits en commun dans chaque wagon ; c'était comme une sorte de retraite au sein du pèlerinage, et l'on évitait ainsi le danger signalé par l'*Imitation de Jésus-Christ : Qui multum peregrinantur, raro sanctificantur*. Mgr Gerbet, évêque de Perpignan, n'avait-il pas prophétisé quand il écrivait dans son mandement de février 1858 (remarquez le mois et l'année) : « Qui sait s'il n'y aura pas un jour des trains de piété comme il y a des trains de plaisir ?..... »

Un livre d'or des pèlerins français avec 62 000 signatures fut offert alors à Pie IX. Dans un Bref du 19 août 1873, le Souverain Pontife affirme que, parmi les consolations qu'il reçoit, « il faut certainement compter les fréquents et si nombreux pèlerinages accomplis dans les églises ou sanctuaires les plus insignes..... » Dom Guéranger le constate : « Les pèlerinages aux sanctuaires de la Mère de Dieu, sus-

---

MM. les abbés de Bonniot, V. Bouguereau, Duhamel, Thédenat, Tilloy, Vincent ; MM. le baron d'Avril, le comte de Bonnéuil, le Dr Courtaux, Gaillard, O'Kerrind-Hyde, Lemaire, Ménard, le comte de Narbonne-Lara, le baron de Plinval, le vicomte de Ruty, Sorin de Bonne, de la Villesboisnet. — Les séances préliminaires, où l'idée fut exposée et débattue, avaient eu lieu à Paris, 8, rue François Ier, en plein air, sous un abricotier qui existe encore et que ce souvenir a rendu célèbre. — Voir à l'appendice II, p. 270, la composition du Conseil actuel des Pèlerinages.

pendus par les préjugés jansénistes et rationalistes, ont repris leur cours. » (1) Le 4 septembre 1873, Louis Veuillot écrivait dans l'*Univers* :

> Tous les jours, depuis deux mois, dix, quinze, vingt, quarante mille personnes se rassemblent au Nord, au Midi, au Centre, parfois simultanément. Elles vont visiter un sanctuaire de la ville ou des champs ; elles prient, elles chantent, elles communient, passent le jour ou la nuit en prières, reviennent sans désordre comme elles sont parties. Toute la politique se fait sur leur passage contre elles, non par elles ; contre leurs bannières, non contre leur drapeau, puisqu'elles n'en ont point. Quelquefois on les injurie, on leur jette des pierres. Qu'est-ce que cela vous fait ?..... (2)

C'est aux boulevardiers et aux politiciens que s'adressait l'illustre écrivain. Ce mouvement considérable forçait, en effet, leur attention et les inquiétait, témoin ces quelques lignes de la grande Encyclopédie de Larousse, connue par son hostilité contre la religion et par ses nombreuses inexactitudes :

> Les années 1872 et 1873 ont vu renaître sur une grande échelle la fureur des pèlerinages en France..... Quelques esprits timides s'effrayèrent de ces manifestations si bizarres à notre époque..... 1873 a vu de nombreux pèlerins, français et étrangers, anglais même, un peu partout, mais surtout à Paray-le-Monial ; en 1874, on ne parla presque plus de toutes ces manifestations, malgré les efforts combinés du Comité général autorisé par le Pape et d'un organe spécial, le *Pèlerin*, pour réchauffer le zèle des fidèles..... On s'est décidé, avec raison, à abandonner les grottes plus ou moins miraculeuses, à ne plus réveiller les échos par des cris séditieux..... (3)

---

(1) *Année liturgique, Temps pascal*, t. II, p. 176.

(2) *Derniers mélanges*, I, p. 467.

(3) Edition de 1874, XII, p. 519. Les « cris séditieux » étaient les mots du cantique : « Sauvez Rome et la France. » Il est piquant de rapprocher de cette note hostile l'entrefilet que la *Revue encyclopédique*, qui continua l'œuvre de Larousse, consacra au Jubilé des Pèlerinages Nationaux à Lourdes, en 1897, sous le titre général : *La vie et les mœurs*. Elle constate que les pèlerinages n'ont pas cessé depuis vingt-cinq ans et que « le P. Picard, le principal organisateur de ces actes de foi, a eu l'idée de réunir au pied de la Grotte, devenue célèbre, en une grandiose procession

M. Thiers, président de la République, avait dit lui-même, officiellement, que « les pèlerinages n'étaient plus dans nos mœurs ».

Et voilà que 3 millions de pèlerins parcoururent la France en 1873, dont 101 000 allèrent à Paray-le-Monial, 130 000 à Notre-Dame des Victoires à Paris, 60 000 à Notre-Dame de Liesse, etc. Lourdes en vit 250 000, de 50 diocèses différents, formant 185 processions avec 31 évêques. L'année suivante il y eut encore à Lourdes 221 000 pèlerins, d'après le rapport des chemins de fer, sans compter les innombrables pèlerinages venant à pied des paroisses voisines. « Un mouvement de multitudes soulevées par l'amour, s'écrie le P. Caussette en 1874, et tel qu'on n'en avait pas vu depuis les croisades, se déclare. On s'agenouille dans les gares, on chante des cantiques dans les wagons, on se confesse au bord des grands chemins ; les étrangers qui passaient jadis à côté de nous en craignant notre contagion, se régénèrent à notre contact. » (1)   « Nous saluons, disait encore Louis Veuillot, la sainte fièvre des pèlerinages ; nous la saluons comme un espoir de la patrie et nous en désirons la prolongation et les redoublements. »

C'est l'Association du Salut, écrit le P. Edmond Bouvy, qui releva et qui fit flotter aux quatre vents du ciel les bannières triomphantes des pèlerinages. Ces bannières, on les disait oubliées même par les croyants, enfouies pour toujours dans des armoires de sacristie. Quelle surprise de les voir se déployer au grand soleil, non point timides, hésitantes, entre les mains de quelques jeunes filles, mais soutenues par des bras virils, entourées de chrétiens au regard intrépide, à la fière contenance, qui s'avan-

---

d'actions de grâces, toutes les personnes qui croient avoir retrouvé la santé par une intervention miraculeuse dans un précédent voyage. » Elle dit un mot de la cérémonie et conclut : « Jamais la ville de Lourdes n'avait vu une telle affluence, qu'on évalue à 60 000 personnes. » (28 août 1897, no 208, p. 748.) Le *Pèlerin* écrivit à ce propos : « Nous n'avions pas besoin de cet aveu pour croire que les pèlerinages étaient *dans les mœurs*, mais il est bon de l'enregistrer. »

(1) *Œuvres oratoires : Panégyriques*, 1874.

çaient au chant des cantiques avec l'allure de soldats marchant au son du clairon ! On vit cela d'abord dans le Dauphiné, sur les montagnes de La Salette, puis dans toute la France, du Nord au Midi, car le cortège sacré se formait en Flandre, en Bretagne, sur les frontières ensanglantées de l'Alsace-Lorraine, s'arrêtait à Paris et à Poitiers pour donner aux villes du Centre le spectacle fortifiant de sa foi, et, rassemblant de toutes parts ses multitudes, comme un grand fleuve reçoit ses affluents, il arrivait aux grottes de Massabieille en flots plus pressés que les flots du torrent. L'œuvre du Salut présentait à la Vierge, avec ses 30 000 pèlerins, le plus riche des trésors de la terre : des malades, des infirmes, des mourants, non point quelques-uns, mais plus de 1 000 auxquels la science humaine ne promettait plus ni guérison ni soulagement. A tous ces membres souffrants du Christ, l'œuvre de Notre-Dame de Salut donnait pour gardes-malades, pour serviteurs et pour servantes, les descendants des vieux croisés, ce que la France possédait encore de plus noble et de plus pur. Et là, devant la Vierge, toute cette foule, n'ayant plus qu'un cœur et qu'une âme, respirant tout entière la même foi, la même espérance, le même amour ; patiente, immobile, joyeuse de souffrir, le regard fixé sur l'invisible, prosternée, baisant la terre, les bras en croix, le jour, la nuit, élevait vers le ciel des supplications ineffables, et le ciel répondait par des prodiges. Telle est la grande œuvre du P. Picard. Il a porté un coup mortel au respect humain qui tyrannisait la France et il a fait voir au monde étonné le spectacle incomparable de la prière de la France (1).

Au centre même de la chrétienté, Pie IX constatait à nouveau, le 8 décembre 1874, ces élans de foi et de piété et s'en réjouissait :

Je signalerai au monde, disait-il aux dames de Rome, cette *ère nouvelle* dont vous êtes, très chères enfants, une portion choisie..... *Ere nouvelle*, cette foule extraordinaire qui remplit les temples saints ; *ère nouvelle*, ces pieux PÈLERINAGES ; *ère nouvelle*, ces œuvres de charité si multiples, si variées, mais toutes ayant pour objet la gloire de Dieu et la sanctification de l'âme de chacun et de l'âme du prochain ; *ère nouvelle*, cet embrasement d'amour de tout le monde catholique vers cette Chaire de vérité. Ah ! c'est là l'*ère nouvelle*, qui réjouit les anges, réconforte les hommes et devient le gage d'un avenir meilleur (2).

------

(1) *Revue Augustinienne*, 15 mai 1903.
(2) *Pèlerin*, 26 décembre 1874.

LOURDES BUT DU PÈLERINAGE NATIONAL

Léon XIII devait suivre cette voie, exhortant par exemple pour le Jubilé de 1881 « les fidèles à accomplir de pieux pèlerinages aux sanctuaires que, dans les différents pays, une dévotion particulière et traditionnelle honore comme saints et vénérables. » Et S. S. Pie X les encourage aussi.

L'année même que Larousse déclare être la dernière des pèlerinages en décadence, l'Association de Notre-Dame de Salut entreprend de conduire gratuitement des malades à Lourdes et de demander des miracles à Notre-Dame.

Si les pèlerinages n'étaient plus à la mode, les miracles avaient été bien plus démodés encore par les philosophes qui en avaient éteint la lumière en soufflant sur le flambeau de la foi. Et comme la première prédication de Notre-Seigneur s'est faite au moyen des guérisons, Notre-Dame de Salut demanda d'oser croire aux nouveaux miracles qu'elle accomplissait çà et là, à Lourdes, et nous convia, excusez le mot, à en demander *au cent* (1).

____

(1) Rapport du 6 mars 1887.

Les mots, du reste, ont des harmonies providentielles : *Salut* veut dire *santé*. Les chapelles de Notre-Dame de Salut, que nous retrouvons en diverses localités, sont ordinairement les *ex-voto* promis à la suite d'une épidémie, et, en Italie, la *Madonna della Salute* est toujours la *Madone des malades* (1).

Ainsi l'Association de Notre-Dame de Salut a suscité, dès 1872, nous l'avons vu, le premier Pèlerinage National, et par lui le mouvement des pèlerinages qu'elle continua à aider et à servir. Mais elle a voulu conserver et organiser le Pèlerinage National des malades à Lourdes, que Marie a toujours récompensé par de nombreuses guérisons.

Pour les servir, une œuvre sociale, dépendante du Conseil central, s'est établie sous le nom d'*Hospitalité de Notre-Dame de Salut*. Elle réunit, comme nous allons le voir, un grand nombre d'hommes et de dames du plus grand monde, chargés, d'abord sous la direction des Augustins de l'Assomption, d'aider les Petites-Sœurs de l'Assomption, de loger, porter, soigner, veiller jour et nuit les malades pauvres transportés et hospitalisés gratuitement à Lourdes. Une autre Hospitalité a imité cet exemple pour les pèlerinages diocésains.

Il a fallu bâtir des hôpitaux non loin de la Grotte et agrandir les églises et les alentours, pour y faire pénétrer la foule des pèlerins, toujours croissante. Car, au lieu des deux trains des premières années, le Pèlerinage National en a maintenant vingt-neuf, dont plusieurs sont spécialement affectés aux mille malades admis par l'Association de Notre-Dame de Salut. Aussi Mgr Dubois, évêque de Verdun, a-t-il pu dire, sans être taxé d'exagération, que « l'Association du Salut a fait Lourdes tel que nous le voyons aujourd'hui. » (2)

---

(1) Rapport du 7 février 1878.

(2) Sermon du 20 août 1907 à Lourdes (*Bulletin de Notre-Dame de Salut*, septembre 1907).

III. — HISTOIRE DU PÈLERINAGE NATIONAL

(1873-1908)

Les premiers pèlerinages.

Histoire à faire. — L'histoire de ces trente-cinq années du Pèlerinage National n'est pas faite. Elle reste dans le souvenir de ceux qui les ont vécues, ou éparse, çà et là, dans les organes spéciaux, où ils en ont consigné quelque chose. « C'est un livre à faire chaque année, disait-on dès 1877 ; mais, pour s'écrire, il demande des enquêtes et des contre-enquêtes, et souvent, à cause de cela, il ne s'écrit pas. » Il peut donc rester des notes éparpillées, documents précieux quand on les trouve : on n'a pas une histoire.

Une autre difficulté, c'est que la partie la plus intéressante de ces faits surnaturels est justement celle qu'on n'aperçoit qu'à peine ici-bas : les anges seuls devraient la raconter, eux qui peuvent admirer dans les âmes les merveilles de la grâce, plus que nous ne savons constater dans les corps les effets physiques et bienfaisants de la guérison.

Néanmoins, nous allons essayer de dire ce que l'Association de Notre-Dame de Salut a fait, en ce court laps de temps, pour Notre-Dame de Lourdes. Il nous suffira de glaner quelques traits et de citer quelques chiffres.

Premiers essais. — Le premier Pèlerinage National, organisé par le Conseil central qui venait d'être béni par le Pape, eut lieu du 21 au 25 juillet 1873. A l'aller, il fit un arrêt à Tours, pour prier au tombeau de saint Martin,

patron de la France, et un autre à Buglose, au pays natal
de saint Vincent de Paul. « On prêcha sous le chêne planté
par le Saint, écrit un témoin et acteur ; c'était dans l'octave
de sa fête, et, providentiellement, les futurs pèlerinages des
malades étaient mis ainsi sous la protection de l'apôtre de
la charité..... On débarqua le soir à Lourdes ; le P. Picard

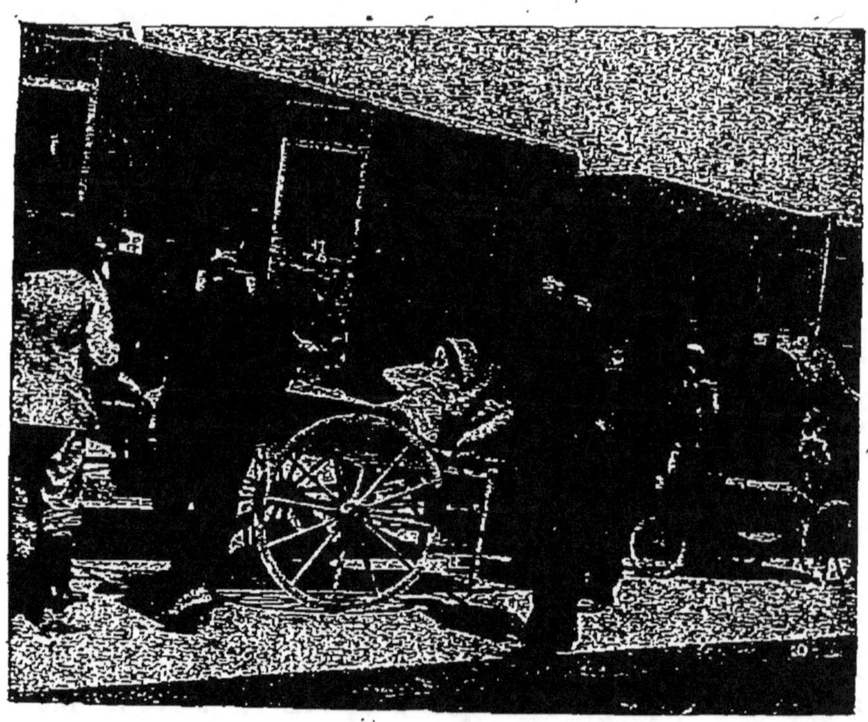

ARRIVÉE DES MALADES A LOURDES

s'y était rendu d'avance et avait réussi à procurer des lits
à la foule qui arrivait à 10 ou 11 heures du soir. Il n'y
avait alors aucune des facilités nées depuis : hôtels et
chambres abondantes..... » (1)

On n'avait eu qu'un seul train : un second, direct de Paris
à Lourdes, avait été proposé, mais trop tard. L'année sui-

---

(1) V. DE P. BAILLY, l'Ere de Lourdes (Revue Augustinienne, 15 février 1908).

vante, les deux trains sont nécessaires ; et, se succédant à une heure de distance, ils emportent les pèlerins, d'abord à Poitiers et à Ligugé, qui gardent encore le souvenir de saint Martin, avec celui de saint Hilaire et de sainte Radegonde, puis à Lourdes, où les attendent deux grands pèlerinages du Midi (16-22 août).

Une double innovation est à signaler. On commença la souscription pour emmener les malades pauvres, « ceux qui, en écoutant le récit des guérisons miraculeuses, écrivait plus tard le rapporteur, se soulèvent sur leur grabat en disant : « Si je pouvais, moi aussi, j'irais là-bas, je ne » craindrais pas le voyage, mais pauvre, je mourrai ici !..... » Ces pieux désirs avaient quelque chose de sacré, continue le secrétaire général, et puis, quelle protection pour les pèlerins de porter avec eux ceux dans lesquels Marie voit son Fils indigent sur terre ! Les pèlerinages du Salut se faisaient déjà avec la foi d'une prière ininterrompue ; les pauvres infirmes vinrent y apporter l'espérance, et ceux qui les soignent, la charité. » (1) Et Marie répondit, en effet, dès cette année-là, par des miracles plus nombreux.

On invita aussi les guéris de l'année précédente à venir remercier la Vierge Immaculée, et tous donnèrent de leur superflu et même de leur nécessaire pour offrir à la Grotte, outre l'*ex-voto* vivant de leur reconnaissance, un magnifique porte-cierges.

Ce pèlerinage, a écrit un officier de marine, reste dans mon souvenir comme un rêve heureux, et je me sens impuissant à le raconter..... On dit que, lors des premières apparitions, la foule se portait en masse vers la Grotte, ne voyait rien, n'entendait rien, et cependant ne pouvait s'en arracher. Ce miracle dure toujours et tout le monde en subit l'aimable influence (2).

En 1873 et 1874, le Pèlerinage National était d'abord allé prier aux sanctuaires qu'on peut appeler davantage les

---

(1) Rapport du 7 février 1878.
(2) *Pèlerin*, 19 septembre 1874.

gardiens de la France; en 1875 (1er-7 septembre), après avoir passé par Rocamadour, il prolongea son séjour à Lourdes, où eurent lieu une réunion des associés du Salut et une journée des Bannières ; il revint par Issoudun.

Outre trois belles couronnes de lumières, dit le rapporteur, l'année suivante, nous portions à Rocamadour, Lourdes et Issoudun, un magnifique convoi d'estropiés. On écrivit dans les journaux que la splendeur du pèlerinage était ces nombreux infirmes portés sur les chaises, dans les bras, ou se traînant sur leurs béquilles; nous semblions une armée qui emporte ses blessés. Ce transport figure aux dépenses pour une grosse somme, couverte d'ailleurs par des souscriptions spéciales, et dont la Sainte Vierge a largement ratifié l'emploi, car nous avons ramené bien moins de malades que nous n'en avons emmenés (1).

Ces premiers pèlerinages, écrit aussi un pèlerin de ce temps-là, avaient un charme tout particulier. Lourdes n'était pas encore la grande ville avec ses vastes hôtels et son large boulevard. On prenait hospitalité dans les vieilles maisons de la place Marcadal ou du Marché commun. Mais quelle émotion de rencontrer dans les ruelles étroites les frères et les sœurs de Bernadette Soubirous ! On se trouvait dans la maison de Jeanne Abadie, d'Antoinette Peyret ou de quelque autre compagne de la voyante. Et, là, on vous racontait les apparitions, comme on redit les choses vues de la veille. La Grotte et ses abords étaient encore dans l'état contemporain des premiers miracles..... Depuis lors, Lourdes s'est transformé. Les étrangers s'y sont établis. Mais si le cachet primitif s'est perdu dans les rapides accroissements de la cité, il y règne une atmosphère surnaturelle qui attire et qu'on ne se lasse pas de venir respirer (2).

Malades et guéris. — La souscription pour les malades pauvres, qui avait à peine atteint 320 francs la première année, monta rapidement, puisqu'elle reçut 4 961 francs en 1876, 10 184 francs en 1877, 29 600 francs en 1878, 46 122 francs en 1879, et qu'elle arriva vite au chiffre actuel de près de 80 000 francs permettant de conduire, de soigner et d'hospitaliser *mille* malades. En 1881 et 1882, elle attei-

---

(1) Rapport du 2 février 1876.
(2) *Jubilé du Pèlerinage National à Lourdes,* 1897.

gnit même plus de 88 000 francs et, en 1883, 95 440 francs.

L'Association de Notre-Dame de Salut, disait le rapporteur en 1887, a pour seuls trésoriers des religieux mendiants et des moines. C'est là un caractère de bénédiction. Leur vœu de pauvreté et leur indigence absolue, voilà le secret de l'Association pour donner. Elle a donné en douze ans un monceau d'or de 685 134 fr. 56 (1).

Il faut ajouter à ce total déjà considérable les sommes versées depuis lors, c'est-à-dire environ 1 400 000 francs ; on arrivait en 1907 à plus de *deux millions* (exactement 2 081 782 francs). Et, grâce à cet or de la charité, les malades ont pu venir nombreux, même dès le début : déjà 54 en 1875, 71 en 1876, 492 en 1877, 555 en 1879, 950 en 1880, et bientôt 1 000. Le nombre total des malades, ainsi transportés et hospitalisés, arrive, en 1908, au chiffre de **29 730**. C'est le caractère propre du Pèlerinage National. « Pendant sa durée, écrit le Dr Boissarie, les jours et les nuits sont consacrés à la prière ; la pensée délicate et touchante d'associer les pauvres et les infirmes à toutes les consolations de Lourdes attire sur cette œuvre des grâces et des bénédictions sans nombre. » (2) Leur foi ardente, en effet, a provoqué le miracle. Non seulement il n'y a aucune mort dans les immersions glacées des piscines, mais la vie et la santé reparaissent dans les moribonds, les membres atrophiés se guérissent, les sourds entendent, les muets parlent, les boiteux marchent, laissant leurs béquilles pour tapisser la Grotte. « Il est de foi, écrivait Mgr d'Hulst le 29 août 1887, que plus on prie, plus on obtient. Puis donc qu'on prie à Lourdes plus qu'ailleurs, avec plus de confiance, de simplicité, d'absence de respect humain, comment s'étonner qu'on obtienne davantage ? » (3)

Au mois d'août 1877, quelques jours avant la mort du

---

(1) Rapport du 6 mars 1887.
(2) Dr BOISSARIE, *Lourdes, Histoire médicale*, 1891.
(3) Mgr D'HULST, *Lettres de direction*, p. 175.

curé de Lourdes, le Pèlerinage National, conduit par le
P. d'Alzon, avait vu se produire trente à quarante guérisons.

Nous ne saurions nous étonner de ces grâces incomparables,
disait M⁰ʳ Peyramale aux pèlerins, vous avez trouvé le secret de
triompher du cœur de Dieu. Dans les luttes de la terre, les
robustes de l'armée font, de leurs poitrines, un rempart aux
femmes, aux vieillards, aux blessés. Dans les luttes magnifiques
de la foi et de la charité, dans les luttes avec le ciel, il n'en
saurait être ainsi ; vous l'avez compris. Vous avez mis en avant
vos malades, vos infirmes, tout ce qui souffre, tout ce qui pleure,
tout ce qui est faible, et vous avez eu raison de la force même
de Dieu. Et c'est de la sorte que vous avez remporté, en quelques
heures, une victoire dont nous n'avons pas eu d'exemple jusqu'ici.

On n'avait pas encore vu, en effet, une telle abondance
de guérisons surnaturelles. On eut alors le pressentiment
que ces merveilles se renouvelleraient tous les ans. Le cardinal Pie, évêque de Poitiers, le déclarait en 1879, en
bénissant les pèlerins près de Sainte-Radegonde :

Le pèlerinage, dans les conditions où le grand nombre de ceux
qui sont ici vont l'accomplir, est un tel acte de foi que j'entends
déjà Jésus s'écrier : « *Aliquis me tetigit!* Celui-ci, celui-là m'a
touché, et je sens une vertu qui s'échappe de moi. » Or, tous
ceux qui touchent Jésus de la sorte, le salut de leur corps, le
salut de leur âme est acquis : *Quotquot tangebant, salvi fiebant.*

Marie et son divin Fils ont ratifié chaque année cette
parole du prince de l'Église. Plus de *cinquante* guérisons
ont été accordées par an au Pèlerinage National, sans
compter d'innombrables améliorations.

L'Association de Notre-Dame de Salut, lançant les pèlerinages
et les trains de malades, avait-elle vu tout ce qu'elle faisait ?
demandait M⁰ʳ Touchet, évêque d'Orléans, dans son beau sermon
sur l'Œuvre, à Lourdes, le 22 août 1908. Non, probablement.
L'avait-elle pressenti confusément ? Oui, probablement. En tout
cas, le jour où elle eut cette conception, elle mérita supérieure-
ment de deux sœurs qu'on ne devrait jamais séparer : la religion
et la patrie (1).

----

(1) *Bulletin de Notre-Dame de Salut*, septembre 1908.

Bureau des constatations. — C'est ce qui a déterminé, en 1887, l'établissement d'un Bureau de constatations médicales, dirigé d'abord par le Dr de Saint-Maclou, puis par le Dr Boissarie depuis 1892. Il est situé après les arcades, sous la rampe droite du Rosaire, protégé par la statue de saint Luc, don des médecins catholiques du Nord. Des médecins de toutes nations et de toutes croyances y

Phot. Lefèvre.

BUREAU ACTUEL DES CONSTATATIONS AVEC LA STATUE DE SAINT LUC

viennent chaque année en grand nombre. De 1892 à 1907, on en a compté 3 492, dont beaucoup d'étrangers. Il y en eut plus de 600 en 1908, dont 150 étrangers. « Nos premiers procès-verbaux, lit-on au-dessus du fauteuil du président, écrits sous la dictée des malades, sans moyens de contrôle suffisants, ne peuvent présenter les garanties que les enquêtes ultérieures doivent leur donner. Maladies et guérisons sont abandonnées à la discussion. » On rédige une moyenne annuelle de 140 de ces procès-verbaux.

. Au moment du Pèlerinage National, écrivait le Dr Boissarie en 1891, les Augustins de l'Assomption, qui amènent près de mille malades, préparent à l'avance tous leurs dossiers. Ces dossiers sont extrêmement complets et parfois très instructifs. Ils renferment des certificats délivrés par tous les médecins qui ont soigné les malades, surtout des certificats délivrés au moment du départ. On y trouve aussi des notes sur la moralité, les antécédents, des lettres des correspondants ou des protecteurs. Toutes ces notes sont classées avec beaucoup d'ordre ; chaque pèlerin porte sur sa poitrine un numéro qui correspond au numéro de son dossier. Enfin, un secrétaire spécial est chargé de la tenue et du dépouillement de toutes ces pièces. Cette organisation évite toute confusion et toute perte de temps (1).

Les Annales de Notre-Dame de Lourdes (2), le *Pèlerin*, la *Croix* et d'autres journaux enregistrent, souvent avec détails, quelques-unes de ces merveilles. Mais qui pourra compter les résurrections des âmes, conversions ou abjurations, qui ont la Grotte de Massabieille pour théâtre et pour témoin ?

Et quel temps fut jamais plus fertile en miracles ?

La foi de tous augmenta ; plus elle était exaucée, plus elle demandait. A ceux qui reprochaient aux pèlerins leur indiscrétion, semblable à celle de la pauvre veuve de l'Évangile, on répondait que Marie ne s'en plaignait point, puisqu'elle l'encourageait elle-même. Et alors, en 1879, on projeta de construire une piscine plus grande qui fut encore agrandie en 1892. Elle est actuellement divisée en trois parties, dont deux réservées aux femmes.

On avait commencé aussi dès 1874 à bâtir l'hôpital de Notre-Dame des Sept-Douleurs, après celui du Salut, désigné aussi sous le nom d'*Abri des pèlerins ;* l'hôpital municipal ne suffisait plus.

---

(1) Dr Boissarie, *Lourdes, Histoire médicale*, p. 269.

(2) Fondées le 30 avril 1868 par les Missionnaires de l'Immaculée-Conception dans le but de raconter les merveilles incessantes opérées par Notre-Dame de Lourdes, et continuées actuellement sous le patronage de Mgr l'évêque de Tarbes.

Hospitalité du Salut. — Il fallait aussi des gardes-malades. Dès 1879, 25 Petites-Sœurs de l'Assomption étaient venues apporter leur dévouement et leur expérience. L'année suivante, des *Enfants du Salut* les avaient humblement aidées dans le soin des malades. Le rapporteur disait, en effet, aux associés, le 2 février 1881 :

La Sainte Vierge trouvait l'argent comme les malades; et parce qu'il vous fallait des infirmiers et des infirmières, elle vous donna toute une communauté de gardes-malades, toute une communauté de moines jeunes et ardents,

LA MÈRE MARIE DE JÉSUS
Fondatrice des Petites-Sœurs de l'Assomption.

des brancardiers vigoureux suscités en diverses villes, des dames du monde qui embrassent ce service avec amour; et, cette année, de petites servantes, Enfants du Salut, pour aider les Sœurs, porter les vivres et les remèdes le long des trains.....

Ce n'était pas encore assez. On créa donc, à la fin de 1881, comme un Ordre de chevalerie, l'Hospitalité de Notre-Dame de Salut, dont le P. V. de P. Bailly raconte ainsi l'histoire :

Un jour où les mille malades du Salut, dont plusieurs agonisaient, réclamaient à grands cris, à la gare de Lourdes, des bras qui voulussent les porter bien vite à la Grotte, comme le paralytique de la piscine à Jérusalem, deux fils des Croisés, venus moitié en curieux et moitié en pèlerins, furent émus (1); ils allèrent trouver le directeur et lui dirent :

____

(1) C'étaient MM. de l'Epinois et de Combettes.

— Voulez-vous nos services?

— Oui, soyez les domestiques des pauvres.

Revêtus de cette nouvelle dignité, ils reçurent pendant trois jours le baptême du feu des serviteurs de la charité. Et à la fin du pèlerinage, suivant leur expression, ils étaient *empoignés*.

— Si vous le voulez, dirent-ils au directeur, nous serons une armée; nous ferons comme les chevaliers hospitaliers de Saint-Jean pour les pèlerins malades à Jérusalem. Voulez-vous bénir notre recrutement et nous accueillir comme les frères du Salut?

— Voulez-vous obéir?

— De tout notre cœur.

— Eh! bien, soyez bénis et travaillons ensemble.

Quelques mois après, à Toulouse, pendant que se prépara le premier Pèlerinage de Pénitence à Jérusalem, des hommes de cœur se réunirent chez M. le comte de l'Epinois, sous la présidence du P. Picard. M. le comte de Combettes n'eut pas de peine à faire accepter son projet de règlement, et l'œuvre fut fondée.

Les Hospitaliers firent leur première apparition dès le mois d'août suivant. Et d'année en année on les vit, en effet, se multiplier sous la bretelle du brancardier, aussi prompts à la fatigue qu'à l'obéissance; ils travaillaient à la fondation des lits; ils organisaient des hôtelleries, et, aidés par les RR. PP. Missionnaires de Lourdes, bâtissaient des cuisines, ouvraient des bureaux de renseignements, formaient des brigades pour chaque service. Les dames hospitalières, de leur côté, se divisaient les hospices, les piscines, la Grotte. De petits pages, gracieux et nombreux, semblaient avoir des ailes pour faire les commissions, porter les aliments, comme ces petits anges d'un tableau du Louvre qui font la cuisine du couvent, pendant les extases du Frère cuisinier. Eux n'avaient point d'extases, et couraient pendant que d'autres, prosternés les bras en croix, priaient à la Grotte et à la piscine (1).

M. le comte de Combettes du Luc, premier président de l'Hospitalité, fut enlevé, encore jeune, en mars 1886, après avoir jeté les bases de cette grande œuvre qui se recrute sur tous les points de la France, et même en Angleterre, en Hollande et en Belgique. Mais ses successeurs l'ont continuée avec succès (2).

----

(1) Rapport du 6 mars 1887.

(2) Voici la liste des présidents de l'*Hospitalité de Notre-Dame de Salut*: M. le comte de Combettes du Luc (1881-1886); M. Fernand de Carrière (1886-1889); M. le comte de l'Epinois (1889-1890); M. Charles de Raymond-

HÔPITAL DE NOTRE-DAME DES SEPT-DOULEURS A LOURDES

Et, en 1906, les rapports constatent la présence à Lourdes de 1073 hospitaliers et dames hospitalières, avec 1195 auxiliaires, répartis au secrétariat et aux divers services des brancardiers, de la Grotte, des piscines, de l'hôpital de Notre-Dame des Sept-Douleurs, de l'hôpital de Notre-Dame de Salut, de l'hôpital municipal et de l'Hospitalité de nuit.

A cause de ce grand nombre, et pour le fonctionnement de ces services assez compliqués, il a fallu imaginer une série de décorations et d'insignes, sans lesquels il serait impossible de se reconnaître dans la foule, et d'avoir l'autorité nécessaire pour s'acquitter facilement de sa tâche. Pour la direction générale et la présidence, c'est simplement une croix blanche liserée de rouge. Pour les membres titu-

---

Cahuzac (1891-1907); M. Richard de Boysson depuis janvier 1908. — Le P. Picard était directeur général. — Voir, à l'appendice IV, p. 277, les statuts et la liste du Conseil actuel et des chefs de services.

Iaires ou dames zélatrices, c'est une croix de laine rouge liserée de blanc, ayant au pied le millésime (1) et *au centre* une petite croix de la couleur particulière du service (2).

Pour les membres auxiliaires, c'est la croix rouge portant *au pied* la couleur du service. Les pages ont au bras gauche un brassard dont la couleur varie aussi selon leur emploi (3).

A côté de l'Hospitalité de Notre-Dame de Salut naquit bientôt une association-sœur : c'est l'Hospitalité de Notre-Dame de Lourdes (4). Son président actuel est M. Christophe, et la direction en a été confiée d'abord aux Missionnaires de l'Immaculée-Conception, puis aux chapelains de la Grotte. Voici comment le R. P. Burosse, ancien directeur, a raconté son origine et sa raison d'être, après avoir loué « la puissante et merveilleuse organisation et la pieuse charité » de l'Hospitalité de Notre-Dame de Salut :

A l'exemple du Pèlerinage National, les pèlerinages diocésains voulurent avoir leurs malades pauvres; et le nombre de ces

---

(1) Cette même croix rouge sur fond blanc avec millésime est l'insigne des directeurs des trains, ainsi que des directeurs diocésains et des dames de l'Association de Notre-Dame de Salut aidant à organiser en province le Pèlerinage National; les membres du Conseil et du Comité de Paris brodent en blanc les initiales *N. D. de S.* et se réservent le service des piscines. — Les Augustins de l'Assomption, les Petites-Sœurs et les Oblates de l'Assomption portaient jadis la croix rouge liserée de blanc, sans initiales ni millésime.

(2) Voici les couleurs des différents services : croix *blanche* sur fond rouge pour la direction du secrétariat (trésorerie, économat, hospitalité de nuit); croix *violette* sur fond rouge, pour la direction des aumôniers et des médecins; croix *orange* sur fond rouge, pour la direction des brancardiers; croix *grise* sur fond rouge, pour la direction des pèlerins à la Grotte; croix *havane* sur fond rouge, pour la direction des pèlerins aux piscines; croix *rose* sur fond rouge, pour la direction des pèlerins à l'hôpital de Notre-Dame de Salut; croix *verte* sur fond rouge, pour la direction des pèlerins à l'hôpital de Notre-Dame des Sept-Douleurs; croix *bleue* sur fond rouge, pour la direction des pèlerins à l'hôpital municipal.

(3) *Annuaire de l'Hospitalité de Notre-Dame de Salut, 1897,* Toulouse, imprimerie Saint-Cyprien, 27, allées de Garonne.

(4) Suivant son exemple, une « Hospitalité aveyronnaise » a été fondée en 1908 pour le diocèse de Rodez et approuvée par Mgr de Ligonnès, le 28 avril. (Voir ses statuts dans la *Revue religieuse de Rodez,* 1er mai 1908.)

malades devenant chaque jour plus considérable, il devint indispensable d'avoir à Lourdes, fonctionnant toute l'année, rattachée directement à l'œuvre de la Grotte, une association semblable, et, à cet effet, Mᵍʳ Billère, évêque de Tarbes, institua la confrérie des Hospitaliers et Hospitalières de Notre-Dame de Lourdes.

Un groupe d'amis, membres pour la plupart de l'Hospitalité de Notre-Dame de Salut, et qui le sont restés, répondirent à l'appel qui leur fut adressé, et la confrérie fut canoniquement établie dans la chapelle de la Crypte, pour les hospitaliers, le 15 août 1885, pour les dames hospitalières, le 15 août 1886.....

Ainsi constituée, l'Hospitalité de Notre-Dame de Lourdes, visiblement bénie de Dieu, s'est développée progressivement et a pu suffire aux devoirs qu'elle s'est imposés (1).

La charité de ces serviteurs et servantes des pauvres malades a été mise en relief par un romancier célèbre, J.-K. Huysmans, dans son livre sur *Les Foules de Lourdes*, où tout n'est pas indiscutable : « Lourdes est, au point de vue de la miséricorde humaine, une merveille : l'on y constate, mieux que partout ailleurs, la mise en pratique des Evangiles. »

M. Louis Colin, dans son *Parfum de Lourdes*, a relevé cette exhortation aux Hospitaliers, qui donne le vrai motif de la foi et de la charité de ces vrais chrétiens :

Priez, mes frères, s'écriait le P. Bailly, priez, vous qui êtes riches, pour celui qui est pauvre; vous qui êtes robustes, pour celui qui ne marche plus. Priez, tous ceux d'en haut, pour tous ceux d'en bas. C'est une obligation, une dette qui vous incombe. Car ceux que vos mains transportent, pour lesquels vos supplications obtiendront le miracle, ont d'abord intercédé pour vous et payé par leurs souffrances la redevance générale de l'homme à Dieu. Si aujourd'hui vous êtes leurs créanciers, hier et bien avant hier ils étaient les vôtres par le rôle d'expiation que Dieu leur a donné. Jamais vous ne ferez pour eux autant qu'ils font pour vous. Par là sera parfaite la charité entre vous; par là s'accomplira la plus belle des fraternités : *Ecce quam bonum et quam jucundum habitare fratres in unum!* (2)

Hommage au Saint Sacrement.
— Lorsqu'on apportait le Saint
Sacrement pour la communion et
plus tard pour la bénédiction aux
malades étendus devant la Grotte,
un prêtre le reportait ensuite à la
basilique sans cérémonie par les
lacets. Le P. Picard faisait cepen-

EN ATTENDANT LE PASSAGE DU SAINT SACREMENT
Pèlerinage national de 1897.

dant acclamer Notre-Seigneur et invitait quelques valides
à l'accompagner. Mais, en 1888, une manifestation plus
grandiose commença en l'honneur du Saint Sacrement.

Une pensée du ciel, raconte le *Journal de Lourdes*, rédigé par
les Missionnaires de l'Immaculée-Conception, avait germé tout à

coup dans le cœur d'un pieux ecclésiastique (1). Pourquoi ne ferait-on pas une ovation triomphale au Saint Sacrement, et pourquoi, tandis que le Dieu de l'Eucharistie serait porté au milieu des malades, toute la multitude ne lui adresserait-elle pas les mêmes acclamations que les Juifs témoins des prodiges que le Sauveur semait à pleines mains? Ce projet ne pouvait qu'être accueilli favorablement par le P. Picard, qui a toutes les saintes audaces. En quelques instants, des paroles appropriées de l'Evangile furent recueillies, imprimées sur une petite feuille et distribuées aux pèlerins.

A 4 heures du soir, le 22 août, Jésus-Hostie sortait de la basilique, précédé et suivi d'un très grand nombre de fidèles qui tenaient un cierge à la main. Après le salut donné à la Grotte, les invocations commencèrent avec un entrain, un accent, un enthousiasme indescriptibles.

Nous les donnons tout au long :

— Seigneur, si vous voulez, vous pouvez me guérir !

— Seigneur, je ne suis pas digne que vous entriez dans ma maison, mais dites seulement une parole et mon enfant sera guéri !

— Seigneur, sauvez-nous, nous périssons !

— Ayez pitié de nous, Fils de David !

— Seigneur, sauvez-moi !

— Seigneur, aidez-moi !

— Seigneur, ma fille est à l'extrémité ; venez, imposez-lui les mains, qu'elle soit sauvée et qu'elle vive !

— Jésus, Fils de David, ayez pitié de nous !

— Seigneur, faites que je voie !

— Maître, nous périssons !

— Seigneur, voici celui que vous aimez qui est malade !

— Jésus, notre Maître, ayez pitié de nous !

— Seigneur, guérissez nos malades !

— Hosanna au Fils de David ! Béni soit celui qui vient au nom du Seigneur !

Voilà que, la bénédiction donnée aux infirmes de la Grotte, le cortège reprit sa marche vers les piscines. Ce fut là que l'émotion fut portée à son comble. Cinq ou six mille personnes tombèrent à genoux, les bras en croix, et s'écrièrent avec un ensemble parfait :

— Hosanna ! Hosanna au Fils de David ! Béni soit celui qui vient au nom du Seigneur !

---

(1) C'était M. l'abbé Lagardère, alors curé de Vazerac, au diocèse de Montauban.

LE DÉBUT DE LA PROCESSION

— Seigneur, si vous voulez, vous pouvez nous guérir !

C'était le ciel sur la terre !..... Une guérison se produisit en ce moment solennel.....

Et les miracles qui déjà depuis deux ans éclataient sur le passage de l'Eucharistie se multiplièrent avec les supplications. Ces invocations n'ont pas cessé d'être répétées chaque année, un peu modifiées depuis 1902 (1), et à ces

____

(1) Voir le texte dans le *Manuel du Pèlerinage National à Lourdes*, p. 133.

appels de foi ardente et enthousiaste Notre-Seigneur a répondu par de nouvelles bénédictions sur les corps et sur les âmes.

Stations du Pèlerinage. — Nous devons dire un mot des stations du Pèlerinage National, soit à l'aller, soit au

LE SAINT SACREMENT BÉNIT CHAQUE MALADE SUR L'ESPLANADE

retour. Elles ont leur intérêt pour montrer quelle importance il prend dans la vie catholique de la France.

Presque tous les ans, sauf en 1876, en 1883, en 1884 et depuis 1905, saint Hilaire, sainte Radegonde de Poitiers et saint Martin de Ligugé ont accueilli avec joie les pèlerins, et souvent les premières guérisons ont été accordées là comme un gage d'espérance. Aux environs, on visita aussi

LA FIN DE LA PROCESSION DU SAINT SACREMENT

Marçay, célèbre par son sanctuaire de Saint-Benoît-Joseph Labre, et surtout Migné, qui garde le souvenir de la croix miraculeuse parue dans les airs en 1826 et où le Pèlerinage de 1897 a planté une croix de Jérusalem (1).

Tours, avec son tombeau de saint Martin et sa chapelle de la Sainte-Face, est une halte délicieuse, notamment

---

(1) Voir le *Guide pour les pèlerins de Notre-Dame de Salut à Poitiers et à Lourdes*, édité en 1898 par la Bonne Presse, Paris.

L'ÉGLISE SAINTE-RADEGONDE A POITIERS, STATION DU PÈLERINAGE NATIONAL

en 1883 et 1884 ; ainsi que Bordeaux, où l'on a vénéré une relique de sainte Véronique à Saint-Joseph de Latresne ou Notre-Dame de la Piété à l'Alhambra, de 1890 à 1900. Signalons aussi les arrêts à Saint-Sernin de Toulouse et Sainte-Germaine de Pibrac en 1876, 1887, 1895, 1898 et 1902 ; à Rocamadour en 1887 et en 1906 ; à Cahors en 1892 ; aux grottes de Saint-Antoine, à Brive, en 1895, 1898 et 1902, etc.

Plusieurs fois déjà, depuis la fondation des Pèlerinages de Pénitence en Terre Sainte (1882), les pèlerins de Lourdes laissent sur leur route des croix de Jérusalem dont la plantation donne lieu à d'émouvantes cérémonies. Lourdes eut celle de 1885, et le célèbre P. Marie-Antoine, Capucin, décédé en 1907, fit acclamer Notre-Seigneur lorsqu'elle se dressa sur le mont des Espélugues, le 21 août. Cadouin, où on était déjà venu vénérer le Saint Suaire de Notre-Seigneur en 1876, reçut la sienne en 1891, comme Château-l'Évêque en 1895, Peyragude en 1896 et Migné en 1897.

Paray-le-Monial n'a pas été oublié, et un train de Paris y est passé en 1900, 1904, 1906 et 1908, et de Verdun également en 1908.

Impressions générales. — Ces mouvements de piété, si consolants pour notre foi et notre patriotisme, forcèrent l'attention des plus mauvais.

Et, ô merveille ! en 1893, plusieurs journaux incrédules et des médecins matérialistes ont affirmé, ce qu'on niait, que les foules venaient réellement à Lourdes et qu'il y avait réellement de nombreuses guérisons. Et, tout en attaquant le surnaturel, le plus célèbre écrivain du naturalisme, M. Zola, a changé de ton pour parler de Lourdes où il était venu en 1892 afin de nous prendre en flagrant délit d'imposture..... Comme le centenier de l'Evangile, M. Zola a été impressionné au Calvaire, et il frappe aussi sa poitrine, mais en concluant : « C'est extraordinaire, oui, évidemment, cet homme n'était pas Dieu ! » (1)

____

(1) Rapport du 8 mai 1894 (*Pèlerin*, 1894, p. 256.)

Citons à ce sujet l'éloge que fait le romancier du fondateur des Pèlerinages Nationaux : c'est la seule figure qui a trouvé grâce à ses yeux.

Le P. Picard était un homme de soixante ans, superbe sous la pèlerine noire à long capuchon. Sa belle tête aux yeux clairs et dominateurs, à l'épaisse barbe grisonnante, était celle d'un général qu'enflamme la volonté intelligente de la conquête. Au pied de la chaire, le P. Picard dirigeait les cris de la foule. Gagné par l'extraordinaire passion qui débordait des cœurs, il levait les bras et criait de sa voix de foudre pour faire violence au ciel. Quelle force de volonté chez cet homme qui menait les masses au miracle !

Depuis lors, les feuilles, même les plus légères, se croient obligées de renseigner leurs lecteurs sur les pèlerins et les malades de Lourdes, et elles citent avec assez d'impartialité, surtout depuis 1895, les guérisons miraculeuses.

Mais ce qu'elles ne peuvent voir, parce que cela reste le secret des âmes et de Dieu, c'est le grand nombre de conversions obtenues près de la Vierge Immaculée.

Un autre chapitre bien consolant des suites du pèlerinage, dit un Rapport, c'est celui des vocations formées par la Sainte Vierge. Parmi les « miraculés », il y en a eu, par exemple, 11 en 1879, et, parmi les pèlerins bien portants, un nombre qui se complète tous les jours comme celui des élus, mais qui déjà formerait à lui seul un bien beau couvent ! (1)

Après cette esquisse rapide et incomplète on comprendra qu'il importait de célébrer en 1897 le vingt-cinquième anniversaire de ces grands élans de foi, dont l'honneur revient à l'Association de Notre-Dame de Salut.

Par elle, en effet, disait le P. d'Alzon, les pèlerinages, dont la pensée avait grandi auprès de son berceau, ont reçu cette admirable impulsion qui touchera le cœur de Dieu, ont forcé la Mère du Sauveur à renouveler ses miracles, et ont rendu très populaires des actes publics de foi qui, disait-on, n'étaient plus dans nos mœurs (2).

------

(1) Rapport du 8 février 1880 (*Pèlerin*, 14 février 1880).
(2) Instruction du P. d'Alzon, 18 septembre 1873.

Ce Pèlerinage, disait à son tour le rapporteur du 8 mai 1894, sert de pierre de touche à l'Association. Si la Sainte Vierge persévère à guérir les infirmes, pourquoi douterions-nous qu'elle daignera continuer à employer son œuvre pour la France et qu'elle est toujours pour nous Notre-Dame de Salut?

Le Jubilé de 1897.

Manifestation d'actions de grâces. — En 1897, on fêtait donc le vingt-cinquième anniversaire de la fondation des Pèlerinages Nationaux. Le P. Picard voulut en profiter pour faire une manifestation de foi et d'amour à nulle autre pareille. Tous les anciens guéris furent convoqués à ce XXVe Pèlerinage National avec les preuves irrécusables de leur guérison. Il en vint 325 (1). Un insigne spécial leur fut donné : croix en métal blanc sur laine rouge, et la journée du dimanche 22 août leur fut consacrée au milieu du Pèlerinage.

Mᵍʳ DE CABRIÈRES
évêque de Montpellier.

A 9 heures, dans l'église du Rosaire, Mᵍʳ de Cabrières, évêque de Montpellier, chante la messe pontificale d'actions de grâces, et dans une allocution émue célèbre la bonté de Marie. Puis la foule se rend

____

(1) Les guérisons de 41 de ces « miraculés » sont racontées dans le *Jubilé du Pèlerinage National à Lourdes*, mémorial de cette inoubliable manifestation, malheureusement épuisé, malgré un tirage de 18 000 exemplaires. Nous reproduisons plus loin quelques-uns de ces récits.

à la Grotte, et, en chaire, le prélat lit au nom des « miraculés » cet acte de reconnaissance et de consécration :

Vierge immaculée, Notre-Dame de Lourdes, nous sommes à vos pieds pour rendre grâces à votre Fils Jésus et à vous, ô divine Mère.

Nous vous louons et nous vous remercions de toutes les faveurs que vous avez répandues sur les âmes et sur les corps pendant ces vingt-cinq ans de pèlerinage, de tous les miracles reconnus par l'Eglise, de toutes les merveilles visibles et invisibles que vous avez accomplies dans votre Grotte, à l'ombre de vos montagnes, dans votre basilique, à Lourdes, en France et dans le monde entier.

Nous vous rendons grâces pour toutes les lumières reçues, pour toutes les conversions, vocations et bénédictions de toute sorte obtenues par votre intercession, pour le respect humain vaincu, pour l'esprit de foi réveillé, pour toutes les œuvres saintes qui sont sorties de votre inspiration comme l'eau a jailli de vos rochers.

En reconnaissance de vos bienfaits, ô divine Mère, nous nous consacrons à vous, nos personnes, nos familles et notre patrie. Recevez-nous, gardez-nous dans l'amour de votre Fils, dans votre amour, dans l'amour de l'Eglise. Unissez nos esprits dans la vérité, nos volontés dans l'action, nos cœurs dans la confiance, la charité et la paix.

Gloire à votre Fils Jésus et gloire à vous, ô Vierge Immaculée ! Gloire à vous, Notre-Dame de Lourdes ! Gloire à vous, Notre-Dame de Salut ! Gloire à vous, Notre-Dame des Victoires ! Gloire à vous, Notre-Dame de France ! Ainsi soit-il (1).

La foule répète chaque phrase, chaque mot, avec une émotion intense. Puis le P. Picard entonne le *Te Deum* jubilaire.

L'après-midi, le temps, qui était couvert dès le matin, devient affreux : la pluie, une pluie fine d'abord qui se change bientôt en pluie diluvienne, commence à tomber et continue jusque dans la nuit. Rien n'est changé cependant dans l'ordre du jour. A la résidence des Missionnaires, les « miraculés » reçoivent chacun une bannière blanche et bleue, et, accompagnés de leurs parents et témoins, se

____

(1) *Jubilé du Pèlerinage National à Lourdes*, 1897.

LA PROCESSION JUBILAIRE DU 22 AOUT 1897 SOUS LA PLUIE.

rendent en procession de la Basilique à la Grotte, malgré la pluie. Mgr de Cabrières, puis le P. Picard leur adressent une brève et vibrante allocution avant le salut du Saint Sacrement.

Vraiment, a écrit M. Chincholle dans le *Figaro,* après ce que je viens de voir, entre la boue et la pluie grossissante, je ne puis que décrire la foi immense, surnaturelle, qui déborde de tout ce peuple de croyants. Le P. Picard a des mots émouvants. Après avoir, au nom de tous ces guéris, remercié la Vierge, il l'invoque

« pour celle qu'il ne faut jamais oublier, pour la grande malade qui s'appelle la France », et 15 000 personnes, 20 000 peut-être — est-ce qu'on peut savoir? — en entendant les premières psalmodies d'un cantique d'une ardeur infinie, l'entonnent à leur tour, et du fond de la plaine comme du haut des monts, par le même appel qu'interrompt tout à coup un *Magnificat*.

Un mouvement se produit, des gens se signent, des figures s'illuminent. Que se passe-t-il donc? D'une des neuf piscines vient de sortir un malade guéri...

La procession recommence. Ne pouvant, dans cette foule, ouvrir mon parapluie, je voudrais au moins mettre mon chapeau. Des ruisseaux coulent de mes cheveux, je n'ose pas me couvrir. Quand tant de gens de toute condition, de tout âge, ont une telle foi, ils ont droit au respect.....

Et voilà maintenant la procession qui s'engage dans la vaste plaine étendue au pied de la Basilique, et, là-bas aussi on s'agenouille, on chante, on prie. Une « miraculée » porte fièrement à côté de sa bannière l'instrument qui naguère lui enserrait le bras et dont aujourd'hui elle n'a plus besoin.

A côté de moi, un officier de la Légion d'honneur s'essuie les yeux. Il voit que je le regarde et me dit : « Savez-vous pourquoi je pleure, Monsieur? J'ai le malheur d'être un impie, et je voudrais croire comme ces gens-là! »

La fête se termine dans l'église du Rosaire par de nouvelles prières et de nouvelles acclamations.

La réponse de la Vierge. — Le lendemain, 23 août, un soleil magnifique permit de refaire la procession des « miraculés », et ce fut un vrai triomphe pour Marie.

On suivit le même parcours, mais avec le Saint Sacrement que portait Mgr Bouvier, évêque de Tarentaise. Sur l'esplanade du Rosaire, où l'on arrive, les malades sont rangés en deux lignes, laissant un large passage pour la procession.

La place, comme une vaste nef, est débordante de fidèles, et les rampes, qui en sont aussi chargées, semblent des tribunes aériennes, qui montent en plusieurs étages jusqu'à la croix du mont des Espélugues. Le tout forme un spectacle grandiose, où l'ordre et le recueillement ne sont pas un seul instant troublés.

LA BÉNÉDICTION PAPALE AU JUBILÉ DE 1897

Le *Tantum ergo* est chanté, et, au pied du portail magnifique, l'évêque donne la bénédiction du Très Saint Sacrement.

Et tandis que Mgr Bouvier rapporte l'ostensoir à l'autel et que les portes de l'église se referment, le P. Picard s'avance un peu, et, au milieu du silence le plus profond, annonce qu'il va donner, par un privilège spécial qu'il doit à Léon XIII, la bénédiction papale.

On prie d'abord les bras en croix aux intentions du Souverain Pontife. Plus de mille prêtres et religieux entonnent ensuite solennellement le *Confiteor*, interprétation émouvante des sentiments de repentir de toute l'assemblée.

Or, voici maintenant la réponse de la Sainte Vierge ; nous l'empruntons au récit des témoins :

Tout à coup, dit l'un d'eux, ne respirant que l'exemple du divin Maître et rempli d'une audace que justifient son zèle et ses vertus, le P. Picard interpelle les nombreux malades qui sont devant lui, les invite à suivre les exemples de foi donnés par le groupe des « miraculés », et leur dit que la parole est à eux, et que, s'ils ont la foi, *ils se lèvent et marchent*. L'instant est solennel ; l'émotion est à son comble ; les infirmes sont gisants sans force au fond de leur petite voiture ; d'autres, en grand nombre, sont couchés inertes sur leurs brancards. Que va-t-il arriver ?

La foule écoute et regarde, raconte à son tour M. Ruin. Et après deux ou trois minutes peut-être, à ma gauche, à trois ou quatre mètres de nous, une femme en robe grenat quitte son grabat, se lève et marche, se dirigeant vers le point d'où la bénédiction papale vient de descendre sur elle ; pendant quelques secondes, on la contemple avec stupeur et avec une sorte d'hésitation ; puis on l'acclame, on entonne le *Magnificat*, pendant que les autres malades redoublent d'ardeur dans leurs implorations.

Du même côté, une autre malade, une jeune fille en bleu, se lève et marche à son tour, ayant à peine le temps d'ajuster ses vêtements en désordre, tant elle se sent pressée d'obéir à la voix intérieure qui lui a dit : *Surge et ambula ;* à notre droite, une fillette d'une douzaine d'années se lève pareillement, distance ceux qui veulent la soutenir, et s'avance, franchement et lestement, vers le même point.

Alors la foule s'enflamme : les applaudissements, les clameurs d'ovations, les *Magnificat* se multiplient, se succèdent, se croisent de tous côtés. Les brancardiers du fond, près de la Vierge couronnée, rompent leurs rangs et laissent la multitude envahir l'enceinte de l'hémicycle.

Les uns se précipitent au-devant des nouveaux « miraculés » pour les regarder, pour questionner, pour s'assurer de la réalité de leur guérison, en un mot, pour *voir un miracle*. Les autres entourent les malades non guéris, s'agenouillent autour de leurs couchettes ou de leurs voitures, et, les mains jointes, les bras en croix, se joignent à ces infortunés pour demander leur guérison ; d'autres se tournent vers le Rosaire et chantent l'action de grâces ; d'autres enfin, devant ce spectacle, restent immobiles et ne savent que laisser silencieusement couler leurs larmes.

Les brancardiers se préoccupent de tous côtés d'ouvrir un chemin aux guéris et de les protéger contre l'empressement de la foule. Les guérisons augmentent. Des béquilles apparaissent au-dessus des têtes : des brancards vides sont enlevés sur les épaules des brancardiers. Alors l'enthousiasme devient du délire : *Magnificat! Gloria Patri! Merci, mon Dieu, merci! Vive Notre-Dame de Lourdes!* C'est une indescriptible mêlée des personnes, des voix, des chants et des cris.

Ce défilé inoubliable, ajoute la *Croix*, dure plus d'une heure. On a été obligé d'organiser un chemin spécial et de protéger les « miraculés » se rendant à l'église du Rosaire pour se mettre à l'abri des ovations.

La foule, immobilisée par l'émotion, pleurant et applaudissant, ne peut s'arracher à ce spectacle et ne semble même plus songer au repas du soir. Cette émotion ne peut se calmer et déborde dans la procession aux flambleaux dont le défilé dure deux heures.

Les trois églises, Basilique, Crypte et Rosaire, s'illuminent par l'électricité dans un décor magnifique, essayé pour la première fois huit jours auparavant. Et ces quarante mille feux, lampes électriques et cierges de la foule, forment une véritable féerie.

Le *Credo* est chanté au pied de la flèche de la basilique sur laquelle la croix triomphe, resplendissante des feux qui portent jusqu'au ciel le jubilé des victoires inoubliables de notre foi et de la Vierge Immaculée.

Clôture du Jubilé. — Le jubilé s'acheva à Paris, le 26 août au soir, dans l'église de Notre-Dame des Victoires.

Tout proche de l'autel, écrit le *Gil Blas* — le plus léger peut-être des journaux du boulevard, — la bannière de soie blanche du Pèlerinage National flotte mollement dans un bleu nuage d'encens, enveloppant d'une buée fantomatique l'assemblée confuse, qui déborde jusque sur la place des Petits-Pères..... l'émotion est contagieuse, et la musique des cantiques est d'une telle douceur que les cœurs les plus durs sont gagnés.

Le P. Emmanuel Bailly, alors procureur général des Augustins de l'Assomption, aujourd'hui Supérieur général et successeur du P. Picard, prononça le discours de clôture, démontrant que ce jubilé inoubliable avait été tout à la fois « une révélation plus décisive du surnaturel à la France incrédule, mondaine et indifférente; une révélation plus complète de la France catholique à elle-même; une révélation plus éclatante de la mission divine de l'Eglise à sa Fille ainée. » (1)

Après 1897. — Depuis 1897, le Pèlerinage National a continué chaque année son œuvre de foi. La persécution a frappé cruellement ses fondateurs en 1900, et il s'en est un peu ressenti d'abord. Après le Pèlerinage de 1901 qui vit pour la dernière fois le P. Picard, déjà proscrit, et ses lieutenants, les PP. Bailly et Hippolyte, il sembla que la Vierge donnait un regret à ceux qui lui avaient amené tant de monde et que ses grâces furent plus parcimonieuses. « Un fait, disait Louis Colin dans la *Vérité* (31 août 1902), a été remarqué pour la première fois depuis que Lourdes existe : l'étiage de ses guérisons a très sensiblement baissé son niveau d'un seul coup. »

Phot. B. P.

LE P. EMMANUEL BAILLY

Mais le sacrifice des persécutés, généreusement offert, attira à nouveau les sourires de Notre-Dame sur ceux qui, par dévouement et générosité, continuaient leur œuvre, sous la direction générale de Mgr de Poterat. Les guérisons, comme autrefois, en ont été la forme la plus visible et la plus brillante. Le nombre des trains a augmenté; de 18 en 1897, il est monté à 20 en 1899, à 21 en 1902, à 23 en 1904, à 26 en 1906, à 29 en 1908.

(1) Voir *Jubilé du Pèlerinage National à Lourdes*, 1897.

Signalons aussi le groupe gracieux des Noëlistes, toujours grandissant depuis 1901, que Mgr Guillibert, évêque de Fréjus, en son sermon sur l'œuvre, le 20 août 1906, félicitait en ces termes émouvants :

A la procession du Saint Sacrement, pendant que l'ostensoir d'or qui contenait l'Eucharistie se dressait sur l'esplanade du Rosaire en face de cet autre ostensoir couché à terre et dont chaque rayon était une douleur, une souffrance, une infirmité humaine, j'étais fier et je tressaillais d'aise en voyant le groupe des Noëlistes; et tous ces petits enfants, bras en croix, priaient avec nous de toute leur innocence, et ils évoquaient ceux dont parle l'Eglise et qui jouent sous l'autel avec des palmes et des couronnes..... (1)

____

(1) *Bulletin de Notre-Dame de Salut*, septembre 1906.

Le Pèlerinage National du Jubilé

CHAPITRE PREMIER
Avant le Pèlerinage.

L'année Jubilaire.

L'année 1908 était la cinquantième depuis que l'Immaculée Conception était venue apporter, en une grotte des Pyrénées, son sourire, ses leçons et ses grâces. Il y avait cinquante ans que Bernadette avait transmis ses messages, et que les foules avaient commencé à s'ébranler à sa voix et venaient expier et prier dans la « chapelle » réclamée par l'Apparition. Il y avait cinquante ans que l'eau miraculeuse avait jailli sous les doigts de l'enfant, et que les guérisons extraordinaires se multipliaient à la source, dans les sanctuaires, sur le chemin du Saint Sacrement, même au loin. Il y avait cinquante ans que les esprits et les cœurs des plus incrédules revenaient à leur Dieu, dans l'ardeur de leur foi recouvrée, et que ces merveilles de la grâce, plus encore que la santé rendue aux corps, ravissaient les âmes de tous ceux qui en étaient les témoins. Il y avait cinquante ans que cette histoire exquise des bienfaits de Notre-Dame de Lourdes avait débuté et qu'elle se poursuivait, illustrée de traits sublimes, où la foi toute-puissante et la charité la plus haute s'unissaient pour forcer le cœur de Dieu et remporter sur lui d'inénarrables victoires.

Il y avait cinquante ans, c'était le Jubilé : *Jubilæus est et quinquagesimus annus*, et, selon le conseil du Très-Haut dans le Lévitique, il fallait célébrer ce Jubilé. La reconnaissance est un devoir pour les bienfaits passés ; c'est aussi une prière qui attire les bienfaits à venir. L'Église et la France ne faillirent pas à ce devoir.

Les actes de Pie X.

Le Souverain Pontife, si dévot à notre Vierge des Pyrénées, après avoir étendu à l'Église universelle, par décret du 13 novembre 1907, la fête de Notre-Dame de Lourdes, multiplia, pour ce Jubilé, toutes les faveurs et tous les privilèges.

Un rescrit du 20 novembre permet qu'une messe de l'Apparition soit chantée ou dite dans une église ou chapelle du diocèse de Tarbes, le 11 de chacun des mois de l'année du cinquantenaire, du 11 février 1908 au 11 février 1909.

Un indult du 27 novembre accorde une indulgence de 7 ans et de 7 quarantaines aux fidèles du monde entier, chaque fois que, le 11 de l'un des mois de l'année jubilaire, ils assisteront à la sainte messe et y réciteront, soit la prière à Notre-Dame de Lourdes — composée par Mgr Schœpfer et enrichie d'indul-gences par Léon XIII, — soit toute autre prière approuvée par l'Église, en l'honneur de la Très Sainte

SA SAINTETÉ PIE X

Vierge. Une indulgence plénière pourra aussi être
gagnée, aux conditions ordinaires de confession et de
communion, par ceux qui, six fois au moins, auront
pratiqué ces pieux exercices, au cours de l'année des
noces d'or de Notre-Dame de Lourdes.

Un rescrit du 11 décembre accorde à l'église paroissiale et aux chapelles de la ville de Lourdes, en prévision des grandes foules, le privilège déjà accordé
aux sanctuaires de Massabieille au sujet de la messe
votive de l'Apparition, malgré l'occurrence d'un office
de rite double.

Par lettres apostoliques du 24 décembre, le Souverain Pontife confie au cardinal Lecot, archevêque de

Bordeaux, la mission de le représenter en qualité de Légat aux premières fêtes jubilaires.

Un rescrit du 8 janvier 1908 accorde une indulgence plénière aux pèlerins qui visitent la Grotte, comme des rescrits analogues l'avaient accordée pour la Basilique et la Crypte ; un autre rescrit du 30 mai 1908 étend cette indulgence à l'église du Rosaire. Par rescrit du 26 mars 1908, les religieuses cloîtrées et les malades du diocèse de Tarbes peuvent remplacer la visite à la Grotte par une autre visite ou une prière.

Enfin, une autorisation spéciale de Sa Sainteté permet de célébrer la messe jubilaire du 16 juillet, à 6 heures du soir, l'heure approximative de la dernière apparition (1).

La France et le monde entier ont répondu à ces faveurs pontificales par une piété ardente et d'inoubliables manifestations de foi, d'amour et de reconnaissance.

Les fêtes jubilaires du 11 février.

Elles eurent lieu du 9 au 11 février 1908, sous la présidence de S. Em. le cardinal Lecot, Légat de

---

(1) Le 16 novembre 1908, jour de la messe jubilaire de Sa Sainteté, Mgr Bressan, chapelain secret de Pie X, écrivait au comte Acquaderni, à Bologne : « Le Souverain Pontife s'unira d'esprit aux adhérents du Pèlerinage spirituel à Lourdes ainsi qu'aux pèlerins qui, le 11 février 1909, se prosterneront aux pieds de la blanche Reine des Pyrénées, à l'occasion de la clôture de l'année jubilaire des Apparitions dans les sanctuaires de la Vierge Immaculée. Pendant qu'ils assisteront à la sainte messe, Sa Sainteté appliquera l'auguste Sacrifice à leurs intentions, qui sont aussi les siennes. » Le Saint-Père accorde à Mgr Longhin, évêque de Trévise, qui sera à Lourdes, la faculté de donner la bénédiction papale avec indulgence plénière. « Sa Sainteté étend cette indulgence à tous ceux qui, après avoir reçu les sacrements de Pénitence et d'Eucharistie, s'uniront d'esprit aux pèlerins, soit ce jour-là, soit le dimanche suivant, et prieront aux intentions de Sa Sainteté. »

LA GROTTE ET LA BASILIQUE
AVEC LA RÉSIDENCE DES CHAPELAINS

Sa Sainteté. Onze prélats : NN. SS. Germain, archevêque de Toulouse ; Ricard, archevêque d'Auch ; Rumeau, évêque d'Angers ; Albano, évêque titulaire de Bethsaïde ; Chesnelong, évêque de Valence ; Touzet, évêque d'Aire ; Sagot du Vauroux, évêque d'Agen ; Gieure, évêque de Bayonne ; Eyssautier, évêque de La Rochelle ; Izart, évêque de Pamiers ; et le R^{me} Dom Miguel Cruse, abbé mitré de Saint-Paul du Brésil, entouraient Mgr Schœpfer, évêque de Tarbes, l'infatigable organisateur de toutes ces fêtes en l'honneur de sa céleste « Diocésaine ».

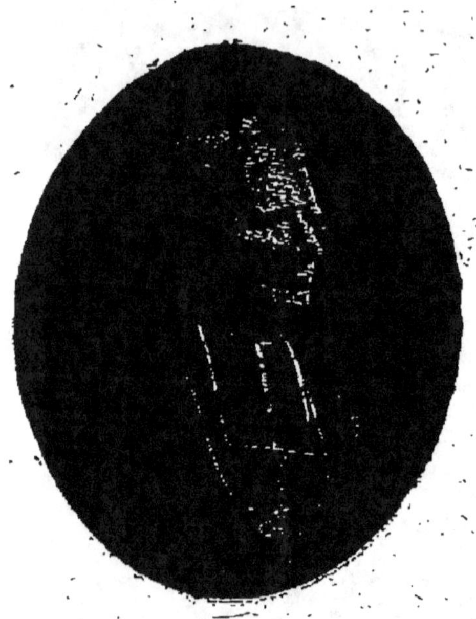

Mgr SCHŒPFER
évêque de Tarbes.

Une pensée de charité et de justice fit débuter ce triduum par une messe pontificale de *Requiem* dans l'église du Rosaire pour les âmes des pèlerins, des bienfaiteurs et des collaborateurs de l'œuvre de Lourdes, décédés en ces cinquante ans. A l'Évangile, Mgr Schœpfer apporta son hommage pieux à ces regrettés disparus :

Que ne devons-nous pas à tous ces Papes, ces évêques, ces prêtres, à tous ceux, enfin, que j'appellerai, d'un terme compréhensif, les amis de Lourdes? A qui devons-nous de célébrer ces fêtes ? C'est le cinquantenaire des apparitions, sans doute, mais aussi le cinquantenaire des travaux qui ont préparé ce jour que Dieu nous a fait, *Hæc dies quam fecit Dominus*, oui Dieu, mais aussi ces hommes qui, avant de descendre dans la tombe, ont travaillé, prié et souffert au service de la Vierge Immaculée, et qui, aujourd'hui, évoqués par notre foi, prient avec nous, tressaillent de l'émotion de notre cœur, et, par nos yeux, répandront aux pieds de Marie les larmes les plus douces que la terre connaisse, celles que fait verser la consolation anticipée du ciel.

Si nous sommes réunis dans ce splendide Rosaire, si nos sanctuaires ont fleuri autour de la Grotte, si le domaine de la Vierge Immaculée s'est étendu de tous côtés, si les arts se sont réunis pour offrir une fête perpétuelle à nos yeux et à nos cœurs, nous le devons à ceux dont l'âme a pénétré ces sanctuaires et nous pénétré à notre tour.

Repassons donc avec amour cette lignée de bienfaiteurs, et, en leur disant notre reconnaissance, acquittons notre dette par la prière.

En tête de ce cortège des amis de Lourdes, notre regard salue avec émotion le nom de l'humble enfant qui a été choisie de Dieu pour être la messagère de la Vierge Immaculée et la confidente de ses miséricordieux desseins. Qui de nous, à l'heure actuelle, pourrait, sans éprouver au fond du cœur un joyeux tressaillement, prononcer le nom de Bernadette ? Humble et sainte enfant qui, comme la fleur des champs, a passé dans la vie en s'enveloppant d'obscurité, de modestie, semblant, comme saint Jean dans le désert, s'étudier à n'être qu'une voix rendant témoignage à la vérité ! C'est à elle, après Dieu et Dieu le voulant, que la Vierge Immaculée a donné la mission de créer Lourdes la sainte, la gloire de notre France et de l'Église catholique.

Prions pour elle — elle est la bienfaitrice de nos âmes — mais prions avec l'espérance qu'elle prie déjà pour nous, en attendant, si c'est la volonté d'en haut, que son nom soit gravé sur les diptyques sacrés où sont inscrits les amis de Dieu.

A côté de Bernadette, nous apparaît la vaillante et sympathique figure du pieux abbé Peyramale, du curé de Lourdes, à qui Dieu réservait la gloire d'être le guide de la voyante. Lourdes a gardé jalousement la mémoire de ce saint prêtre, et tous nous comprenons ce sentiment qui est à l'honneur de sa population.

Pourrais-je séparer ce que Dieu a uni en ce monde et, nous l'espérons bien, dans l'éternité, ces évêques vénérés, mes prédécesseurs sur le siège de Tarbes, et les collaborateurs que la Sainte Vierge leur avait ménagés dans la personne des Missionnaires de Lourdes? Leur éloge éclate dans leurs œuvres : la Crypte, la Basilique, le Rosaire attesteront aux yeux de tous avec quel zèle intelligent ils se sont appliqués à être de dociles instruments entre les mains de leurs évêques. Travailler dans l'obéissance pour la gloire de Dieu et de la Sainte Vierge, c'était le programme de leur vie. Regardez, mes Frères, et dites s'ils l'ont bien accompli.

Souvenons-nous aussi de ceux qui sont l'âme de tous les pèlerinages, des prêtres, nos vénérés frères dans le sacerdoce, que nous sommes toujours si heureux de voir accourir auprès de la Vierge Immaculée, afin de mettre leur sublime ministère, si difficile de nos jours, sous sa maternelle et toute-puissante protection.

Je ne voudrais pas terminer sans accorder un souvenir du cœur à cette foule invraisemblable de pieux fidèles qui, depuis cinquante ans, sont venus à Lourdes, des contrées les plus lointaines du nouveau monde lui-même : *ex longinquis Americæ regionibus*, et que, comme saint Jean dans son Apocalypse, nous ne saurions compter : *Post hæc vidi turbam magnam quam dinumerare nemo poterat*. Nous les avons vues, ces multitudes que nul ne saurait compter, debout, elles aussi, devant le trône des miséricordes, que dis-je, prosternées devant lui et se faisant un délice de baiser la terre sanctifiée par les pieds de la Vierge Immaculée.....

La réception du Légat de Sa Sainteté, qui eut lieu dans l'après-midi, revêtit une solennité et un éclat exceptionnels. Aux souhaits de bienvenue offerts près de la gare par M. Lacaze, maire de Lourdes, Son Éminence a répondu :

Ma personne ici n'est rien. Non, je ne suis rien, mais, en songeant à celui que je représente au milieu de vous, j'ai

le droit de me grandir de
toute sa dignité. Je vous
demande donc de ne voir
en moi que le glorieux et
saint Pontife dont je tiens
la place et qui a demandé
à être, pendant ces fêtes,
votre compatriote en ma
personne. Je suis assuré
que la ville de Lourdes en
sera profondément recon-
naissante à Sa Sainteté,
comme d'ailleurs elle a su
répondre à la grâce si-
gnalée par laquelle le ciel
a daigné faire d'elle le
théâtre d'événements pro-
digieux dont, comme l'a
très justement dit M. le
maire, on chercherait en vain un autre exemple dans l'histoire. Je me plais à con-
stater, une fois de plus,
cette noble attitude de
la population de Lourdes
et de ses dignes repré-
sentants, qui se sou-
viennent qu'on n'est vraiment le mandataire d'un
peuple que lorsqu'on par-
tage ses sentiments. Et
maintenant, je vous de-
mande la permission de
traverser votre population
en répandant sur elle les
bénédictions de celui qui,
pendant ces jours de
fêtes, sera plus d'une fois
parmi nous d'esprit et de
cœur.

LE CARDINAL LECOT
Légat du Pape.

Phot. B. P.

Mɢʳ RUMEAU
évêque d'Angers.

Les cérémonies du 11 février furent magnifiques : messes épiscopales à la Grotte, après lesquelles fut célébrée celle du R. P. Soubirous, neveu de l'humble Bernadette, entouré de sa famille ; messe du cinquantenaire, dans l'église du Rosaire, par Mgr l'archevêque de Toulouse, en présence du cardinal Légat et des autres évêques ; allocution de Mgr Schœpfer à la Grotte, à l'heure même de la première apparition ; vêpres pontificales au Rosaire ; et à la nuit, illuminations féeriques des sanctuaires, du château fort et de la ville tout entière.

Pendant ces trois jours de fêtes, l'orateur fut l'éloquent évêque d'Angers, Mgr Rumeau, qui célébra, à tour de rôle, Lourdes et la France, Lourdes et les âmes, Lourdes et la Papauté.

Les fêtes du 25 mars.

Commencées la veille, elles furent favorisées par un temps superbe de printemps. 280 pèlerins hongrois étaient venus se joindre à un grand nombre de fidèles et de pèlerins isolés. NN. SS. Soulé, archevêque titulaire de Leontopolis, Lecœur, évêque de Saint-Flour, et Arlet, évêque d'Angoulême, entouraient Mgr Schœpfer.

Les cérémonies furent touchantes et belles, et Mgr Lecœur, par deux fois, fut la voix éloquente et émue de ces solennités, que termina le soir l'embrasement général de la ville et des sanctuaires.

Les fêtes du 16 juillet.

Un triduum commémora, du 14 au 16 juillet, le cinquantième anniversaire de la dix-huitième et dernière apparition. Il fut présidé par S. Em. le car-

dinal Andrieu, évêque
de Marseille, entouré
de dix-huit archevêques
ou évêques français et
étrangers. Marseille,
Tours, Bordeaux, La
Rochelle, Carcassonne,
Pamiers, Barcelone,
Palma, Tunis, avaient
organisé des pèleri-
nages. La foule était
énorme.

Mᵍʳ Izart, évêque de
Pamiers, fut l'orateur
très goûté des trois
jours.

LE CARDINAL ANDRIEU
alors évêque de Marseille.

Au début de ces fêtes eut lieu l'inauguration, au-
dessus de la porte d'en-
trée de la crypte, du mé-
daillon en mosaïque qui
représente les traits aimés
de Pie X.

Le 16 juillet, la grand'-
messe pontificale fut célébrée par S. Em. le cardinal
Andrieu ; les vêpres pon-
tificales eurent lieu sous
sa présidence ; et, vers
6 heures du soir, à l'heure
approximative de la der-
nière apparition à Berna-
dette, à la Grotte, en vertu

Mᵍʳ IZART
évêque de Pamiers.

d'un privilège presque sans précédent, dû à l'immense et tendre amour du Souverain Pontife pour Notre-Dame de Lourdes, messe pontificale célébrée par S. Exc. Mgr Grasselli, archevêque-évêque

Mgr GRASSELLI
archevêque-évêque de Viterbe.

de Viterbe; allocution de Mgr Schœpfer et bénédiction papale. Le soir, illumination générale.

Une guérison.

Un sourire de Marie marqua cette messe jubilaire de 6 heures du soir. Pendant que Mgr Grasselli pontifiait à l'autel de la Grotte, une malade, Mlle Léonie

Lévêque, de Nogent-le-Rotrou, était subitement guérie d'une sinusite double, et voici le certificat que délivra son médecin M. le Dr Moullin, un mois après :

Le soussigné, docteur en médecine, déclare que Mlle Léonie Lévêque, qui était partie pour Lourdes dans un état à peu près désespéré, est actuellement en aussi bonne santé qu'avant la longue maladie qu'elle a éprouvée ; depuis son retour, en effet, la plaie qu'elle portait au front s'est complètement cicatrisée, toute douleur a disparu, même à une forte percussion : l'état général est devenu excellent, l'appétit très bon, les troubles visuels ont disparu, ainsi que les vertiges qu'elle éprouvait ; en quelques jours, elle a engraissé de

Mlle LEVÊQUE
guérie le 16 juillet 1908.

six livres, elle peut se livrer, comme autrefois, aux travaux de sa profession, enfin, on peut dire qu'actuellement elle est en parfaite santé (1).

Ces fêtes et ces grâces étaient le prélude de celles que nous devions voir au Pèlerinage National qui se préparait pour l'octave de l'Assomption, du 19 au 25 août (2).

____

(1) Une réunion du Dr Boissarie à Paris, le 22 novembre 1908, a permis de constater son état. « Mlle Levêque, disent les journaux, fait maintenant la classe sans aucune fatigue. La cicatrice, très apparente, demeure comme un témoignage frappant de cette belle guérison. »

(2) Le dimanche du Rosaire, 4 octobre, une nouvelle fête jubilaire a eu lieu. Mgr Sagot du Vauroux, évêque d'Agén, célébra la grand'messe à la Grotte.

Le Pèlerinage National, écrit une plume autorisée dans le *Journal de la Grotte de Lourdes* (30 août), c'est la grande procession qui, depuis trente-six ans, et au lendemain de la fête du 15 août, vient, de toutes nos provinces, répéter à la Vierge Immaculée que son peuple de France ne cesse de vénérer en elle sa Souveraine, sa Mère et l'Espérance de son salut : *Unde veniet auxilium mihi.* Il convenait donc qu'en cette année du cinquantenaire des Apparitions de la Reine du ciel à une humble enfant de nos Pyrénées, ce pèlerinage, non seulement amenât au pied des roches Massabieille des foules plus nombreuses que jamais, mais encore manifestât par des cérémonies d'un extraordinaire éclat notre amour et notre gratitude sans bornes envers Celle dont les prodiges, mille et mille fois répétés, attestent incontestablement que, malgré ses malheurs et des infidélités partielles, notre patrie n'a cessé d'être et demeurera toujours le royaume privilégié de Marie : *Regnum Galliæ, Regnum Mariæ.*

---

et, le soir, après les vêpres chantées sur le parvis du Rosaire, le P. Janvier, l'illustre prédicateur de Notre-Dame de Paris, fit entendre sa voix éloquente à 30 000 fidèles. — D'autres fêtes jubilaires ont eu lieu, avec le même éclat, le 8 décembre 1908, et se préparent pour le 11 février 1909. — Le 23 décembre 1908, le Souverain Pontife écrivait à Mgr l'évêque de Tarbes : « Les fêtes solennelles célébrées auprès de la ville de Lourdes en l'honneur de l'Immaculée Marie qui, il y a cinquante ans, apparaissait à l'heureuse enfant des Soubirous et daignait l'entretenir, se sont déroulées, comme Nous l'avons appris, avec un éclatant succès. De nombreuses phalanges de pieux fidèles y ont, en effet, afflué de toute part et sans interruption en quelque sorte, pour prendre part, avec la plus grande ferveur à ces très saintes cérémonies. Aussi est-il légitime de se persuader qu'il en est résulté des profits considérables pour la piété du peuple chrétien, et que beaucoup d'âmes y ont trouvé un accroissement, non seulement de leur amour et de leur dévotion envers la Mère de Dieu, mais encore de leur vénération et de leur soumission à l'égard du Vicaire du Christ, puisqu'on s'est plu à solenniser ces fêtes mariales et celles de notre jubilé par des manifestations communes et avec le même amour. Mais nous n'ignorons pas quel travail et quels soins vous avez dépensés à cet effet ; et Nous savons que, si tout a bien réussi, il faut, pour une grande part, l'attribuer à votre zèle et à votre infassable action. »

CHAPITRE II

La préparation du Pèlerinage.

Appel aux « miraculés ».

En organisant avec zèle ce vaste mouvement de piété et de reconnaissance, Mgr l'évêque de Tarbes, en son ordonnance du 6 janvier 1908, après avoir annoncé les dates principales des fêtes jubilaires aux jours anniversaires des apparitions, faisait du Pèlerinage National le rendez-vous plus spécial des anciens « miraculés » :

Les personnes qui ont obtenu à Lourdes le bienfait d'une guérison extraordinaire, et que nos pèlerins appellent du beau nom de *miraculés,* sont invitées particulièrement aux fêtes du cinquantenaire. Celles qui ne pourraient venir à l'une des dates fixées plus haut sont convoquées au Pèlerinage National, qui aura lieu du 20 au 24 août 1908. Dans les processions, elles auront une place spéciale et se grouperont autour de la bannière dite « des miraculés ».

C'était répondre au plus cher désir de l'Association de Notre-Dame de Salut, qui organise, chaque année, ce Pèlerinage National. Reconnaissante envers le prélat, elle décida donc de faire appel à tous les anciens guéris et, en même temps, d'accroître le nombre des malades pauvres qu'elle transporterait à Lourdes pour forcer la Vierge Immaculée à augmenter ses faveurs dans la même proportion.

Voici la circulaire du Conseil central de l'Œuvre, qui porta à tous les associés la bonne nouvelle et que la presse catholique a bien voulu reproduire :

En cette année jubilaire des apparitions de Lourdes comblée de faveurs par le Saint-Père, le Pèlerinage National du Salut qui a inventé les trains de malades pauvres et qui a déjà emmené et hospitalisé à Lourdes 28 680 de ces infirmes depuis les débuts, a le devoir d'accomplir son œuvre avec plus de foi que jamais et de grossir, s'il est possible, le bataillon des mille infirmes transportés chaque année. Ne sera-ce pas fournir plus ample mesure à la Vierge miraculeuse ?

Déjà, à un Jubilé de vingt-cinq ans, en 1897, les nombreux malades guéris ont été convoqués à une splendide action de grâces ; ils sont venus au nombre de 325, portant chacun un insigne et une bannière. Leur procession a été couronnée par un acte de foi ardent qui a obtenu une levée de guérisons telle qu'on n'en n'avait jamais vu pareil nombre à la fois.

Cette démonstration doit être agrandie en 1908 ; d'abord, la Sainte Vierge a multiplié depuis lors le peuple des guéris ; ensuite, S. G. M⁰ʳ Schœpfer, le zélé évêque de Tarbes, désigne le Pèlerinage National d'août comme le rendez-vous spécial des « miraculés » qui n'auront point appartenu aux divers pèlerinages de l'année jubilaire.

Nous savons que bon nombre de ceux qui seront venus une première fois avec leur diocèse reviendront à Lourdes pour la démonstration de foi, d'espérance et d'amour à laquelle nous les convions.

Elle aura lieu le dimanche 23 août 1908.

On prépare insignes et bannières pour chacun, et il importe que les « miraculés » s'inscrivent au plus tôt en fournissant les témoignages de leur guérison.

Si quelques bienfaiteurs désirent participer, comme en 1897, aux frais de la démonstration des « miraculés », on recevra avec reconnaissance leurs offrandes spéciales. Mais le cortège des malades et infirmes sera certainement augmenté si, au milieu de tant d'œuvres qui sollicitent les aumônes, on peut allonger et grossir surtout l'importante souscription des malades.

Les guérisons éclateront miséricordieusement à Lourdes si elles ont été préparées par la prière et le sacrifice, comme ces obus qui font explosion au but, mais qui ont été lancés par un feu initial dans l'instrument de guerre. Le mouvement initial est ici la pacifique et ardente prière ; nous y convions les associés du Salut, les bienfaiteurs et particulièrement les « miraculés ».

Que de faveurs à obtenir pendant la première neuvaine des malades, qui commencera le 7 août et se terminera le jour de l'Assomption, et aussi pendant la neuvaine générale durant tout le temps du Pèlerinage, du mardi 18 août au mercredi 26 août, à laquelle nous vous demandons de prendre part !

Une circulaire spéciale fut envoyée aux anciens « miraculés » ; nous en reproduisons quelques passages :

Que de grâces, que de guérisons, que de merveilles obtenues en ces cinquante années par la foi et la prière aux pieds de la Vierge Immaculée et près de la Grotte de Massabieille !

Le Pèlerinage National y a eu tant de part qu'il y aurait pour lui véritable ingratitude à ne pas s'unir, cette année, aux fêtes jubilaires d'actions de grâces et à ne pas marquer le Pèlerinage d'août 1908 d'une manifestation de piété et de reconnaissance.

Nous proposons donc, comme en 1897, une cérémonie solennelle à laquelle prendraient part toutes les personnes vraiment guéries par Notre-Dame de Lourdes, et dont le programme définitif sera réglé et communiqué ultérieurement, avec les prières à réciter pendant les neuvaines préparatoires.

Pour faire partie du groupe dit des « miraculés » et avoir droit à la carte nominative et aux insignes spéciaux, il faudra être admis par le Conseil central de Paris, qui jugera d'après les pièces suivantes et avisera de sa décision en temps opportun.

Les pièces exigées sont :

1º Réponse au questionnaire ci-joint;

2º Récit très court de la maladie, de la guérison et de l'état actuel;

3º Extraits des journaux, revues ou livres qui ont parlé de la guérison ;

4º Certificats des médecins (ou de personnes dignes de foi) sur la maladie, la guérison et l'état actuel;

5º Certificat du curé, confesseur ou supérieur, sur l'authenticité des récits et sur la piété des guéris.

Les « miraculés » trop pauvres qui ne pourraient, en conscience, faire les frais du voyage dans un des trains du Pèlerinage National doivent fournir en plus, avec une demande de billet réduit ou gratuit :

6º Une attestation de pauvreté par leur curé ou par une dame de nos Comités qui les aurait visités.....

Le temps presse, mettons-nous à l'œuvre, et que le Jubilé du cinquantenaire unisse tous les amis de Notre-Dame de Lourdes en une fête admirable d'amour et d'actions de grâces.....

Un questionnaire détaillé, joint à cette lettre, a permis de reconstituer au complet le dossier de la maladie et de la guérison de chaque « miraculé ».

L'admission.

Un Conseil d'examen fut aussitôt constitué pour dépouiller ces dossiers et décider les admissions.

Plus de 400 demandes furent adressées à ce bureau ; quelques-unes seulement furent écartées, faute de certificats médicaux suffisants ou de renseignements exigés. 365 privilégiés de Marie furent admis à faire partie du cortège d'actions de grâces.

Si, écrit le *Bulletin religieux de La Rochelle* (5 septembre), tous ceux qui ont reçu à Lourdes d'autres grâces que les médecins ne peuvent constater, d'autres guérisons non moins merveilleuses que celles du corps, étaient aussi venus, à quel chiffre se serait élevé le nombre des « miraculés » ?

Chacun d'eux a reçu une carte nominative, qu'il ne devait ni prêter ni échanger, et sur le vu de laquelle il pouvait recevoir à Lourdes sa bannière et prendre part à la procession et aux cérémonies jubilaires.

Une souscription spéciale, qui s'est élevée à 5 000 francs, a permis d'offrir aux plus pauvres la gratuité du voyage ou l'hospitalisation à Lourdes (1).

Voici le fac-similé de cette carte, qui varie de cou-

1858   **1908**

RECONNAISSANCE A N.-D. DE LOURDES

JUBILÉ

DES

Apparitions de N.-D. de Lourdes

XXXVIe PÈLERINAGE DE N.-D. DE SALUT

A LOURDES

ADMISSION

M ....

de ....

guéri en ....

N° ....

leur, selon qu'elle accorde l'admission simple (*blanche*),

---

(1) L'hôpital municipal et l'ancien couvent des Dames de l'Assomption voulurent bien donner l'hospitalité à 135 « miraculés ».

le billet de chemin de fer sans hospitalité (*bleue*), le billet avec hospitalité (*verte*) ou l'hospitalité seule (*rose*).

L'insigne.

Le véritable insigne des « miraculés », plus visible, puisqu'il resta attaché à leur poitrine pendant toute la durée du Pèlerinage, était une croix de métal appliquée sur une croix de laine rouge. Toutes les deux méritent une mention particulière.

La croix *rouge* est l'insigne commun des Pèlerinages Nationaux. On l'arbore à Lourdes comme à La Salette, à Rome et à Jérusalem.

Son origine est intéressante. Le P. Picard la raconte dans une circulaire de juin 1873, publiée par le *Pèlerin* (1).

LA CROIX DES « MIRACULÉS »

Une des faveurs les plus précieuses accordées par Pie IX au Conseil général des Pèlerinages, le mois dernier, a été l'indication faite par Sa Sainteté elle-même d'un signe distinctif que porteront tous les pèlerins.

____

(1) *Pèlerin* du 19 juillet 1873.

Ce signe est une petite croix de laine rouge que le Souverain Pontife avait distribuée à ses défenseurs dans Rome et que portaient sur leur poitrine les zouaves pontificaux quand ils sont venus verser leur sang pour la France ; elle est doublée de blanc et porte au revers la devise : *Domino Christo servire.*

Les premières croix ont été bénites par le Pape et placées par S. Em. le cardinal Borromeo sur la poitrine des représentants des divers Comités de Pèlerinages venus à Rome pour féliciter le Saint-Père, le 5 mai 1873.

Cette distribution s'est faite solennement dans une cérémonie pieuse, pour les hommes chez le cardinal, et pour les dames à la sacristie de Saint-Pierre.

Depuis, ces croix, fabriquées en France par les soins du Conseil général, sur le modèle des croix romaines, ont été distribuées à tous les Pèlerinages Nationaux. Dès l'année 1873, en moins de six mois, on en demanda 300 000 de tous les points de la France. La croix rouge fut arborée partout ; le Comité des Pèlerinages d'Italie l'adopta aussi.

Le 12 mai 1874, sur la demande du P. Picard, Pie IX concéda pour l'année des faveurs spirituelles à ceux qui, en la portant, « ne craignaient pas de rompre avec le respect humain et de manifester leur foi » (1), et, enfin, par Bref du 10 septembre 1875, le même Pape accorda, pour dix ans, des indulgences même plénières « à tous et à chacun des fidèles chrétiens de l'un et de l'autre sexe qui porteront publiquement aux Pèlerinages la croix des pèlerins, reçue à titre de pèlerinage et qui, ensuite, la conserveront toujours sur la poitrine, sous les habits. » (2)

---

(1) *Pèlerin* du 23 mai 1874.
(2) *Pèlerin* du 30 octobre 1875.

Une curieuse coïncidence est à signaler ici. M. le duc de Chaulnes, trésorier du Conseil des Pèlerinages, se trouvait à Pontmain peu de temps après l'adoption de cet insigne. Seul de tous les pèlerins qui l'accompagnaient, il le portait à sa boutonnière. A sa vue, les enfants favorisés par Marie de l'apparition qu'on sait s'écrièrent avec transport : « Voilà la croix que portait la Sainte Vierge lorsqu'elle nous apparut ! » Pie IX avait donc été bien inspiré en donnant ce signe sacré comme marque distinctive aux fidèles qui vont prier aux plus célèbres sanctuaires.....

Les héros du Jubilé portaient en outre une croix en aluminium, gravée en 1893 dans les ateliers de M. Petit pour une œuvre du Salut et d'un dessin fort élégant. Le relief rappelle les dévotions et les œuvres des organisateurs du Pèlerinage National.

A la tête de la croix, le drapeau du Sacré Cœur prêche l'amour de Jésus pour la France. Au bas, l'image de Notre-Dame de Salut, l'inspiratrice et la protectrice du grand mouvement des pèlerinages. A droite, saint Augustin, le grand Docteur, qui enseigne le culte de la vérité et la soumission à la Chaire infaillible. A gauche, sainte Monique, le modèle de la prière confiante et pleine de larmes, qui obtient de Dieu par Marie les résurrections physiques et morales.

Cet insigne, hommage du Conseil général des Pèlerinages, reste donc pour les favorisés de Marie un précieux souvenir à conserver.

Les bannières.

Un autre insigne, non moins précieux, fut arboré aux deux processions du 23 août, par chacun de ceux qui venaient remercier l'Immaculée. C'était, comme au Jubilé de 1897, une bannière de 1^m,10, en étoffe soyeuse, de couleur blanche, ornée de franges et portant en impression bleue la double image de Notre-Dame de Lourdes et de Notre-Dame de Salut, avec une acclamation de gratitude à Marie et les mots : *Pèlerinage National. 1858-1908. Jubilé*. Nous reproduisons ici, d'après la photographie, ce beau travail sorti des ateliers de la Maison de la Bonne Presse.

Trois cent soixante-cinq de ces bannières — tout ce qu'on avait — furent offertes aux « miraculés » pour leur manifestation d'action de grâce. Elles suivaient la grande bannière des Pèlerinages Nationaux, qui mérite bien d'être mentionnée ici, après avoir été à la peine depuis vingt-cinq ans. Pie IX, du reste, lui a donné une bénédiction spéciale en mai 1874, lorsqu'elle fut apportée dans ses appartements et qu'il en eut admiré la beauté (1).

BANNIÈRE DE CHAQUE « MIRACULÉ »

---

(1) Le *Pèlerin* du 30 mars 1874 décrit ainsi cette bannière :

« D'un côté, dans un grand médaillon encadré d'une bande de soie bleue brodée d'or, est dessinée la croix des pèlerins avec la devise : *Domino*

C'était un beau groupe que celui formé par toutes ces oriflammes ; nous le décrivons plus longuement ailleurs, car il a rendu la fête, selon un mot célèbre, « unique dans l'histoire de l'Église ».

Chacune de ces petites bannières du Jubilé, devenue propriété des privilégiés de Marie, est le témoignage gracieux et durable de leur guérison et de leur reconnaissance. Sa vue excitera, chez eux et chez leurs compatriotes, dans toutes les paroisses et communautés où elle sera arborée, un plus grand amour et une reconnaissance plus vive envers Notre-Dame de Lourdes.

Christo servire ; au-dessus est gravé en lettres d'or le mot *Assomption*, rappelant que le Conseil général est dirigé par les Augustins de l'Assomption ; au bas est écrit : *Paris, 1873.* Ce médaillon est encadré dans un large carré long orné d'une guirlande aux couleurs les plus belles et les plus variées. Le tout est orné de pierreries et brodé en bosse à la main sur un fond de soie blanche et moirée. L'autre côté est encore plus beau et plus riche. Le médaillon du milieu renferme une magnifique peinture sur toile représentant Notre-Dame de Salut. La Sainte Vierge porte d'une main l'Enfant Jésus et de l'autre une branche d'olivier, et sous ses pieds on voit la Sainte-Chapelle de Paris émergeant du milieu des flammes. La Mère et l'Enfant regardent cette ville infortunée avec des yeux de miséricorde, et Jésus lui tend ses petites mains comme pour lui dire que le vrai moyen d'obtenir la paix et le salut est de revenir à Dieu. Au bas du manteau de la Vierge on lit ce texte d'Isaïe, qui est la devise de l'Association de Notre-Dame de Salut : *Salus nostra in tempore tribulationis.* Cette gracieuse peinture est due à l'habile pinceau de M. Imlé dont le nom est déjà illustré par la belle gravure représentant Pie IX qui définit le dogme de l'infaillibilité pontificale. »

CHAPITRE III

Les héros du Pèlerinage.

Vue d'ensemble.

Comme en 1897, les « miraculés » qu'on amena et qu'on groupa aux pieds de la Vierge furent bien les « héros du Pèlerinage », ceux qui apportaient en leur personne l'action de grâces vivante et ardente de tout un peuple.

Nous avons dit que leur nombre fut de 365. Plus de 400 s'étaient présentés, mais il a fallu refuser l'admission à plusieurs, faute de certificats médicaux. On ne contestait pas la guérison que leur bonne foi prouvait, et pour laquelle ils doivent remercier la Sainte Vierge malgré cette décision ; mais on ne pouvait, avec de telles constatations insuffisantes, la présenter au public, croyant et incroyant, comme un vrai « miracle ». La responsabilité du Conseil des Pèlerinages est donc sauvegardée à leur égard, elle n'est engagée que pour ceux qu'il a admis et qui seuls avaient droit aux insignes spéciaux qu'il leur a délivrés.

Ajoutons que plusieurs des admis n'ont pu ensuite se rendre à Lourdes, par suite d'empêchements imprévus. Le groupe de ceux qu'on y vit, à la cérémonie jubilaire du 23 août, fut cependant bien imposant.

Tous les âges y étaient représentés. Marie a manifesté sa puissance en faveur d'enfants de dix à deux ans, même de dix-neuf mois et de deux mois, ainsi qu'en faveur de vieillards presque sexagénaires. Elle paraît avoir eu cependant une prédilection pour l'enfance et l'adolescence, puisque nous comptons plus

QUELQUES « MIRACULÉES » AVANT LA PROCESSION DU JUBILÉ

de 80 enfants, jeunes gens ou jeunes filles, sur la liste que nous publions en appendice (1).

On y voit aussi toutes les conditions et toutes les classes de la société. Les pauvres, pourtant, sont les plus nombreux ; on sent qu'ils sont les préférés de la Vierge très humble de Nazareth et de Bethléem. A côté des ouvriers et des ouvrières, qui gagnent péniblement

______

(1) Appendice V, p. 283.

leur pain et qui veulent remercier l'Immaculée, il y a de nobles dames, des hommes distingués, médecins ou avocats, des soldats, des prêtres, des religieux et des religieuses qui ont participé à ses faveurs célestes. Notre-Dame de Lourdes s'est montrée — et elle l'est — la Mère miséricordieuse de tous, que l'Église salue chaque jour|: *Salve, Mater misericordiæ*.....

Ajoutons que l'appel ayant été adressé, non pas seulement aux « miraculés » du Pèlerinage National, mais à tous, pour donner à Marie une couronne vivante plus splendide, beaucoup ont répondu, parmi ceux qui ont été guéris, soit hors des pèlerinages, chez eux ou à Lourdes, soit pendant les pèlerinages diocésains, notamment ceux de Rennes, Bordeaux, Angers, Périgueux, Avignon, Cambrai, Nîmes, Montpellier, Toulouse, Arras, Luçon, etc. D'autre part, les miraculés du Pèlerinage National étaient non seulement de Paris (il y en eut 67), mais encore de 51 diocèses, surtout, par rapport au nombre, de Bordeaux, Angoulême, Blois, Laval, Montpellier, Aix, Chartres, Versailles, Arras, Le Mans, Meaux, Evreux, Orléans, Poitiers, Verdun, Cambrai, Toulouse, Bayeux, Beauvais, Carcassonne, Rodez, Séez, etc. Au total, 58 diocèses représentés (1). La France était donc vraiment tout entière à genoux, pour rendre grâces et pour bénir.

Que de maladies et d'infirmités sont allées chercher

---

(1) Les diocèses qui avaient le plus de « miraculés » à cette manifestation du 23 août 1908 sont : Paris (70), Bordeaux (19), Montpellier (14), Angoulême (12), Cambrai et Toulouse (10), Aix, Blois, Laval et Versailles (9) Arras, Périgueux et Rennes (8), Chartres (7), Angers, Bayeux, Carcassonne, Le Mans, Meaux, Poitiers et Séez (6), Evreux, Luçon, Orléans, Rodez et Verdun (5), etc.

là le remède! Aucune ne surpasse le pouvoir de Celle qui a fait jaillir l'eau salutaire. Elle peut les guérir toutes. Et, certes, la liste en est longue, de ces misères physiques qui affligent l'humanité et dont elle l'a délivrée! Il y a la tuberculose aux formes si variées, la bronchite chronique, la laryngite, la pneumonie, la péritonite, l'hypertrophie du cœur et du foie, la neurasthénie, la gastralgie, la dyspepsie, la chloro-anémie, l'hydropisie, et les maux intérieurs, fibromes, hernies, kystes, tumeurs fibreuses, ulcères, lésions organiques, abcès. Il y a les cancers à l'estomac ou au sein ou à l'œil, les lupus repoussants, les eczémas, les goîtres, les plaies suppurantes, les tumeurs blanches, la gravelle, les varices. Il y a la paraplégie, la paralysie partielle ou totale, les ankyloses, la synovite, l'arthrite, la coxalgie, la carie des os, la déviation de la colonne vertébrale, le mal de Pott. Il y a enfin la privation des sens : cécité, surdité, mutisme ou aphonie. Toutes ces maladies se retrouvent dans les certificats médicaux qu'ont présentés les 365 « miraculés » admis par le Conseil des Pèlerinages. La plupart ont subi de nouvelles constatations cette année, au Bureau médical de Lourdes, et leur état de santé parfaite a été confirmé à la gloire de Notre-Dame.

Quelques « miraculés ».

Nous ne pouvons donner ici le texte du récit de ces nombreuses guérisons, presque toutes émouvantes ; un volume n'y suffirait pas, et puis ce serait peut-être monotone, le sublime même fatiguant par sa continuité. Nous allons seulement prendre au hasard quelques-unes des relations qu'on nous a envoyées, en les résumant. Elles intéresseront et provoqueront certainement une plus grande reconnaissance envers notre Mère.

M. Justin Bouhohorts. — Le premier des « miraculés », encore vivants, le second par ordre chronologique, celui qui marchait en tête de la procession d'actions de grâces, c'est M. Justin Bouhohorts - Duconte, dont nous avons raconté plus haut la guérison, quelques jours après que Bernadette eût découvert la source miraculeuse.

Phot. Lacaze.

M. JUSTIN BOUHOHORTS EN 1908

Mlle Caroline Esserteau. — Atteinte depuis six ans d'une myélite chronique avec dépérissement et déviation des membres inférieurs, infirmités héréditaires dans sa famille, Mlle Caroline Esserteau, de Niort, avait senti la terrible maladie lui envahir la colonne vertébrale, puis les jambes, puis les pieds. Elle avait les jambes tellement émaciées, qu'on n'y trouvait plus qu'une peau livide, recouvrant des os décharnés. La tête et les pieds pouvaient tourner en tout sens. A l'exception des bras, le corps entier ressemblait à celui d'un mollusque sans consistance. Peu à peu, les bras eux-mêmes furent envahis.

Après un premier traitement à l'hospice de Niort où elle était restée quatre ans, elle est envoyée à Barèges en 1871 une première fois, puis une seconde en 1872, mais le traitement qu'on lui fit suivre n'amena aucun résultat. Elle fut classée parmi les incurables. Enfin, le 2 juillet 1873, Caroline est amenée à Lourdes dans un état pitoyable. « Cadavre elle s'en va, disait-on, cadavre elle reviendra. » Cependant, on la transporte à la piscine. A peine l'eau a-t-elle touché la plante des pieds qu'elle pousse un cri :

— Je sens l'eau, dit-elle, je suis guérie !

Et elle l'était, en effet : ses jambes étaient redevenues subitement fortes et solides, la chair avait été créée; elle était debout et marchait facilement.

Le Dr Grimaud, inspecteur des thermes de Barèges, apprenant par télégraphe sa guérison, arrive en toute hâte à Lourdes pour voir de ses yeux. Il atteste l'événement extraordinaire et la guérison complète. Même témoignage du Dr Vizerie, médecin-major du 10e cuirassiers.

J'ai voulu voir (ayant appris la guérison subite) le cadavre que j'avais vu dans la Crypte, dit aussi le Dr Peyrusse. Ce n'était plus lui. Caroline a marché devant moi d'un pas ferme et assuré, la force musculaire était revenue. C'était miracle. (12 juillet 1873) (1)

La guérison s'est maintenue depuis lors. Il y a dix ans, Caroline habitait Lourdes, au couvent de l'Immaculée-Conception, et là, écrivait-elle le 17 août 1897,

____

(1) Voir la brochure : *Guérison de Caroline Esserteau*, par M. l'abbé GUILLET; 3e édition, revue et corrigée par le P. MERCIER, S. J. Poitiers et Paris, Oudin, éditeur.

près de la Grotte bénie, elle ne cessait de glorifier sa Mère du ciel et de la remercier de l'insigne bienfait qu'elle en avait reçu. Aujourd'hui, l'heureuse miraculée habite Toulouse.

Sœur Julie Delanne. — Le certificat médical suivant, qui remonte à 1883, a gardé tout son intérêt :

Je soussigné, docteur en médecine, certifie que Mlle Julie Delanne, âgée de trente-trois ans, Sœur tourière chez les Dames Ursulines de Boulogne-sur-Mer, dont la santé est délabrée depuis l'âge de neuf ans, a été soignée par moi pendant ces quatre dernières années.

Après avoir présenté longtemps les signes de chloro-anémie, elle fut prise, il y a environ deux ans, de vomissements alimentaires se répétant presque tous les jours et s'accompagnant de douleurs très vives dans l'estomac et le dos. On mit tout en œuvre pour obtenir sa guérison, mais nos efforts restèrent infructueux.

Pendant le printemps et l'été de 1883, les vomissements devinrent incoercibles, ne permettant à la malade de ne conserver que très peu d'aliments ; l'appétit, du reste, était nul, et les douleurs étaient devenues tellement fortes, qu'elles ne cédaient qu'à des injections sous-cutanées de sel de morphine, répétées tous les jours à la dose de 4 ou 5 centigrammes.

La malade était tombée dans un tel état de faiblesse, qu'elle ne pouvait plus quitter le lit, et qu'on jugea prudent de lui administrer les derniers sacrements. De temps en temps, un peu de sang se mêlait aux vomissements, qui n'ont jamais été qu'alimentaires ou glaireux.

La jambe droite a présenté aussi, dans les derniers temps, des phénomènes de contracture maintenant le membre dans la flexion.

C'est alors que la malade conçut le projet d'aller à Lourdes.

Malgré son extrême faiblesse et les appréhensions manifestées par les personnes de son entourage, je donnai mon assentiment à l'accomplissement de ce projet. Elle partit pour Lourdes le 17 août 1883 et arriva dans cette localité le 21 du même mois, après un voyage qui fut, paraît-il, des plus pénibles.

Dès son arrivée, on la transporta à la Grotte, puis on la plongea dans la piscine. Quand la malade revint à Boulogne, le 27 suivant, je la trouvai complètement guérie : la contracture avait disparu, la douleur et les vomissements avaient cessé, enfin l'appétit était revenu et la digestion s'opérait à merveille.

Depuis cette époque, la guérison s'est maintenue, les forces sont revenues, et la Sœur Julie se trouve dans un état de santé des plus satisfaisants. En foi de quoi j'ai écrit et signé le présent certificat.

Boulogne-sur-mer, le 12 octobre 1883.

Signé : Dr J. GROS.

Vu pour la légalisation de la signature ci-dessus de M. le Dr Gros :
En l'Hôtel de Ville, le 23 octobre 1883, le maire de Boulogne.
Signé : A. HUGUET.

Le même docteur ajoutait, à la date du 21 juillet 1897, que « Mlle Julie Delanne a toujours joui d'une bonne santé depuis la guérison obtenue à Lourdes, en août 1883. » « J'ai été témoin de la maladie qui avait désolé tous les médecins, et, depuis quatorze ans, je suis témoin de cette merveilleuse guérison », a dit à son tour M. l'abbé E. Drincqbier, alors curé-doyen de Saint-Pierre de Boulogne.

Sœur Julie habite maintenant Mazamet, dans le Tarn.

Mlle Zulma Ranson. — Au moment de son admission au Pèlerinage de 1887, Mlle Zulma Ranson, vingt-six ans, de Ribeaucourt (Somme), présenta un certificat où sa maladie était affirmée en ces termes :

Je soussigné, médecin à Auxi-le-Château (Pas-de-Calais), certifie ce qui suit : vers la mi-novembre 1886, la nommée Ranson Zulma est venue me consulter au sujet de douleurs qu'elle ressent dans le ventre; ces douleurs ne sont pas extrêmement vives, et le volume du ventre a augmenté par suite d'un épanchement de liquide. La palpation fait reconnaître une tumeur dans le côté droit de l'abdomen. En foi de quoi, j'ai délivré le présent certificat.

GODDÉE.

Les douleurs étaient devenues plus vives, au point de faire perdre connaissance à la malade.

Le transport fut des plus pénibles. Mlle Ranson arriva à Lourdes très faible, couchée sur un matelas et ne pouvant supporter qu'une très petite quantité de lait. Deux heures après son arrivée, tandis qu'elle priait à la Grotte, elle éprouva un déchirement violent au niveau de la tumeur. Elle se sentit guérie.

L'examen minutieux de quatre médecins ne permit de découvrir aucune trace de la tumeur, et toute la région précédemment tuméfiée est devenue souple.

Dans un certificat daté du 21 juillet 1897, le Dr Gars, de Saint-Valéry-sur-Somme, constate de nouveau que Mlle Ranson ne présente aucune trace d'ascite ni de tumeur abdominale et qu'elle jouit, au contraire, d'une santé excellente. Il en est de même aujourd'hui.

Mlle Marie Favreau. — Elle est de Fécamp, et fut guérie d'un kyste, le 30 juin 1888.

Sa maladie, qui durait depuis vingt et un mois, avait été traitée sans succès par divers médecins. Elle était devenue d'une faiblesse extrême. Elle partit avec sa mère, le 19 juin, pour Lourdes. A Poitiers, elle arriva toute enflée et dans un tel état, qu'il semblait imprudent de continuer le voyage. On conseillait l'appel du médecin. « J'ai trop vu de médecins, dit la mère, nous sommes parties, nous irons jusqu'à Lourdes. »

Arrivée à la Grotte, la malade éprouva des douleurs atroces à mesure qu'elle but l'eau de la fontaine. On la conduisit plusieurs jours de suite aux pieds de la Vierge de Massabieille, sa faiblesse augmentait, mais sa confiance ne diminuait pas.

Elle demanda d'être plongée dans la piscine. On lui refusa cette faveur, tant elle était faible. Elle insista tellement qu'on dut céder. Elle devait trouver là son salut. Elle sortit de la piscine guérie et éprouvant un bien-être indéfinissable. Et elle recouvra son appétit et ses forces.

Je certifie, écrivait, le 6 juin 1897, le Dr Léon Dufour, que, depuis neuf ans, Mlle Marie Favreau jouit d'une santé parfaite. J'ai eu l'occasion de la soigner à cette époque, et depuis, elle n'a jamais eu la moindre indisposition.

Le même médecin a renouvelé ce certificat le 12 février 1908 et l'heureuse guérie a pu participer à la manifestation des deux Jubilés.

Mlle Aria Métifiat. — De Valence (Drôme), elle était atteinte d'une affection nerveuse spasmodique, se traduisant par des vomissements et des crachements de sang très fréquents, comme l'atteste un certificat du Dr Gaillard, daté du 10 juin 1888. Cette année-là, elle se rendit à Lourdes avec le Pèlerinage National et y fut guérie. Le médecin le constata à son retour, le 4 septembre.

En 1897, la santé de la « miraculée » était excellente, comme l'attestaient ces deux documents de l'évêché de Valence :

La guérison miraculeuse de Mlle Métifiat, obtenue à la Grotte de Lourdes le 19 août 1888, s'est maintenue jusqu'à ce jour. Je suis heureux de l'attester. C. CLAUDAU, *vic. gén.*

Et Mgr Cotton écrivait de Miribel-les-Échelles (Isère), le 7 août 1897 :

Je viens de relire le récit de la guérison de Mlle Aria, et j'en garantis l'exactitude..... Ce que que je pourrais écrire moi-même n'y ajouterait rien.

† CHARLES, évêque de Valence.

L'état a été déclaré aussi satisfaisant en 1908.

Sœur Marie-Philippe. — Les Petites-Sœurs de l'Assomption qui soignent les pauvres malades avec tant d'abnégation ont été récompensées par plusieurs guérisons. Sœur Marie-Philippe, par exemple, avait eu, en 1885, une pleurésie qui l'avait laissée très délicate; en 1889, elle fut atteinte de l'influenza suivie d'une maladie de la moelle épinière. Pendant neuf mois, elle ne put marcher sans le secours de béquilles, et elle fut même obligée de les laisser, n'ayant plus la force de se soutenir. Au Pèlerinage National de 1890, elle fut guérie à la piscine, au premier bain, et depuis elle n'a cessé de vaquer à ses occupations de servante des pauvres malades.

Mlle Jeanne Bedogni. — Nous extrayons du registre des guérisons constatées au Bureau médical de Lourdes, année 1890, ce témoignage du Dr de Saint-Maclou, alors président de ce Bureau et décédé le 10 septembre 1891 :

Mlle Jeanne Bedogni, âgée de vingt-sept ans, château de Carpiquet, près de Caen, est malade depuis trois ans. Elle fut d'abord soignée pour des douleurs siégeant autour de la malléole externe droite, douleurs qu'accompagnait une certaine faiblesse dans le membre correspondant.

Plus tard, cette faiblesse s'accentua en se généralisant. et les membres inférieurs et supérieurs se trouvèrent affectés de paresie. Il y avait, en même temps, aux mains, un peu d'anesthésie. L'hyperesthésie était manifeste sur plusieurs parties du corps, et une ovarite existait à droite. Le certificat donné par le Dr Moutier, de Caen, rattache ces symptômes à une myélite chronique, diagnostic motivé sans doute par une douleur dans la région spinale, augmentant à la pression.

Mlle Bedogni est venue à Lourdes le 21 août 1890, s'est baignée plusieurs fois sans résultat, et, le 24, au passage du Saint-Sacrement, elle a pu marcher.

Aujourd'hui, le 25 août, elle semble guérie. La marche est facile, et, s'il reste un peu de sensibilité spinale, elle est très peu marquée.   Dr F.-D. DE SAINT-MACLOU.

Aujourd'hui, non seulement Mlle Bedogni n'est plus malade, comme elle le fait constater chaque année par le Dr Boissarie, mais elle a la force de soigner les malades. Zélatrice de l'Hospitalité de Notre-Dame de Salut, elle est, en effet, attachée à la salle Saint-Camille, à l'hôpital de Notre-Dame des Sept-Douleurs.

Mme *Marie Lebranchu, Vve Wuiplier*. — C'est la célèbre *Grivotte* de Zola. Elle habitait alors 172, rue Championnet, à Paris; puis elle s'est fixée à Lourdes, en service chez Mlle Node, chalet Saint-Bernard, où elle était encore au moment du Jubilé de 1897. Elle réside maintenant au Bon Pasteur d'Angers.

Malgré que le romancier l'ait fait mourir, Marie Lebranchu se porte très bien aujourd'hui.

MARIE LEBRANCHU EN 1893

Elle était atteinte,
d'après le certificat du
Dr Marquezy, méde-
cin de l'hospice de
Lariboisière, d'une
tuberculose pulmo-
naire au troisième
degré. On a trouvé
dans ses crachats des
bacilles caractéris-
tiques du tubercule.
Elle restait constam-
ment au lit, vomis-
sant du sang, avait
perdu quarante-huit

Phot. Lefèvre.
MARIE LEBRANCHU EN 1908

livres de son poids et ne gardait plus aucune nourriture.

On refusa d'abord de la baigner ; c'était un véritable squelette. La tremper dans l'eau, c'était le
miracle ou la mort. Marie Lebranchu insista, supplia.
On la mit dans la piscine. Ses forces lui revinrent
subitement comme un grand coup de fouet qui lui
cinglait tout le corps. « Je suis guérie ! » s'écria-t-elle.
C'était le 20 août 1892. Elle avait trente-cinq ans.

Zola admet la maladie et le fait de la guérison. Il essaye
de jeter cette guérison sur le compte d'une commotion
momentanée... Mais comment expliquer le retour subit des
forces ? Admettons pour un instant la cicatrisation des
cavernes, comment expliquer qu'une poitrinaire agonisante,
brûlée par la fièvre, se lève, suit une longue procession de
nuit, mange avec appétit ? (1)

____

(1) *Boissarie-Zola*, par PIERRE L'ERMITE, p. 31. Maison de la Bonne
Presse, Paris.

Depuis lors, les médecins ont affirmé que l'état de santé de Marie Lebranchu ne s'est pas démenti. Elle revint à Lourdes, au Pèlerinage de 1893, au Jubilé de 1897, et on constata sa bonne santé.

En 1908, une commission canonique nommée par l'archevêque de Paris a déclaré :

Que cette guérison a été complète et définitive, sans que, depuis de si longues années, le mal ait jamais fait aucun retour offensif, ainsi que l'a déclaré, en cette année 1908, le docteur que la Commission a chargé d'examiner l'ancienne tuberculeuse, et qui, après l'examen personnel auquel il s'est livré et la radioscopie faite par un de ses confrères, a certifié que la guérison est absolue et la santé parfaite, ce qui l'a amené à reconnaître et à proclamer lui-même la réalité d'une « intervention miraculeuse ».

Mme Vve Lefranc. — Depuis vingt longues années Mme Vve Désirée Lefranc, de Caen, souffrait de troubles dyspeptiques très graves avec vomissements sanguinolents, tuméfaction douloureuse et dégoût des aliments.

Au Pèlerinage de 1893, Mme Lefranc se sentit guérie au passage du Saint Sacrement. Elle se leva et monta à la Basilique sans aucune fatigue. L'appétit était revenu, et la digestion se faisait naturellement. Mme Lefranc n'a cessé depuis lors de se bien porter, comme l'attestent tous ses amis.

Mme Broussin. — Le 26 août 1894, le *Journal de la Grotte de Lourdes* écrivait :

Mme Françoise Broussin, âgée de trente-huit ans, demeurant à Arcachon, était malade et alitée depuis le mois de février 1890. D'après le certificat de son médecin, le Dr Deschamps, elle était atteinte de salpingite compliquée de déplacement du rein droit et de troubles généraux, ayant entraîné un dépérissement considérable. De plus, elle souffrait très vivement de phénomènes gastriques, ne supportant plus aucune nourriture et digérant difficilement une petite quantité de lait, qui suffisait à peine à la soutenir.

Il y a trois ans, elle fut opérée par le Dr Tuffier, chirurgien des hôpitaux de Paris, qui pratiqua sur elle la suture du rein à la paroi postérieure de l'abdomen. Néanmoins les troubles généraux persistèrent, la malade éprouvait de vives souffrances dans les reins, la station debout était impossible. Elle pouvait à peine se lever pour aller de son lit à son fauteuil.

Mme Broussin vient à Lourdes le 21 août, elle est portée à la piscine sans aucun résultat. Au moment du passage de la procession le matin, elle se sent comme électrisée, puis se lève de son fauteuil, enjambe les bancs et se dirige vers la Grotte ; là, elle entend la messe, ce qu'elle n'avait pu faire depuis quatre ans. On lui demanda si ses enfants la reconnaîtraient ; elle fondit en larmes, puis, au bout d'un moment, elle dit : « Mon dernier petit garçon m'ayant toujours vue au lit et enveloppée de couvertures, aura de la peine à reconnaître sa mère !..... »

Phot. Lefèvre.

Mme BROUSSIN
guérie le 21 août 1894.

Depuis cette date, Mme Broussin jouit d'une excellente santé que son médecin a constatée trois ans plus tard, et qu'elle consacre aux bonnes œuvres.

Mme Saùlnier, présidente du Comité diocésain de Notre-Dame de Salut à Bordeaux, a écrit le 29 juin 1908 :

Je me suis trouvée à Arcachon l'année de la guérison de Françoise Broussin, en 1894. Son fils Jacques, aujourd'hui séminariste, n'avait jamais vu marcher sa mère; il avait sept ans. En la voyant marcher pour la première fois, il s'est écrié : « Comment, maman, tu as donc des jambes et un chapeau comme les autres femmes!..... » Depuis, Françoise s'occupe de la sacristie de l'église de Notre-Dame où elle rend de précieux services.

Mme *Quiriel*. — Elle habitait Versailles, lorsqu'elle fut guérie d'une tumeur fibreuse et volumineuse, en 1895, à l'âge de 47 ans, non plus dans la piscine, mais, peu à peu, dans le train qui la ramenait de Lourdes.

Pendant le voyage et à Lourdes, son état avait donné les plus graves inquiétudes. On l'avait plongée dans l'eau. Pauvre et n'ayant pas de linge de rechange, elle ne s'inquiéta pas de ce détail et disait : « L'eau de Lourdes ne peut jamais faire de mal; comme cela, je serai plus longtemps dans la piscine. » La Sainte Vierge l'a récompensée de sa foi !

Mme *Marie Garineau*. — De Fronsac, par Libourne (Gironde), elle souffrait horriblement depuis longtemps d'un phlegmon péri-utérin, qui avait profondément désorganisé les tissus. En 1895, à quarante-neuf ans, elle fit partie du pèlerinage diocésain et fut plongée dans la piscine. La première fois elle en sortit évanouie ; après le second bain, elle était complètement guérie.

Le Dr Petit a certifié, le 30 juillet 1897, le fait de la guérison, et, après examen sérieux, atteste l'absence de tout symptôme de cette affection. « Les autres guérisons de Lourdes ne sont rien devant la vôtre », disait-il à la guérie en la revoyant en pleine santé. Le 13 juillet 1908, le même docteur a confirmé ses précédents certificats, déclarant qu'il n'avait jamais plus soigné Mme Garineau pour la maladie qui l'avait amenée à Lourdes le 26 août 1895, preuve que la guérison s'est maintenue.

Mlle Esther Brachmann. — Une des poitrinaires de Villepinte, née à Paris en 1881, guérie le 21 août 1896, à la première immersion dans la piscine, avait obtenu ce certificat daté du 8 juillet 1897 :

Nous soussigné, docteur en médecine, certifions que Mlle Esther Brachmann a été atteinte de péritonite tuberculeuse, qui s'est maintenue guérie depuis son retour de Lourdes.   Dr LEFÈVRE.

Elle-même ajoutait alors qu'elle « avait un excellent appétit, qu'elle courait et sautait comme on peut le faire à dix-sept ans ! » La guérison s'est maintenue, et Mlle Brachmann a participé au Jubilé de 1908.

La Commission canonique établie à l'archevêché de Paris en 1908, constate en effet :

Que le résultat a persévéré, sans qu'il se soit jamais produit aucune rechute ; que pendant l'année qu'elle est restée, après sa guérison, en observation à Villepinte, où on l'occupait à divers emplois, Esther Brachmann n'a jamais présenté aucun symptôme du mal disparu à Lourdes, ni gonflement de la taille, ni fièvre, ni douleur, ni difficulté dans la digestion des aliments, quels qu'ils fussent, qu'elle a au contraire frappé tous les témoins par sa bonne mine, son enjouement, son activité et sa vigueur ; que le médecin même de l'asile, qui la suivait depuis deux années, lui a délivré, au mois de juillet 1897, un certificat où il constate que la péritonite tuberculeuse dont elle était atteinte « s'est maintenue guérie depuis son retour de Lourdes » ; que la guérison ne s'est pas démentie depuis lors un seul jour ; que le nouveau médecin, chargé par la Commission d'examiner la jeune fille au mois de janvier 1908, c'est-à-dire près de douze années après l'heureux événement, a reconnu le « parfait état » de la santé, bien qu'il ait trouvé en même temps, dans l'abdomen et les poumons, les traces d'une ancienne tuberculose disparue, preuve sensible et permanente à la fois de la maladie et de la guérison.

Mlle Alice Chaigneau. — En décembre 1896, les *Annales de Lourdes* écrivaient :

Soignée pendant six mois à l'hôpital Saint-Joseph pour une pleurésie d'abord, ensuite pour une bronchite d'origine tuberculeuse, Mlle Alice Chaigneau est entrée au mois de février à l'asile de Villepinte. On l'avait placée dans la salle des grandes malades. Elle a quitté Villepinte, six semaines après son retour de Lourdes en très bon état.

A Lourdes, nous l'avons vue au sortir de la piscine. Pour elle, on se demande aujourd'hui si elle avait réellement des tubercules. Cependant, les médecins des hôpitaux de Paris étant affirmatifs auparavant, les doutes ne sont venus qu'au retour du Pèlerinage, après la guérison.

Phot. Lefèvre.

SŒUR MARIE-ANTOINE
guérie le 21 août 1896.

Outre la guérison, la Sainte Vierge lui a obtenu la grâce de la vocation. Elle est entrée chez les Petites-Servantes de Marie-Immaculée, à Bruxelles, 106, avenue

de Tewueren, et voici le certificat que lui a délivré,
le 26 mai 1908, le Dr Marchau, d'Enghien :

Je soussigné, médecin à Enghien (Belgique), déclare avoir
examiné Sœur Marie-Antoine, des Petites-Servantes de Marie
Immaculée, et avoir constaté qu'elle n'est actuellement
atteinte d'aucune affection ou maladie quelconque. J'affirme
que sa santé ne laisse pour le moment rien à désirer.

Mlle Yvonne Corlieu. — La Sainte Vierge montre
parfois une tendresse touchante pour les petits. Rela-
tons cette guérison de 1898, d'après le Rapport annuel
de M. l'abbé Lacroix, directeur diocésain d'Angoulême (11 février 1899). Il s'agit d'Yvonne Corlieu, de
la paroisse de Champniers (Charente) :

Au moment du Pèlerinage, cette enfant se trouvait dans
un état pitoyable et qui paraissait être sans remède, à en
croire le certificat suivant : « Mme Corlieu a une fillette
incapable de marcher; faiblesse congénitale; un peu rachi-
tique. 12 juillet 1898. *Signé :* Dr HERMANTIER. »
L'inappétence complète, l'alimentation et la digestion
fort laborieuses, des diarrhées presque continuelles, l'em-
pêchaient de croître, pendant que la décalcification des os
enlevait à ses membres toute consistance et lui rendait
impossible le mouvement; la jambe droite incurvée en
dedans et le pied droit tourné en dedans annonçaient plus
particulièrement une infirmité à vie.
Yvonne vint à Lourdes sur les bras de sa mère — ce
devait être son berceau pendant presque tout notre séjour
là-bas — et suivit ainsi très régulièrement tous nos exercices. Comme fut édifiante et pressante la prière de ce
groupe douloureux! La mère prêtait la voix à l'enfant pour
la supplication, et l'enfant prêtait son âme à la mère : et
vraiment, c'était beau et attendrissant de voir prier — se
recommandant l'une par l'autre — cette innocence et cette
ferveur!
Or, le 22 août, après un bain de piscine — c'était son

deuxième, — la fillette, portée à la Grotte, se prit à pleurer; en même temps, une personne amie observa qu'elle était saisie d'une vive et soudaine agitation. On s'empressa de la déposer à terre : ô merveille ! la fillette se tenait debout, toute seule, sans difficulté, sans fatigue, sur ses jambes subitement redressées ts devenues fortes, et le Bureau des constatations médicales, où elle était conduite aussitôt, libellait en ces termes, bien simples mais d'autant plus expressifs, le résultat de son examen : « Elle peut maintenant se tenir debout, ce qu'elle ne pouvait faire jusqu'ici ! »

YVONNE CORLIEU

guérie le 22 avril 1898.
(Trois mois après sa guérison.)

Comment rendre notre joie, notre émotion à tous, mais surtout la joie et l'émotion de la jeune mère, et le chant de reconnaissance qui lui monta du cœur aux lèvres, à ce moment ? Depuis, Yvonne a passé par bien des misères : les crises habituelles à l'enfance, tout particulièrement pénibles pour sa frêle constitution, une rougeole compliquée de bronchite, une violente attaque de dysenterie — l'épidémie a fauché dans son voisinage des enfants plus robustes, — toutes ces choses l'ont assaillie tour à tour, éprouvant, sans la ruiner, sans même la démentir, mais en la rendant au contraire plus visible et plus manifeste, l'œuvre de Notre-Dame de Lourdes. Avec l'eau de la Grotte pour unique remède et la prière des siens pour principal recours, Yvonne a eu raison du mal, elle se développe, s'attache à la vie et non seulement continue à se tenir debout, mais marche maintenant: vous pouvez en juger vous-mêmes, la chère mignonne étant là sans se douter que nous parlons d'elle, pendant que sa mère écoute..... et me voudrait plus éloquent!

En 1908, M. l'abbé Alibert, curé de Soyaux, près Angoulême, certifie que « depuis ce temps, l'enfant jouit d'une santé parfaite et marche très bien. »

Mlle Adrienne Moreau. — Une autre malade de la Charente, Mlle Adrienne Moreau, de Sigogne, âgée de dix-sept ans en 1899, fut guérie subitement à Lourdes, devant la Grotte, le dernier jour du Pèlerinage National. Elle était atteinte dès l'enfance de chloro-anémie et depuis de longs mois de céphalée chronique. La science se déclarait impuissante à la soulager. Elle voulut aller à Lourdes. Mais elle était si malade qu'on hésita, craignant de hâter la mort. Elle y fut cependant, suivant, au prix de vives souffrances, tous les exercices du Pèlerinage.

Ecoutons M. l'abbé Lacroix, en son Rapport annuel du 11 février 1900 :

Elle eut la joie d'assister, j'allais dire aussi le mérite de collaborer à la guérison de Georges Larrey, son petit compagnon de route, et sa joie fut telle, ce jour-là, qu'elle en oublia, malgré ses souffrances, toujours les mêmes pourtant, de demander sa propre guérison. Elle fit mieux, ainsi que nous l'a révélé, dans un moment de surprise, sa modestie en défaut. Comme elle se trouvait devant la Grotte, ses yeux se portèrent sur une pauvre mère de famille mourante et qui suppliait la Vierge de la conserver à ses enfants. Emue aux larmes, Mlle Moreau joignait sa prière à cette prière : « O Marie, s'écria-t-elle, au lieu de me guérir, guérissez plutôt cette mère de famille ! »

S'oublier soi-même est le plus sûr moyen d'attirer sur soi la pensée de Dieu et ses faveurs. Notre malade s'en souvint-elle alors? C'est possible, en tout cas, elle se pencha vers une personne amie et murmura : « Je crois que je serai guérie! Mais ce sera pour le dernier jour! »

Ce dernier jour devait être le mercredi 23. A 7 heures du matin, notre groupe charentais avait sa messe d'adieux à la Grotte, la malade y assista.

Or, pendant que nous étions tous absorbés dans la prière, Adrienne Moreau achevait d'attirer sur elle les royales faveurs de Notre-Dame. Au sortir de la Table sainte, par un

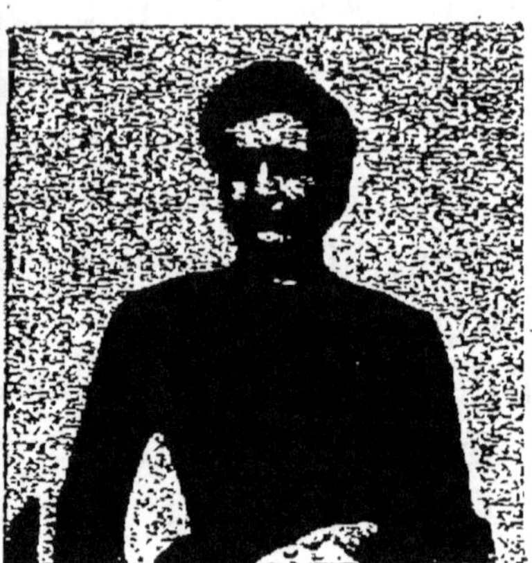

Mlle ADRIENNE MOREAU

Le lendemain de sa guérison　　　　Six mois après sa guérison.
24 août 1899.　　　　　　　　　　　Février 1900.

courageux effort, elle s'était agenouillée à terre pour remercier Jésus, en attendant d'avoir à remercier Marie. Tout à coup, au milieu de cette fervente action de grâces, elle se sentit comme envahie par la grâce d'en haut : « Maman, dit-elle, je suis guérie ! »

Elle a écrit elle-même, le 4 juillet 1908, ce qui se passa en elle à ce moment :

Tout à coup, je tressaillis : *trois grands coups*, atroces, horribles, me déchirèrent le cerveau, je crus que j'allais mourir. Mais non..... C'était la vie qui revenait, car, je sentis aussitôt comme une sève nouvelle circuler dans mes pauvres membres las! Plus de poids écrasant ni de douleurs dans la tête et moi, qui ne prenais aucune nourriture depuis six mois, à part un peu de lait et de bouillon, j'eus faim..... et je mangeai sans pouvoir me rassasier, sans que cela me fît aucun mal!

Je n'essayerai pas de décrire les émotions qui se pressèrent en moi, à ce moment-là! Aucune plume terrestre, aucun langage humain ne sauraient les rendre; ce fût un bonheur suave, immense; un de ces bonheurs qui n'ont, sans doute, leurs pareils qu'au ciel, car jamais depuis je n'en ai éprouvé de semblable!

On me conduisit au Bureau des constatations. Les médecins constatèrent que tous les symptômes avaient disparu : plus trace de la maladie! Ceux d'Angoulême firent de même lors de mon arrivée.

Depuis, ma guérison s'est maintenue. Je retourne presque chaque année à Lourdes en action de grâces. Comme cette année, encore mieux que les précédentes, je chanterai mon hymne de reconnaissance!

M. Gabriel Gargam. — C'est une des plus belles guérisons de ces dernières années; elle mérite quelque développement.

Dans la nuit du 17 décembre 1899, une terrible collision de trains eut lieu à quelques kilomètres d'Angoulême, sur la ligne de Bordeaux à Paris. Un des quatre commis ambulants des Postes, qui se trouvait dans le rapide, Gabriel Gargam, âgé de trente ans environ, d'une famille bretonne par son père, mais né à Ruelle dans la Charente, fut projeté du wagon réduit en miettes, à 18 mètres dans la neige, où on le découvrit le lendemain à 7 heures, inerte et sans connaissance.

Couvert de plaies sur les jambes et à la tête, avec la clavicule fracturée, il fut porté à l'hôpital d'Angoulême. La fracture et les plaies guérirent assez rapidement, mais le choc avait été tel que de graves désordres intérieurs se produisirent dans l'organisme. Il était paralysé depuis la ceinture jusqu'aux pieds, et l'alimentation demeurait presque impossible ; après treize jours, il ne put que manger un œuf ; huit mois après, il fallut l'alimenter au moyen d'une sonde, toutes les vingt-quatre heures, et avec des souffrances intolérables. L'épuisement devint extrême, et le corps ne fut plus qu'un squelette ; toute la partie inférieure, du reste, était insensible et rigide comme un cadavre. Bien que d'une taille au-dessus de la moyenne, le malade ne pesait pas plus de 36 kilos.

Le moindre déplacement, la plus petite secousse, malgré toutes les précautions prises, amenaient des syncopes. Enfin, la gangrène commença à envahir les pieds, et il fallut empêcher les draps de toucher cette chair en décomposition.....

Par un rapport du 19 décembre 1900, le Dr Décressac, médecin en chef de l'hôpital, déclare que tous les symptômes aperçus « constituent une affection de la moelle rachidienne, appelée sclérose latérale amyotrophique », c'est-à-dire « une infirmité permanente, peu susceptible d'amélioration, capable plutôt d'évoluer progressivement et fatalement. » Un rapport supplémentaire du 19 juin 1901 constata en effet l'aggravation du mal et conclut de la même façon, « en ce qui concerne l'incurabilité de la maladie et l'évolution progressive ».

Une action en responsabilité fut engagée contre la Compagnie d'Orléans, qui avait fait au blessé des propositions trop « dérisoires ». Par jugement du tribunal civil d'Angoulême, du 20 février 1901, la Compagnie fut condamnée « à payer à Gargam une pension annuelle et viagère de 6 000 francs et une indemnité de 60 000 francs ». La Cour d'appel de Bordeaux, par arrêt du 2 juillet suivant, confirma ce jugement, l'aggravant même, en faisant courir la pension, non du jour de la demande, mais du jour de l'accident. Le 12 août suivant, la Compagnie déclara accepter l'arrêt et être prête à l'exécuter dans toutes ses dispositions.

Or, en ce moment même, se préparait le Pèlerinage National à Lourdes. Son père, que la terrible épreuve avait ramené à Dieu, sa mère si vaillante et si chrétienne, plusieurs membres de sa famille, notamment une cousine, Clarisse, à Orthez, priaient ardemment pour sa guérison. Ils eurent l'inspiration de l'envoyer à Lourdes.

Mais Gargam n'avait pas la foi ; depuis quinze ans il n'était pas entré dans une église. A la première proposition du Pèlerinage, il refusa avec humeur.

Néanmoins, comme à l'hôpital on le menaçait d'une opération, la trépanation des vertèbres, qu'il ne voulait pas subir, il accepta d'abord l'idée de quitter ce lit de douleurs et cette salle de malades où il souffrait depuis plus de vingt mois, pour rentrer dans sa famille, où il préférait mourir. Puis, sur les instances de sa mère, il finit par acquiescer au voyage de Lourdes.

Comme il était loyal, il reconnut que, devant participer à un pèlerinage, il fallait s'y préparer en pèlerin. Il se confessa donc, et le 16 août, avant le départ, il communia avec une toute petite parcelle d'Hostie, tant il avait difficulté à avaler. Mais, disait-il, ce fut presque sans foi.

Le voyage à Lourdes fut douloureux; le malade était étendu sur un brancard spécial, ayant à l'extrémité une planchette verticale qui empêchait le drap de toucher les pieds que la gangrène dévorait. Au départ, les secousses provoquèrent une syncope qui dura plus d'une heure. Dès l'arrivée, il fut porté à la Grotte et y communia, mais avec une foi encore confuse et incertaine. Il ressentit cependant aussitôt après un mouvement intérieur qui le transforma; il sentit le besoin de prier, et ne le put, et les sanglots l'étouffèrent. C'était la foi triomphante qui entrait en son âme et la transfigurait. Fût-ce une illusion? Il lui sembla ressentir un fourmillement dans ses jambes insensibles. Ce fut en tout cas un pressentiment.

Le soir, à 2 heures, il fut baigné dans la piscine sur une planche nue. Il pria, Dieu ne parut pas l'écouter. Et il se trouva dans le même état, à 4 heures, couché sur le passage du Saint Sacrement, plus épuisé encore par les émotions de cette journée. Soudain il perd connaissance et devient froid. On croit qu'il va mourir, et on veut l'emporter. Mais il rouvre les yeux, croit que tout est fini; une immense tristesse le reprend.....

Voici le bruit des acclamations qui accompagne la procession. Tout à coup il sent en lui comme un coup de fouet, il essaye de se soulever sur ses poignets, ce qu'il n'avait pas fait depuis vingt mois; il retombe; il insiste pour qu'on l'aide à descendre de sa planche, et le voilà debout, nu-pieds, en chemise;

comme un cadavre sortant de son sépulcre avec son linceul. Il fait quelques pas derrière le Saint Sacrement. Toute la foule frémit, l'émotion est à son comble. Ce moribond, épuisé par vingt mois de maladie et de diète forcée, a recouvré, en une minute, la sensibilité et le mouvement. Plus de paralysie, et la faim renaît en son esto-mac délabré; c'est la vie qui revient...

On le conduit aussitôt au Bureau des constatations. « L'entrée de Gargam, a écrit le Dr Boissarie, forme un des épisodes les plus émouvants dont nous ayons été témoins. Soixante médecins nous en-touraient..... Gar-gam arrive sur sa planche, plié dans une longue robe de chambre..... Il se dresse devant nous : c'est un spectre.... » On dut, à cause de la foule, remettre au lendemain pour l'examiner plus attentivement.

Phot. B. P.

M. GARGAM EN 1908
guéri le 20 août 1901.

De retour à l'hôpital le ressuscité demanda à dîner, et lui, qui ne pouvait rien prendre qu'avec la sonde œsophagienne, il mangea ce qu'on lui servit : du bouillon, des huîtres, une aile de poulet, une grappe de raisin. Les visiteurs affluèrent et lui firent ra-conter son histoire jusqu'à 10 heures, sans que cet excès le fatiguât. On craignait pour sa nuit : elle fut calme comme celle d'un enfant.

Et le lendemain, avec un bonheur indicible il se reprit à vivre, s'habilla comme tout le monde, et se présenta à nouveau au Bureau médical, où cette magnifique guérison fut constatée et prouvée.

Trois semaines après, il avait augmenté de 10 kilos; aujourd'hui il a le poids normal d'un homme de sa taille et de son âge. Sa santé est parfaite, et il l'emploie à la gloire de Notre-Dame et au service du prochain, en se faisant chaque année le brancardier et l'ho pitalier le plus serviable des pauvres malades...

Mère François d'Assise. — De son nom Barbe Muller, religieuse de l'Abbaye-au-Bois, domiciliée à Paris, 11, rue de la Chaise, elle a été guérie à Lourdes en 1907, d'une entérite muco - membraneuse compliquée d'hémorragies. Elle était alitée depuis quatre ans et ne pouvait digérer aucun aliment solide. Le médecin, la veille du départ du Pèlerinage, déclara que le voyage était une imprudence et interdit à la malade d'entrer dans l'eau glacée des piscines.

Phot. Lelèvre.

MÈRE FRANÇOIS D'ASSISE
guérie le 19 août 1907.

Le trajet se fit sans incident. Arrivée le dimanche 18 août, la Sœur fut portée à la Grotte sur un brancard et y communia. « Il lui semblait, dit-elle, que la statue de la Vierge de la Grotte la fixait d'un tendre regard de compassion et semblait lui dire : Aie confiance, ma fille, tu ne partiras pas en cet état. » Le lendemain, en effet, elle se fit porter aux piscines, malgré l'avis de son médecin, et s'y plongea. Elle n'eut pas la sensation que l'eau était froide, et, sans commotion, elle fut guérie. Sur l'avis d'une dame hospitalière, elle sortit à pied après s'être habillée seule. On dut la soustraire à l'ovation de la foule et la conduire à l'hôpital des Sept-Douleurs.

Elle fit un repas complet, qu'elle renouvela le soir, et dormit d'un bon sommeil jusqu'au lendemain matin. Elle était bien réellement guérie. Du jour de sa guérison au 1er octobre suivant, on put constater une augmentation de poids de 10 kilos.

La guérison a été à nouveau constatée, l'année suivante : « Je n'ai jamais observé de guérison si soudaine et si complète par l'emploi des moyens thérapeutiques usuels », a écrit, le 29 mai 1908, le Dr Burlureaux.

*M*lle *Rivière*. — Mlle Marie-Antoinette Rivière, de Grezieu-la-Varenne, près Lyon, ayant perdu son père en octobre 1902, avait vu sa santé décliner. Sa vue baissa rapidement, et elle fut menacée de méningite. A diverses reprises, le Dr Michelet fut appelé à la soigner pour des souffrances aiguës à la tempe gauche, pour un point pleurétique, et surtout pour ulcérations tuberculeuses de l'estomac et de l'intestin.

Épuisée par de fréquentes hémorragies, elle gardait le lit depuis la fin de décembre 1906. Au mois d'août suivant, elle se fit porter à Lourdes. Le 18 août, dès 7 heures du matin, elle fut conduite à la Grotte pour y communier et y prier.

Phot. Lefevre.

Nᵗᵉ ANTOINETTE RIVIÈRE
guérie le 18 août 1907.

Aussitôt après la communion, écrit la *Semaine religieuse de Lyon* du 6 septembre 1907, on lui présenta une tasse de lait coupé avec de l'eau miraculeuse, elle le but avec plaisir, mais éprouva une forte brûlure dans tout l'appareil digestif. Elle comprit, plus tard, qu'à ce moment toutes les plaies intérieures s'étaient cicatrisées.

A 4 heures, à la procession, le Saint Sacrement passa devant la jeune malade; elle se sentait bien mieux depuis le matin, cependant, elle n'osa pas encore se lever. Elle était calme, un sourire éclairait son visage : ses forces renaissaient en même temps que toute souffrance s'évanouissait. Elle manifesta alors le désir d'aller à la Grotte, mais on ne put satisfaire à sa demande et elle fut reconduite à l'hôpital des Sept-Douleurs. Là, elle pria un brancardier de lui donner la main, elle se leva et marcha, elle que des plaies internes immobilisaient depuis huit mois.

Elle était guérie. Au Bureau des constatations, son cas parut des plus intéressants.

Au retour, le Dʳ Michelet constata que les lésions internes étaient cicatrisées et donna un certificat en ce sens, le 12 juillet 1908. Depuis la guérison, Mlle Rivière a augmenté de 18 kilos, et jouit d'un bon appétit et d'un bon sommeil.

Mlle Marie Borrel. — C'est une des plus prodigieuses guérisons de l'an dernier.

Le Dr Bardol, de Mende, certifiait le 8 juillet 1907 :

Je soussigné, docteur en médecine, ancien interne des hôpitaux de Paris, certifie que Mlle Marie Borrel est atteinte, depuis trois ans environ, de plusieurs fistules pyostercorales de la région droite de l'abdomen, en rapport avec une inflammation chronique du cœcum et de l'appendice, pour laquelle elle a déjà subi une grande opération à Montpellier et d'autres petites opérations à l'hôpital de Mende. De cette même maladie il résulte une ankylose de la colonne lombaire qui ne permet à la malade ni de se courber ni de se tenir debout ou de marcher.

Cette jeune fille, âgée de vingt-sept ans, originaire de Pommiers, commune de Cultures (Lozère), était donc dans un triste état.

Mlle MARIE BORREL
guérie le 22 août 1907.

Il y a onze ans, écrit la *Croix de la Lozère* du 1er septembre 1907, elle eut une fièvre typhoïde, suivie de coliques persistantes, qui se résolurent en une appendicite. Elle fut opérée à Montpellier, vers la Noël de 1900. L'opération ne fut pas heureuse : une fistule intérieure subsista et finit par crever à l'extérieur. La malade se fit d'abord panser à l'hôpital de Mende, et fut enfin obligée d'y entrer comme pensionnaire. C'était le 30 janvier 1904.

Le Dr Bardol voulut tenter une deuxième opération, mais, de concert avec ses aides, il n'osa chloroformer la malade, de peur qu'elle ne se réveillât plus. Le Dr Joly lui conseillait le retour à Montpellier. Marie Borrel s'y refusa.

Le mal ne tarda pas à s'aggraver. Successivement, cinq abcès percèrent sur le côté, entre l'appendice et l'épine dorsale. Ils suppuraient abondamment. Détail affreux : les matières fécales s'échappèrent par une, puis par trois des cinq plaies purulentes. Ce n'est que par ces voies que s'est opérée la défécation, pendant les cinq derniers mois. Pendant trente mois, on a dû appliquer la sonde.

L'état de Marie Borrel faisait pitié. Elle était immobile sur son lit de douleur, et, pour boire, elle relevait la tête avec l'une de ses mains : c'était souvent le seul mouvement dont elle fut capable. Elle souffrait atrocement, surtout quand se formaient de nouveaux abcès. Pour comble de malheur, deux fistules percèrent aux oreilles, mais heureusement se refermèrent quelque temps après. Elle passait parfois dix jours sans rien prendre. Quelques gouttes d'eau seulement provoquaient des crises terribles de vomissement.

A la fin d'avril dernier, elle parut désespérée et reçut les derniers sacrements.

Elle demande alors et obtient d'aller au Pèlerinage National de Lourdes, avec le train de Montpellier. Le voyage fut pénible, mais les souffrances furent supportées avec une grande résignation. Elle arriva le 17 août 1907, mais ce ne fut que le 22 que la guérison eut lieu.

On venait, avec des précautions infinies, de la baigner en la plaçant sur un drap, quand elle s'écrie :

« Je suis guérie ! » Et ses plaies se ferment instantanément, le mouvement revient dans ses membres, elle
sent que l'organisme reprend son état normal. Elle
s'habille seule et se rend à pied à la Grotte. Elle y prie
un moment et se dirige ensuite vers le Bureau des
constatations.

Elle trouve là, écrit M. l'abbé Georges Bertrin dans la
Croix du 23 septembre 1908, de nombreux médecins que
son cas déconcerte.

« Elle marchait avec aisance, écrit l'un d'eux, le professeur Desplats, s'asseyait, se levait..... La cicatrice de la plaie
opératoire et la cicatrice des diverses fistules, signalées plus
haut, étaient lisses. Une seule n'était pas complètement
épidermisée. *Aucune ne laissait même suinter une goutte de
liquide.* »

On fit venir un photographe. Il photographia ces fistules
étranges, subitement fermées, et on peut voir depuis, au
Bureau des constatations, où elle est exposée, l'image permanente du miracle.....

Une année s'est écoulée depuis lors. Voilà la miraculée
qui reparaît au Bureau médical.

On y constate son état : la guérison est parfaite ; elle ne
s'est pas démentie un instant, toutes les fonctions de l'organisme s'accomplissent normalement, et quant aux quatre
fistules pyostercorales et aux deux fistules purulentes, on
n'en trouve plus rien que les cicatrices desséchées, trace et
preuve de la prodigieuse guérison.

— Les médecins vous ont-ils examinée de nouveau attentivement? demandai-je à la jeune fille.

— Oh ! oui, très attentivement.

— Et qu'ont-ils dit ensuite?

— Ils ont dit : « C'est vraiment merveilleux! »

La miraculée est venue remercier la Sainte Vierge
au Pèlerinage du Jubilé, et nous croyons savoir que
son action de grâces continuera toute sa vie sous le
voile de la religieuse.....

CHAPITRE IV

Les fêtes du Pèlerinage.

Le départ.

Dès le mardi 18 août, les trains du Pèlerinage National commencèrent à s'ébranler. De Paris, une avant-garde partait par Paray-le-Monial. Le lendemain, dix autres trains s'organisaient à la gare d'Austerlitz et venaient se ranger successivement sur les voies avec leur guidon de couleur différente, pour recevoir les pèlerins et embarquer les malades.

Le train 2, si connu sous le nom de « train blanc », et qui emporte les plus grands malades, attire tous les ans la curiosité et évoque la sympathie. Les reporters des grands journaux parisiens tiennent à le visiter.

Qui donc niait la poésie de la gare? écrit M. François Hervagault, dans la *Croix* (20 août 1908). Celui-là, certes, n'a jamais été le témoin du spectacle que je viens d'avoir sous les yeux..... Si la poésie est la créatrice qu'on nous a dit d'émotions fortes et nobles, qu'importe le cadre où elle les fait naître, fût-ce un hall nu de fer et de pierre? Ce n'est point ici le cadre qui rapetisse les émotions, ce sont celles-ci qui le grandissent à leur taille. Où les aller chercher meilleures et plus vivantes que dans ces scènes cent fois décrites, toujours les mêmes et toujours nouvelles, du départ et de l'embarquement des malades du Pèlerinage National? Aujourd'hui, à cet égard, ne diffère point d'hier.

Ils s'en vont 1 060, en cette date du 19 août, des diverses

régions françaises que traversera aujourd'hui et demain l'immense convoi; 499 partent directement de Paris.

Etrange vision, à coup sûr! La vaste cour de la gare d'Orléans et ses dégagements semblent transformés en un campement au lendemain d'une bataille, en un hôpital

Phot. B. P.

A LA GARE D'AUSTERLITZ AVANT LE DÉPART DE PARIS

à ciel ouvert, où se coudoient, se heurtent, s'entassent les spécimens de toutes les infirmités humaines les plus attristantes, les plus rebutantes, les plus effrayantes.

Ils débouchent de toutes parts : en voici que l'excès du mal, depuis des années, contraint de demeurer étendus sur un lit d'angoisse; de vastes omnibus les amènent; en voici d'autres auxquels il laisse un reste de force qui leur permet de se tenir à peu près sur leur séant; ils arrivent en fiacre, traînés au petit pas des chevaux, et étayés par des parents, des amis, qui ont hâte d'être au bout de cette épreuve.

Des brancards les reçoivent à l'arrivée en attendant l'heure où il sera possible de les installer dans le train qui leur est spécialement affecté.....

Pauvres colis humains! Pauvres épaves que la courte science des hommes a renoncé à sauver, et qui n'ont plus d'espoir qu'en Celle qui est la Mère de la divine espérance!

Première merveille: c'est à peine si, de loin en loin, en une crise trop aiguë du mal, une plainte sort, voilée et comme honteuse d'elle-même, de cet amas de souffrances; le recueillement, la soumission d'aujourd'hui préludent à la soumission et au recueillement de là-bas. Il semble que déjà, en un murmure impondérable, en un souffle insensible, on va surprendre sur les lèvres de ces malheureux le sublime « Seigneur, guérissez les autres! » qu'ils clameront sur l'esplanade du Rosaire, au passage du Dieu-Hostie.

Contraste étonnant, ou plutôt admirable rapprochement, qui est toute une vision de fraternité chrétienne! A ces pauvres, à ces souffrants, à ces déshérités, des mères, des sœurs, des frères inconnus viennent apporter les soins les plus touchants, les plus dévoués, les plus tendres. Comme ils sont reçus avec amour, soignés jalousement, traités avec respect!

Ces anges du Pèlerinage que sont les Petites-Sœurs de l'Assomption, que les sbires de Combes et de Clemenceau n'ont pas réussi à intimider, sont à leur poste d'honneur; elles ne craignent qu'une chose ici-bas, ne pas se sacrifier suffisamment pour ces délaissés. Tout au cours de ce long voyage, dans les wagons empestés par l'infection des plaies, comme à Lourdes, elles se prodigueront à eux de jour et de nuit.

A côté d'elles, d'autres Petites-Sœurs aussi par l'âme et la charité, mais que leur vocation appelle à demeurer dans la vie ordinaire, s'attachent au même service douloureux. Simples ouvrières qui ont sacrifié le gain d'un jour de travail pour donner leur temps à des étrangers, frères ou sœurs, dont elles ignorent même le nom, ou grandes dames qui ont tenu à exercer personnellement, du premier au dernier jour du Pèlerinage, le devoir de l'assistance chrétienne, que leur acte est touchant!

Avec quelle tendresse ces mains de travailleuses ou de patriciennes essuient les pauvres fronts où l'acuité du mal fait perler la sueur! Avec quelle délicatesse, bouchée par bouchée, miette par miette, goutte par goutte, elles servent le repas-fantôme de ces infortunés à qui leurs propres mains refusent tout service! Une mère relèverait-elle plus doucement l'oreiller sous cette tête endolorie? Câlinerait-elle d'une caresse plus tendre le pauvre petit visage élimé où ne vit plus que la lueur de deux grands yeux pleins de fièvre? Renouvellerait-elle avec plus de douceur les linges souillés? Panserait-elle avec plus d'amour les plaies suppurantes?

La richesse, l'élégance et la grâce se font ainsi les servantes volontaires de la pauvreté aggravée par la maladie, même quand la maladie est repoussante et nauséabonde. Que de noms et quels noms il serait facile de citer, si toutes n'exigeaient que le leur fût voilé sous l'anonymat de la charité!

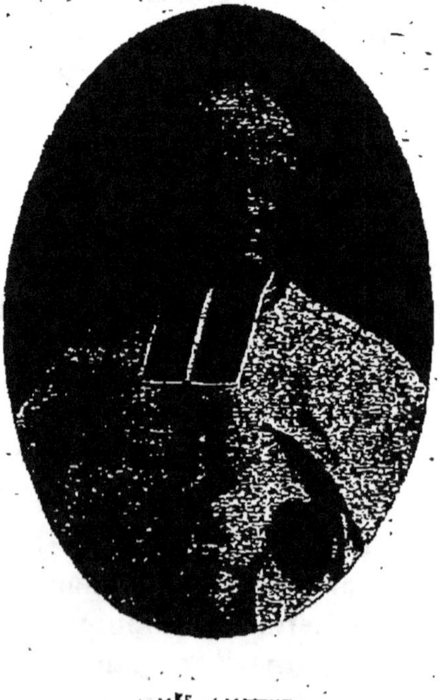

Et maintenant, que dire des brancardiers volontaires, ouvriers, employés, hommes du monde, qui, volontairement associés en une même entreprise de fraternité chrétienne, s'emploient à transporter, des quais aux wagons, ces ruines vivantes? Quelles attentions, quelle douceur de mouvements, quels soins minutieux pour que pas un cahot, pas un heurt, pas une secousse un peu brusque n'augmente la souffrance de leurs chers malades! Et quand ils les ont bien

Mgr AMETTE
archevêque de Paris.

douillettement installés, combien d'entre eux encore, comme je l'ai vu, de mes yeux vu, avec la même délicatesse que d'autres mettraient à voiler une action honteuse, laissent aux mains de ceux qu'ils ont secourus le tribut d'une générosité dont Dieu gardera le secret!

Qu'ajouter encore, sinon qu'au pèlerinage des implorants se joindra un pèlerinage des reconnaissants, et que 365 « miraculés » de Lourdes partent aujourd'hui aussi, pour porter à leur Bienfaitrice l'hommage de leur gratitude?

Avant le départ du train blanc, Mgr Amette, archevêque de Paris, avec sa bonne grâce habituelle, est allé, accompagné de son vicaire général Mgr Fages, porter à ce peuple de souffrants et de charitables ses bénédictions, ses encouragements et ses vœux.

L'arrivée à Lourdes.

Selon la tradition, ce sont les cinq trains du Midi de la France qui sont arrivés en avant-garde, dès le 19 août, et ont amené 4 000 pèlerins de Montpellier, d'Aix, de Marseille et de la Corse, ayant à leur tête NN. SS. Guillibert, de Fréjus, et Desanti, d'Ajaccio.

Le lendemain jeudi, ce fut le grand jour des arrivées : tous les autres trains du Pèlerinage, sauf celui de Paray-le-Monial, qui ne devait arriver que le vendredi, déversèrent sur la cité de Marie leurs flots de pèlerins : outre les dix de Paris, deux trains venaient d'Orléans et du Mans, et un de Blois et Tours, de Laval, de Poitiers et Angoulême, de Périgueux, de Capdenac, de Chartres, de Pithiviers, de Verdun, de Bordeaux et de Toulouse.

L'arrivée du train blanc, écrivait à la *Croix* (22 août) son même rédacteur et envoyé spécial, n'a pas offert un spectacle moins émouvant que le départ de Paris. Les malades, débarqués des wagons avec les mêmes précautions maternelles qui avaient présidé à leur installation, s'aident vaillamment, retrouvant des forces dans un sursaut de foi et d'espoir. La température extrêmement élevée a rendu leur voyage plus pénible, mais l'idée qu'ils sont à Lourdes, au but, fait tout oublier.

D'evant des milliers et des milliers de personnes reprend

PENDANT LE VOYAGE — ARRÊT A UNE GARE

alors le défilé de toutes ces misères, mettant des larmes dans bien des yeux, tant certaines de ces détresses sont affreuses. Les brancardiers, sous la conduite de leur chef infatigable, M. le marquis de Laurens-Castelet, ancien député, de M. de Lordat et d'autres vaillants, transportent ces pauvres débris d'humanité avec un respect et une charité admirables.

J'aperçois, étendue et blanche comme un cadavre, une malheureuse dont les deux jambes emmaillotées sont véritablement énormes. Elle semble n'avoir plus que le soufflé.

Les deux brancardiers qui l'emportent à travers les rues de la ville à l'hôpital des Sept-Douleurs récitent tout haut leur chapelet. La prière et le dévouement sont ici partout et de tous les instants.

Hélas! une épreuve était réservée au Pèlerinage. Le train gris, qui arrivait par Pau, fut tamponné par incurie coupable près de cette gare où il stationnait, et il y eut une dizaine de blessés. Du moins on n'eut pas de mort à déplorer, et, dans l'affliction, on rendit grâces à Notre-Dame, comme on l'avait fait le 2 juillet 1876, lorsqu'elle préserva le train du Pèlerinage niortais à Ygos, à 1 heure du matin, dans une rencontre qui eût pu être épouvantable.....

Avant toutefois de se rendre, écrivent les *Anna'es de Notre-Dame de Lourdes* (30 septembre 1908), aux hôpitaux, aux piscines ou à la gare, pour y recevoir les membres souffrants du Christ et se faire leurs charitables portefaix ou leurs infirmiers pleins de délicatesse, les Hospitaliers et les Hospitalières vinrent à la Basilique, assister au divin Sacrifice et puiser dans une communion fervente, ainsi que dans une apostolique exhortation de Mgr de Poterat, directeur général du Pèlerinage, un redoublement de générosité et de charité chrétiennes.

directeur général du Pèlerinage National.

Puis ils se dispersèrent, de droite et de gauche, pour

ne plus songer désormais qu'à se faire, selon la parole de l'Ecriture, l'œil de l'aveugle, le bras ou le pied du paralytique et du boiteux, et les charitables Samaritains des blessés de la vie.

Et il n'est pas surprenant qu'à les voir transporter ou soigner avec de maternelles précautions les malades les plus défigurés et les plus repoussants, Huysmans ait écrit ces lignes : « Il y a dans cette cité de Notre-Dame un retour aux premiers âges du christianisme, une éclosion de tendresse qui durera tant que l'on restera sous pression dans ce havre de la Vierge. Lourdes est, en somme, une principauté qui réalise, et bien au delà, les plus audacieuses chimères des philanthropes : c'est la fusion temporaire des castes. La femme du monde y panse l'ouvrière et la paysanne; le gentilhomme et le bourgeois deviennent les bêtes de trait des artisans et des rustres, et se font garçons de bains pour les servir. »

Et avec chaque arrivée la gare et les rues de la cité de Marie avaient vu s'organiser et défiler vers les hôpitaux ces touchants cortèges d'Hospitaliers traînant des voiturettes d'infirmes ou portant des grabats et des civières où gisaient de « grands malades », tout en récitant à haute voix le chapelet.

Pour la première fois alors, on vit prendre place dans ce cortège la voiture automobile de l'Hospitalité de Notre-Dame de Lourdes, grâce à laquelle une dizaine de malades peuvent être transportés à la fois, soit aux hôpitaux, soit aux piscines, soit à la Grotte, ce qui permettra à nombre de ces pauvres infirmes d'être plongés plus souvent dans l'onde miraculeuse ou transportés plus régulièrement et plus fréquemment au pied de la Grotte, objet de leurs plus ardents désirs.

Vraiment, ainsi qu'on l'a dit, Lourdes est bien « la plus grande école de charité des temps modernes ».

Ajoutons ces éloges de l'envoyé spécial de la *Croix* (même date) :

Les Hospitaliers de Notre-Dame de Salut, dont le président est M. Richard de Boysson, sont à leur poste. Le général Jacquey, député des Landes ; MM. de Pins, député du

Gers, l'amiral Mathieu, de l'Estrade, de Palaminy, le comte
Gardès, bien d'autres des plus illustres familles, se font les
serviteurs permanents des plus rebutantes infirmités.

Que dire des Dames de l'Association de Notre-Dame de
Salut, qui rivalisent avec les Sœurs pour panser les plaies,
étancher le pus qui coule, accomplir les besognes les plus
rudes et les plus écœurantes ? En vérité, de même qu'on
quitte l'air empesté des villes pour aller sur les sommets
respirer l'air pur des montagnes, il n'est rien de tel que
de venir à Lourdes pour faire
une cure de charité.

Les pèlerins bien portants
ne sont pas moins intéressants à considérer. Toute
cette foule bigarrée, à peine
sur le quai de la gare,
s'oriente où son cœur l'attire, et d'instinct le courant
se précipite vers Massa-
bieille, dans la rumeur
joyeuse de ceux qui se sou-
viennent, des autres qui
n'ont pas encore vu, et ce
sera dès lors devant la Grotte,
sous les ardeurs du soleil
ou dans le calme de la nuit,
l'incessante prière dont le

M. RICHARD DE POYSSON
président de l'Hospitalité du Salut.

murmure se mêle à l'éternel murmure du Gave, roulant
sans fin ses eaux vives aux pieds de la Vierge, et là aussi
devant ces visages tendus dans l'attitude de la supplication
et dont beaucoup portent l'empreinte de quelque peine
infiniment douloureuse, comme l'émotion surgit et comme
la prière nait spontanément sur toutes les lèvres !

La France catholique, ajoutent les *Annales de Notre-Dame
de Lourdes*, avait députe à la Reine du ciel six de ses
évêques, NN. SS. Touchet, d'Orléans ; Dubois, de Verdun ;
Guillibert, de Fréjus ; Desanti, d'Ajaccio ; Mélisson, de Blois,
et Sevin, de Châlons-sur-Marne, qui, sous la présidence de

Mgr Schœpfer, évêque de Tarbes, ont à l'envi célébré se bienfaits et imploré sa miséricorde.

D'autres prélats encore, les uns missionnaires, comme Mgr Cardot, vicaire apostolique de la Birmanie méridionale, et Mgr Guiot, vicaire apostolique des Llanos de Saint-Martin en Colombie ; les autres étrangers, comme Mgr Jara, évêque de Saint-Charles d'Ancud, au Chili ; Mgr Caric, évêque de Makarska, en Dalmatie, et Mgr Albano, évêque titulaire de Bethsaïde et ancien évêque au Brésil, ont, par leur présence, donné un incomparable éclat à ces grandes journées de notre Pèlerinage National jubilaire.

Avec quel bonheur nous avons entendu l'un de ces vénérés Pontifes s'écrier : « De semblables spectacles ne se voient qu'à Lourdes ; on ne peut rien imaginer ni de plus grandiose ni de plus consolant ! »

Les réunions du « Salut ».

Les cérémonies du Pèlerinage National avaient commencé. A la Grotte, aux piscines, dans les basiliques, la prière se poursuit ininterrompue. Le matin, et quelquefois dès minuit, les messes se succèdent à tous les autels, en nombre incalculable. Des milliers de communions sont distribuées dans les sanctuaires, et surtout à la Grotte. Le chapelet, des cantiques, des exhortations et des invocations s'entendent, partout et tout le long du jour. Des cortèges s'organisent ; on va prier sur la montagne des Espélugues, on suit la grande procession du Très Saint Sacrement, on se mêle à la procession aux flambeaux. Des nuits d'adoration se succèdent pour les différents groupes. C'est vraiment une vie intense de prière dans une chaude atmosphère de piété.

Les 1200 ou 1300 malades augmentent encore l'ardeur de ces supplications. On les porte sur leurs grabats ou dans les voitures devant la Grotte où Marie a apporté d'inénarrables espérances de salut; ils sont baignés dans l'eau miraculeuse jaillie sur son ordre; ils s'alignent devant le passage et les bénédictions du Très Saint Sacrement, prêts à surgir de leur couche et à s'élancer vers le Maître de la vie au moindre commandement qu'il fera à la maladie; et le Bureau des constatations est là, qui examinera la guérison et la publiera, à la plus grande gloire de Notre-Seigneur et de sa divine Mère.

Dans la foule circulent les « miraculés », témoignages vivants de reconnaissance, signes d'espoir pour les malades; on les reconnaît à leur insigne spécial. Ils prient avec ardeur pour la guérison des malades, afin que leur grandiose manifestation du 23 août soit accrue de nouveaux guéris et de nouvelles actions de grâces.

Mᵍʳ TOUCHET
évêque d'Orléans.

Le samedi 22 fut la journée spéciale du « Salut ». L'Association, inspiratrice et ouvrière de cette grande œuvre du Pèlerinage National, avait, le matin, dans la résidence des chapelains, une réunion de son Conseil et de ses Comités diocésains, présidée par son directeur général; on y fit la revue des efforts et des résultats de l'année, et l'on s'encouragea à mieux faire. Le soir, à 2 heures, dans l'église du Rosaire, la voix éloquente de Mgr Touchet, évêque d'Orléans, donnait un émouvant discours en faveur de l'Association. La *Croix* l'analyse ainsi :

L'Œuvre de Notre-Dame de Salut prit naissance au lendemain de nos désastres de 1870 et des atroces convulsions de la Commune. Des hommes qui avaient le sens profond du mal, de ses causes et de ses remèdes, Mgr de Ségur, les PP. Picard et Bailly, d'autres encore, voulurent réagir contre les doctrines qui ravageaient la masse populaire et qu'avaient développées la mauvaise presse, les livres, les réunions, et aussi la misère, qui fut l'excuse commune.

A chacun de ces maux, ces intrépides apôtres surent opposer son antidote : création de bons journaux, cercles, patronages, conférences sociales,. etc., toutes œuvres qui ont sauvé bien des âmes; aussi le nom de Notre-Dame de Salut trouve-t-il ici merveilleusement son application.

La Vierge fut toujours le salut dans l'histoire de l'Eglise comme dans celle de la France; en attirant les foules à Lourdes, l'Œuvre de Notre-Dame de Salut ne fait que répondre à ses désirs, et le magnifique essor de la prière nationale à la Grotte nous autorise à compter une fois de plus sur le relèvement définitif de notre pays.

Après avoir évoqué l'image de Jeanne d'Arc sauvant la France sur le point de périr, l'éminent orateur convie tous ses auditeurs à se faire, eux aussi, apôtres pour aider au salut de la France. De frénétiques applaudissements, qui ont, à diverses reprises, couvert sa voix, accueillent aussi sa conclusion : « Lourdes, qui est par excellence la terre du miracle, reste au milieu de nos angoisses patriotiques comme une suprême lueur d'espérance et de salut. » (1)

La grande journée.

Le lendemain, dimanche 23 août, doit être le grand jour de l'action de grâces.

---

(1) Ce magnifique discours a été reproduit *in extenso* dans le *Bulletin de Notre-Dame de Salut* (septembre 1908).

Le ciel, qui avait été maussade et pluvieux les jours précédents, prend lui-même un air de fête; la pluie cesse, la température, de lourde et suffocante, devient chaude et douce, et le soleil, à travers les nuages blancs, lance quelques rayons ardents, pour réjouir les yeux plus que pour incommoder. Ce sera, comme on l'a dit, une « vraie journée de paradis ».

Il est 9 heures. Rendez-vous était donné aux « miraculés » à la porte principale de la monumentale résidence des chapelains; ils y sont fidèles. C'est là qu'on constate leur identité, qu'on leur délivre la blanche bannière du Jubilé et que s'organise leur procession.

Procession des « miraculés »

Ils s'avancent, en rangs serrés, précédés et entourés de brancardiers, dirigés par les directeurs des trains du Pèlerinage National qui ont préparé pendant plusieurs mois cette grandiose et inoubliable manifestation. C'est un cortège sans pareil.

Ce flot de bannières blanches agitées par la brise semble sur la pente une cascade d'eaux écumeuses. En tête est portée celle qui fut offerte en 1907 par Mme la comtesse de La Selle, en reconnaissance de la guérison de l'un de ses fils. Sur sa moire blanche, se détachent, en caractères gothiques, ces mots : « *Nous étions malades, Marie a supplié, et nous avons été guéris.* »

Après avoir longé la Basilique supérieure, les « miraculés » descendent la rampe droite pour se rendre sur le parvis du Rosaire, où doit être chantée, en plein air, la messe pontificale.

Au premier rang, marche celui que, le 28 février 1858,

Phot. Cazenave.

DÉBUT DE LA PROCESSION DES « MIRACULÉS »

sa mère, Croisine Duconte, femme Bouhohorts, plongea dans l'eau miraculeuse, et vit instantanément revenir à la santé.

C'est Justin Bouhohorts, de Lourdes, écrit la *Voix de Lourdes* (28 août). C'est le doyen des miraculés! Il y a cinquante ans, une Lourdaise, mère d'un enfant âgé de deux ans, était au désespoir; son enfant se mourait. Pleine de

LE DÉFILÉ DES « MIRACULÉS » SUR LA RAMPE DU ROSAIRE, LE 23 AOUT 1908

confiance, elle se rend à la Grotte et plonge, par trois fois, son pauvre petit dans l'eau de la source découverte par Bernadette. Et l'enfant revient à la santé. Cet enfant, c'est Bouhohorts. C'est lui qui, doyen des miraculés, puisque Louis Bouriette et Blaisette Soupène sont décédés, tient, tête droite, la première place.

D'autres méritent aussi une mention :

Voici Gargam, écrit la *Croix*, l'écrasé du chemin de fer dont les arrêts de justice ont authentifié en même temps le désastre et la résurrection, et Aurélie Huprelle, guérie subitement, il y a treize ans, d'une phtisie pulmonaire au dernier degré. Voici Mme François, la cancéreuse, guérie il y a neuf ans, à qui les médecins voulaient à toute force couper le bras et dont les yeux avaient subi dix-sept opérations chirurgicales, et Marie Lebranchu, celle qui crachait ses poumons et dont le mal disparut instantanément en 1892, celle-là dont Zola, présent, dut reconnaître la parfaite guérison, ce qui ne l'empêchait pas ensuite de la faire mourir de son mal dans le roman où il l'appelle la Grivotte.

Puis François Le Creurer, un Breton de trente-six ans, à qui Marie a rendu la vue, et Yvonne Corlieu, dont les médecins avaient dit qu'elle ne marcherait jamais et dont les membres furent redressés dans la piscine; Marie Martineau, radicalement délivrée après vingt-sept ans de crises affreuses d'hystérie épileptique qui, depuis, donne sa vie aux malades atteints du même mal; Louise Vergnac, dont un pied avait été amputé et à qui les médecins voulaient enlever l'autre, disant que sans cela elle mourrait.

Voici un humble Capucin, le P. Salvator, mourant d'une péritonite tuberculeuse à son entrée dans la piscine et en sortant sauf sans conserver la moindre trace de son mal, et une religieuse de Saint-François, garde-malade, pouvant à peine se mouvoir depuis douze ans, instantanément guérie à la piscine, mais se refusant à laisser en *ex-voto* à la Grotte son appareil devenu inutile, parce que son vœu de pauvreté l'obligeait de le remporter à sa supérieure. J'imagine que la Sainte Vierge, bonne Mère, dut affectueusement sourire de cette fidélité à la règle, et l'appareil est revenu à la Grotte.

Je ne puis les citer tous, mais combien impressionnante cette théorie d'hommes, de femmes, d'enfants, portant tous au front le signe lumineux du miracle et acclamant celle qui usa envers eux d'une telle miséricorde ! Quel *Magnificat* sort, à cette vue, de tous les cœurs, et si les larmes aussi sont des prières, combien il en a été ici versé d'éloquentes, en entendant chacun d'eux reprendre à son tour pour lui-même la parole de l'aveugle-né : « J'étais mourant, je me suis baigné, je suis guéri ! »

La messe d'actions de grâces.

La messe pontificale est célébrée, avec ses rites grandioses, par Mᵍʳ Sevin, évêque de Châlons, en présence des évêques, devant le groupe imposant des « miraculés, » un nombreux clergé et près de 70 000 fidèles remplissant toute l'esplanade ou échelonnés sur les rampes et la montagne. C'est un spectacle magnifique.

Sous la voûte azurée du ciel, striée çà et là de nuages opaques d'où sortent de temps en temps les flèches d'or du soleil, encadrée par ces splendeurs de la nature que sont la montagne et le Gave, la verdure et le flot grondant, devant la magnificence architecturale des basiliques et des rampes, le portail du Rosaire au-dessus de l'autel s'illuminant électriquement de feux multicolores, — la cérémonie à laquelle participe cette foule innombrable est unique au monde.

Les chants, écrivent les *Annales de Lourdes* (30 septembre), sont à tour de rôle exécutés, tantôt par l'immense chœur de prêtres qui se presse derrière les prélats, tantôt par la foule des pèlerins. Qui n'a pas vu cette multitude, qui n'a pas entendu son *Kyrie*, son *Gloria* et son *Credo* d'une puissance à nulle autre égale, ne peut se faire une idée de cet office d'une incomparable majesté.

Les « miraculés » forment comme une couronne au Christ-Roi descendu sur l'autel à la voix du Pontife, rangés qu'ils sont sur les deux escaliers qui encadrent l'entrée du Rosaire. Et de l'ensemble de leurs bannières on dirait une auréole virginale comme aucun triomphateur n'en eut jamais sur la terre.....

Le sacrifice s'achève, et tous les évêques, se joignant au célébrant, donnent en même temps au peuple une solennelle bénédiction.

Discours de Mgr Schœpfer.

Puis Mgr Schœpfer monte sur l'ambon en velours rouge dressé au bord du parvis et prononce un émouvant discours, dont le *Journal de la Grotte* a donné, dit-il, « une pâle et imparfaite reconstitution ».

La majesté de l'assemblée épiscopale, ce collège apostolique réuni sous les auspices de Notre-Dame de Lourdes, monte avec ma faiblesse dans cette chaire, et, par sa présence, plus éloquente que toute parole, donne à cette fête tout son éclat.

Les choses, d'ailleurs, parlent d'elles-mêmes: cette assemblée unique, ce peuple chrétien massé sous nos regards, ces sanctuaires qui semblent s'entasser les uns sur les autres comme des degrés conduisant au ciel, la Grotte qui rayonne à nos yeux, bien qu'elle soit invisible à nos regards, cinquante ans de foi et de prodiges opérés ici, ah! de quelle émotion ces choses-là ne saisissent-elles pas nos âmes réunies en une seule âme pour glorifier Dieu dans la Vierge Immaculée!

Mais, puisque je dois prêter ma voix à cette assemblée unique au monde, je veux, du moins, me borner à citer

Phot. Viron.

L'A MESSE PONTIFICALE DU 23 AOUT 1908 SUR LE PARVIS DU ROSAIRE

une parole de Notre-Seigneur Jésus-Christ, la dernière que le Fils de Dieu ait prononcée avant de monter au ciel. Et bien que cette parole s'adresse principalement aux apôtres et, dans leur personne, aux Papes et aux évêques, il me sera bien permis de dire qu'elle s'applique à vous tous, et d'une manière spéciale aux « miraculés » qui se dressent devant nous comme les monuments vivants de la puissance et de la bonté de la Vierge Immaculée. *Eritis mihi testes. Vous serez mes témoins jusqu'aux extrémités de la terre.*

Vous serez mes témoins! Dites-moi, mes bien chers frères, cette parole ne traduit-elle pas les sentiments que vous éprouvez en regardant ces blanches bannières qui frémissent au souffle de la brise, mais moins doucement que vos cœurs? Oui, les « miraculés » de Lourdes sont les témoins de Jésus-Christ, les témoins de la Vierge Immaculée, les témoins de l'Eglise, les témoins du Pape, les témoins de la France.

Ils sont les témoins de Notre-Seigneur, de sa puissance, puisqu'il est maître des lois de la nature, et de sa bonté, puisqu'il vient ainsi au secours de sa créature; ils sont les témoins de Marie, de la réalité de ses apparitions, puisqu'ils ont été guéris ici, et de sa maternelle compassion, puisque c'est par son intermédiaire qu'ils ont recouvré la santé; ils sont les témoins de l'Eglise, en manifestant sa charité envers les plus délaissés de ses fils et en prouvant sa vitalité par d'aussi splendides manifestations.

En traits émouvants, ils montrent que l'Eglise est vraiment notre Mère. Son cœur de Mère se traduit, en effet, à Lourdes, par l'admirable charité dont les malades y sont l'objet, et je suis heureux de redire ce que tant de fois l'on a proclamé avec plus d'éloquence, à savoir que jamais, à aucune époque, l'on n'a vu semblable effloraison de la charité. C'est le cœur de l'Eglise qui fait battre le cœur des brancardiers, des dames infirmières, des hospitaliers et de tous ceux qui, à Lourdes, servent les malades.

DISCOURS DE Mgr SCHŒPFER SUR LE PARVIS DU ROSAIRE, LE 23 AOUT 1908

Ils sont les témoins du Pape, car ils rappellent la bienveillance et les faveurs de Pie IX, de Léon XIII et de Pie X pour Lourdes et son pèlerinage ; ils sont enfin les témoins de la France, attestant au monde entier que Marie aime notre pays et que nous aimons Marie, et que, par conséquent, nous devons espérer et avoir foi en l'avenir : ce que la Sainte Vierge a fait pour eux, elle le fera pour la France.....

Pour formuler une conclusion, je ferai appel à un témoin misérable jusqu'au néant, témoin muet, mais que je ne puis regarder sans que mon cœur s'émeuve jusque dans ses fibres les plus intimes. Ce témoin, le voici. C'est le chapelet de Bernadette, le chapelet que la Vierge Immaculée regardait, et sans doute avec amour, entre les mains de la douce et pieuse voyante. Et que nous dit ce témoin ? Il nous dit : « Priez, allez à Jésus, par Marie, par le Rosaire, c'est le vrai chemin du ciel..... »

A la Grotte.

Dès que le Pontife est descendu de chaire, la procession s'organise vers la Grotte. Le groupe des « miraculés » ouvre la marche, suivi de NN. SS. les évêques et d'une partie de la foule, et vient se masser dans l'enceinte où ils ont, jadis, souffert et prié.....

Mgr l'évêque de Tarbes leur suggère encore une parole de joie et de reconnaissance, et les fait prier pour le Pape, pour la France, pour les malades et les blessés. Puis M. le chanoine Ozon, supérieur des Chapelains, lit à haute voix, comme consécration, la *Prière à Notre-Dame de Lourdes*, composée par Mgr Schœpfer et enrichie d'indulgences.

Une dernière bénédiction des évêques termine cette émouvante cérémonie du matin.

LA BÉNÉDICTION DES ÉVÊQUES A LA GROTTE, LE 23 AOUT 1908

La cérémonie du soir.

A 2 heures 1/2, et dans le même ordre, la procession des « miraculés » descend de la résidence des Chapelains, par les lacets Peyramale, jusqu'à la Grotte, au son joyeux du carillon de la Basilique.

Les évêques prennent place devant la grille, sur des stalles de peluche blanche frangée d'or, et les bannières se tassent au même endroit que le matin.

La foule a envahi tous les espaces libres; c'est un océan de têtes, s'étendant aussi loin que la vue.....

En prévision de la longue durée de la procession eucharistique, on ne chante des vêpres que l'*Ave Maris stella* et le *Magnificat*.

Discours de M⁹ʳ Dubois.

Puis M⁹ʳ Dubois, évêque de Verdun, adresse aux héros de la fête une admirable allocution :

Où sommes-nous donc, mes Frères ? En Palestine, au temps où Jésus, suivi de foules immenses, parcourait les villes et les campagnes, *curans omnem languorem et omnem infirmitatem in populo*, ou bien en France, sur cette terre foulée par les pieds de la Vierge Marie et aujourd'hui témoin des mêmes prodiges que jadis la Terre Sainte?

La confusion serait possible, facile même, en contemplant ce spectacle : les malades guéris et la foule assemblée autour d'eux, en entendant ces chants d'action de grâces; en admirant la charité de ceux qui ont prêté leur généreux concours pour abriter ici et soigner, pour porter devant cette Grotte et plonger dans l'eau miraculeuse leurs frères et leurs sœurs infirmes. C'est bien ici, comme là-bas, la terre des prodiges; Jésus les multipliait à son passage; il renouvelle à Lourdes, pour la gloire de la Très Sainte Vierge et par elle, les mêmes merveilles.

L'éminent orateur prouve la possibilité et la réalité des miracles, ceux de Lourdes en particulier, examinés et constatés avec une si rigoureuse sévérité ; il félicite les guéris d'être venus remercier :

Il était bon, il était juste que cette terre, où vous avez peut-être versé des larmes, qui, en tout cas, porta un jour vos faibles corps visités par la souffrance, fût témoin de votre reconnaissance et retentît de vos chants de joie: *Alleluia!* C'est votre résurrection vraiment que vous célébrez ici et que nous célébrons avec vous. Si vous n'êtes pas passés de la mort à la vie, vous avez, du moins, échangé ici une vie corporelle languissante ou défaillante pour une vie plus pleine et plus active : *Alleluia!* Gloire à Dieu et gloire à Marie !

Cet hommage délicat est ensuite rendu aux Hospitalités :

La charité à Lourdes, quel merveilleux tableau et quelle réconfortante vision! Notre-Dame de Lourdes et Notre-Dame de Salut : deux associations admirables! Sous ce double vocable, sous le même patronage de la Vierge Marie, s'abritent des dévouements incomparables.

Honneur et merci aux Souverains Pontifes qui les ont bénis, aux évêques du monde catholique, aux évêques de France et spécialement aux évêques de Tarbes qui les ont encouragés et soutenus. Honneur au digne curé de Lourdes, Mᵉʳ Peyramale, qui tant les a secondés. Honneur aux vénérés

Mᵉʳ DUBOIS
évêque de Verdun.

disparus qui les ont provoqués, groupés, dirigés, multipliés; honneur à leurs fils qui les animent de leur foi, de leur zèle apostolique, de leur ardent amour pour ce cher sanctuaire.

Je salue les membres de l'Hospitalité : nobles et pieuses servantes, généreux serviteurs des malades. Ils renouvellent à notre époque, et dans des conditions plus pénibles, les merveilles des Frères hospitaliers du moyen âge. Ils ouvrent aux malades des abris, des hôpitaux, mieux que cela, ils leur ouvrent leurs cœurs pour les aimer, les consoler. Ils les servent comme les membres souffrants de Jésus-Christ. Il leur sera doux d'entendre un jour la parole du Maître : « J'avais faim, et vous m'avez donné à manger; j'avais soif, et vous m'avez donné à boire; j'étais sans asile, et vous m'avez recueilli ; j'étais sans vêtement, et vous m'avez revêtu; j'étais malade, et vous m'avez visité..... »

C'est bien tout cela que vous faites, pieux et nobles serviteurs des malades de Lourdes. Vous estimez votre tâche ce qu'elle est en réalité, une tâche tout évangélique et toute sainte. Elle vous impose des sacrifices; elle vous élève aussi. Et Dieu la bénit, en se montrant souvent miséricordieux pour ceux envers qui vous-mêmes exercez si bien la miséricorde. Sur les chemins qui mènent de l'Hospitalité, des Hôtels-Dieu à la Grotte ou à l'esplanade, aux piscines et dans les rues de la ville, je salue aussi l'armée disciplinée, charitable, dévouée, des brancardiers. Les malades ne sauraient venir à Jésus, à Marie, ils les y amèneront, conduiront, porteront..... Eux aussi se font leurs serviteurs.

Ce sont là, vraiment, des scènes renouvelées de l'Evangile. Et quoi d'étonnant, puisque aussi bien ici toutes les vertus évangéliques croissent et s'épanouissent à profusion? Partout où Jésus entrait, dit saint Marc, on lui apportait des malades sur la place publique, et on le priait qu'ils pussent au moins toucher la frange de son vêtement. Ailleurs, nous voyons les « brancardiers » d'alors enlever la toiture d'une maison où se trouvait Jésus, pour déposer à ses pieds un paralytique.

Voilà vos devanciers, Messieurs; comme vous, ils avaient la joie de voir des miracles et de bénir le Sauveur. Vous

donnez aux pauvres malades et votre temps et vos forces :
ce temps, laissez-moi vous le dire, est celui de votre vie qui
sera le mieux employé, ces forces aussi, dépensées au service de Dieu, sont un sacrifice agréable à celui qui, pour
vous sauver, a donné sa vie et jusqu'à la dernière goutte de
son sang.

Et le prélat termine par ce cri :

Ici, au pied de cette Grotte bénie, nous assistons vraiment
au triomphe de la foi et de la charité. C'est la foi qui chante
les merveilles de Lourdes ; c'est la charité qui les provoque
et les réalise ; c'est elle aussi — la charité des âmes recon-
naissantes — qui en remercie la divine Dispensatrice.
Heureux témoins de la puissance de Marie, chantez à plein
cœur vos actions de grâces, chantez vos *Te Deum* et vos
Magnificat! Encore une fois, gloire à Dieu et gloire à Marie
Immaculée, à Notre-Dame de Lourdes !

La procession eucharistique.

La procession qui suivit ne se peut décrire. Le
temps est à souhait : ni la pluie des jours précédents,
ni l'ardeur d'un soleil torride ; une atmosphère attiédie,
et comme mystérieuse.....

Près de 80 000 fidèles se pressent partout, sur l'esplanade, sur les rampes, sur le bord du Gave, sur les
flancs des Espélugues, sur les routes voisines, aux
balcons des hôtels, au sommet du château fort.

Le cortège part de la Grotte : noëlistes en tête,
200 au moins avec 30 bannières, qui vont s'étager sur
les escaliers du Rosaire ; puis le bataillon des « miraculés » qui se masse en rectangle, dans l'espace vide,
au centre de la place, spectacle émouvant et encoura-
geant offert aux malades rangés sur les côtés. Ils sont
précédés des présidents de l'Hospitalité de Notre-
Dame de Salut et de celle de Lourdes, et sont suivis

d'un groupe de brancardiers et d'hospitaliers, et d'une soixantaine de médecins ayant suivi les travaux du Bureau des constatations, et marchant, tête nue, cierge en main, à la suite des Drs Boissarie et Desplats.

5 à 6 000 hommes, 2 000 prêtres, de nombreux chanoines et prélats, tous avec un cierge allumé, précédent le dais du cinquantenaire, que soutiennent M. le Dr Aussillon, chirurgien chef de l'hôpital de Narbonne, M. le Dr Guinier, professeur agrégé de la Faculté de médecine de Montpellier, et deux dignitaires de l'Hospitalité de Notre-Dame de Salut. Le lieutenant-colonel de Saint-Remy devait tenir l'ombrellino pour la bénédiction des malades.

C'est Mgr Touchet qui porte le Très Saint Sacrement que suivent NN. SS. Schœpfer, Jara, Caric, Albano, Guillibert, Desanti et Mélisson.

Lorsque, après avoir longé l'esplanade et atteint le Calvaire breton, la procession revient vers la Vierge couronnée, d'où s'étend, à droite et à gauche, la triple et quadruple rangée des 1 200 malades, les acclamations au Dieu de l'Eucharistie sont lancées à la foule qui les répète par M. l'abbé Husson, du diocèse de Verdun, et par Mgr Dubois lui-même.

Oh! écrivent les *Annales de Lourdes*, avec quelle puissance, quel amour et quelle confiance retentirent alors ces cris de foi et de supplication : « Seigneur, si vous le voulez, vous pouvez me guérir! Vous êtes la résurrection et la vie! Seigneur, celui que vous aimez est malade! » Et quel frémissement parcourut tout notre être quand, la foule répétant : « Seigneur, faites que je marche! Seigneur, faites que j'entende! Seigneur, faites que je voie! » les flancs de la montagne et la façade du Rosaire nous renvoyaient l'écho : « Que je marche! Que j'entende! Que je voie! »

Mais ce qui surtout défie toute description, c'est l'émotion qui s'empara de la multitude quand, à ce cri : « Vous êtes la résurrection et la vie ! » une malade se leva guérie ! Formidables furent alors les *Hosanna* qui montèrent vers le ciel et les *Parce, Domine*, qui leur succédèrent.

Après avoir ainsi, de-ci, de-là, semé la guérison sur ses pas, Jésus-Hostie, porté par le Pontife, s'achemina vers le parvis du Rosaire. A son approche, la phalange des « miraculés », massée au milieu de la place, se rangea des deux côtés de l'allée centrale, et ce fut entre cette avenue triomphale que Jésus passa, tandis que, s'inclinant vers lui, les blanches bannières, toutes frémissantes, venaient frôler, comme pour le baiser, le pied de l'ostensoir d'où, naguère, une vertu était sortie pour guérir ceux qui les tenaient en main.

Le *Tantum ergo* est ensuite chanté avec une grande ferveur, et une dernière fois la bénédiction du Saint-Sacrement fut donnée à la foule. Puis, d'une voix forte, Mgr Schœpfer entonne le *Te Deum*, « le plus beau que Lourdes et sans doute la terre entière aient jamais entendu ».

Et, ajoutent les *Annales de Lourdes*, comme pour affirmer sa puissance et réclamer de nouveaux titres à nos hommages, tandis que 70 000 poitrines proclamaient sa gloire : *Pleni sunt cœli et terra majestatis gloriæ tuæ, Tu rex gloriæ, Christe, Tu ad dexteram Dei sedes in gloria Patris*, trois fois, au pied de l'Hostie sainte encore tenue devant nos yeux par Mgr Touchet, des malades se levèrent de leurs couches..... Pour eux, s'était réalisée la prière finale du cantique de l'action de grâces : *Fiat misericordia tua, Domine, super nos, quemadmodum speravimus in te.*

On a compté jusqu'à sept cas de guérisons pendant cette inoubliable procession eucharistique.

Les invocations, dit un témoin dans la *Croix de la Marne* (30 août), montent vers le ciel, poussées par 50, 60,

70 000 poitrines. Sept fois, un effluve divin pénètre l'un ou l'autre de ces infirmes que le mal tenait terrassé, et soudainement rétablit son organisme. L'un d'eux surtout, un homme, exprime bruyamment sa joie et sa reconnaissance, soulevant les acclamations de la foule. Cette journée des « miraculés » fut à vrai dire la journée des miracles. On en compte 29, dont 22 aux piscines. C'est la réponse de Marie à tous ses enfants venus si nombreux aux fêtes jubilaires de ses apparitions.

Après la bénédiction, écrit de son côté la *Semaine religieuse de Perpignan* (30 août), passent devant nous, se dirigeant vers le Bureau des constatations, les malades guéris. La première a les pieds encore enveloppés de ouate : elle marche parfaitement; la seconde, nous crie en passant Mgr Mélisson, fut administrée tout à l'heure; la troisième avait une tumeur au ventre; le quatrième, un jeune homme, tient ses béquilles en l'air; suivent deux petites filles. L'enthousiasme est indescriptible......

L'apothéose de la nuit.

La journée eut son apothéose triomphale, par l'embrasement de la ville et des sanctuaires.

La Basilique et les alentours sont admirablement illuminés, ainsi que le vieux château fort dont les lignes de feu dessinent tous les contours et auquel des feux de bengale donnent un aspect féerique en même temps qu'éclatent des salves d'artillerie. Un grand nombre d'édifices et de maisons de la ville sont également décorés et illuminés, plusieurs avec un remarquable sens esthétique et un grand sentiment religieux. L'immense croix érigée au sommet du grand Jer resplendit à mille mètres dans les nues.

Près de 60 000 personnes prennent part à la procession aux flambeaux, dont Mgr Sevin a décrit par avance l'incomparable spectacle, dans sa lettre pasto-

L'ILLUMINATION DE LA NUIT

rale du 20 juillet 1908 sur le Jubilé des apparitions :

Sous le dôme bleu du ciel obscurci, les sommets des Pyrénées voisines des montagnes saintes deviennent vermeils; la Grotte jette, à travers les arbres assombris par le soir, les mille reflets des gerbes de feu qui s'y consument et se peignent dans les remous du Gave. En un clin d'œil les rocs de Massabieille s'embrasent avec les sanctuaires qui les couvrent. Sur chaque nervure des basiliques court un filigrane étincelant, sur chaque pierre s'épanouit une fleur d'or ou d'azur, de pourpre ou d'émeraude. Le large dôme du Rosaire se couronne de diadèmes de flammes superposées, tandis que plus haut l'église de l'Immaculée Conception emplit l'horizon de son sillage éblouissant. Le monogramme de Notre-Dame de Lourdes rutile en gemmes diaprées au sommet de la tour, dont la flèche est baignée de rayons électriques qui semblent vibrer et frémir.

La statue de la Vierge du couronnement s'élève au milieu de l'hémicycle du Rosaire, radieuse comme une constellation du ciel. Le parterre qui l'entoure est bordé de feux mouvants; le chiffre qui en décore le socle est serti de pierreries, dont les braises flamboient. Les fleurs de bronze qui courbent leurs tiges sous les pieds de Marie prennent toutes les couleurs de la vie. Sur la tête de la Vierge, s'allume une couronne d'étoiles incandescentes, et sur ses épaules ruissellent de telles splendeurs qu'on la dirait vêtue du soleil : *Mulier amicta sole.*

A travers ces magnificences, les longues files de pèlerins vont chantant l'*Ave Maria*, et portant à la main des flambeaux multicolores. Quand ils gravissent les pentes du Rosaire, forment mille replis sur l'esplanade du Rosaire, on croirait voir rouler une immense vague dont chaque crête est frangée de myriades d'étincelles.

A la fin de la procession les évêques donnent, du parvis du Rosaire, une dernière bénédiction et le *Magnificat* est chanté. Les départs s'effectuant dès le lendemain, le Pèlerinage National du Jubilé s'achève donc à Lourdes, ce soir, en cette apothéose.....

CHAPITRE V

Les grâces du Pèlerinage.

Le surnaturel à Lourdes.

Les anges seuls pourraient énumérer dignement et complètement les grâces que Notre-Dame a obtenues à ses dévots pèlerins. C'est en effet l'histoire intime des âmes, et ses plus merveilleux épisodes restent leur secret et celui du ciel. Il y a des grâces de sanctification personnelle et des grâces de zèle et d'apostolat; il y a des grâces de conversion et des grâces de guérison corporelle. L'ensemble demeure caché; néanmoins quelques reflets transparaissent çà et là, ravissant d'émotion et de pieux enthousiasme ceux qui en furent les témoins.

C'est à ces témoins que nous faisons appel pour montrer quelque chose — et le moins mal possible — de ces merveilles du surnaturel à Lourdes.

Le premier miracle,

Mᵍʳ GUILLIBERT
évêque de Fréjus.

affirme Mgr Guillibert dans sa lettre du 4 août 1908 à ses diocésains de Fréjus, c'est ce Pèlerinage National venant représenter la France et prier pour elle devant la Grotte.

Il y a cinquante ans, la Vierge demanda à la timide enfant des foules en procession. Ce sont des armées de croyants qui de tout l'univers s'ébranlèrent et accoururent à sa Grotte. Le plus éclatant des miracles, n'est-ce pas celui-là?

Mais que parlons-nous de miracles? Il en est un encore plus important que cette affluence inouïe dans l'histoire et que les innombrables guérisons qui, chaque année, signalent la foi de tant de malades et la miséricordieuse intervention de Marie. La grande malade qui va à Lourdes, cette année du Cinquantenaire, chercher un remède à ses maux, c'est la France. Car c'est par millions qu'il faudra compter, en 1908, les Français accourus à Lourdes, et combien de parents, d'amis, représente aux pieds de la Vierge de Massabieille chaque pèlerin?

Grâces de sanctification personnelle.

Les pèlerins qui sont venus à Lourdes dans un grand esprit de foi ont tout d'abord cette grâce précieuse de trouver là l'occasion de se sanctifier davantage. Dans ce qu'ils voient, ils trouvent des leçons pour eux-mêmes; ils ont l'exemple et prennent le goût d'une piété plus forte et plus virile, qui se manifeste par le recueillement, la prière et surtout la communion et l'adoration du Très Saint Sacrement.

J'arrive de Lourdes, écrit « un ligueur » dans la *Croix des Landes* (30 août), et, dans les rangs des brancardiers, j'ai pris part à ce Pèlerinage National, si beau, si touchant chaque année, mais plus émouvant, plus splendide, plus consolant que jamais en cette année du Cinquantenaire qui attire tous les jours des foules immenses sur cette terre bénie — miracle incessamment renouvelé qui atteste la

puissance de l'idée religieuse et remue les cœurs les plus
insensibles, emportés malgré eux dans cet élan de foi qui
souleva ces multitudes croyantes et les jette, suppliantes,
aux pieds de Marie Immaculée.

Spectacle inoubliable pour ceux qui ont eu le bonheur
d'en être témoins, mais qui ne doit point rester dans leur
mémoire comme un simple souvenir. Et ceux mêmes qui en

LES MALADES DEVANT LE ROSAIRE (1906)

ont simplement lu le récit dans les journaux en peuvent
tirer un fruit en s'associant, par la prière et par l'action,
aux grands enseignements que portent en elles ces grandioses manifestations. Ils seraient, en effet, stériles, ces
Pèlerinages, si nous n'en revenions point, tous, avec la
résolution bien arrêtée de mettre nos actes d'accord avec
nos principes et d'affirmer par la pratique, à tous les instants
de notre vie, la sincérité de nos convictions chrétiennes.

Pour bien goûter le spectacle qui s'offre, écrit à son tour M. Guy de Cassagnac dans l'*Autorité* (25 août), il faut savoir se libérer soi-même des misérables contingences qui sont le bagage ordinaire du voyageur, et balayer la critique, comme on abattrait la tête d'un chardon, avec le bâton du pèlerin.....

Sinon, l'on demeure fermé au sublime qui se déroule: on écoute et l'on n'entend point, on regarde et l'on ne voit pas. Il faut se jeter à corps perdu dans la foule comme on se jetterait dans la piscine pour être guéri. Il faut lui emprunter, à cette foule, son âme d'enfant, et n'être plus, parmi ses anneaux mouvants, qu'un fétu emporté par le courant mystique.

Eh bien, je dois dire que peu d'heures passées à Lourdes m'ont touché autant que celles du Pèlerinage National qui vient de prendre fin. Et j'ajoute que, pour obtenir cette sensation poignante que j'y venais chercher sans être certain de l'y trouver, l'on n'avait pas besoin, cette fois, d'un grand effort.

Est-ce le fait de la situation nouvelle? de la persécution déchaînée? des temps où nous vivons? Je ne sais; mais il est bien certain que jamais on ne vit, à Lourdes, foule plus ardente et plus recueillie, organisation plus conforme et plus dépouillée de l'appareil ostentatoire.....

Pendant quatre jours et quatre nuits sans interruption, écrit « le Solitaire » dans la *Croix de Touraine* (30 août), les basiliques n'ont cessé d'être débordantes de fidèles venus à Lourdes en véritables pèlerins de pénitence, car beaucoup n'ont pas de gîte pour la nuit et sont condamnés à des stations prolongées avant de pouvoir satisfaire leur piété.

Un spectateur transporté tout d'un coup d'un milieu indifférent où les églises se vident, reste frappé de stupéfaction de voir se concentrer à Lourdes tous les efforts prodigieux déterminés par le besoin inné de la religion qui obtient la trêve de tous les plaisirs, de tous les intérêts humains, de toutes les passions, au seul profit des âmes. Lourdes reconstitue une société chrétienne toute conquise au surnaturel.

Le culte de la Sainte Eucharistie est une des caractéristiques de Lourdes :

Trois mille prêtres environ sont présents, et les messes commencent au milieu de la nuit pour s'achever vers 11 heures du matin; devant chaque autel cinq ou six ecclésiastiques, toujours renouvelés, attendent leur tour. Au maître-autel de chacune des trois églises deux prêtres donnent constamment la sainte communion; à la Grotte, ils sont trois, et le défilé dure des heures sans arrêt : on ne peut douter de l'effet produit par le décret de S. S. Pie X sur la communion fréquente lorsqu'on voit au National 40 à 50 000 catholiques de tout rang, de tout âge, s'approcher chaque jour de la sainte Table. (*Annales de la Jeunesse catholique*, 16 septembre.)

Dans aucune église on ne voit tant d'autels, on ne dit tant de messes, on ne donne tant de communions que dans cette chapelle que Marie a demandée. « A Jésus par Marie… » A Lourdes surtout! (*Semaine religieuse de Verdun*, 19 septembre.)

A Lourdes, on prie, on se confesse, on communie; non seulement les femmes et les enfants, mais les hommes, les jeunes gens, les pères de famille : soldats, industriels, agriculteurs, députés, professeurs, journalistes, confondus dans la plus émouvante fraternité. A Lourdes aussi on affiche ses convictions. On chante le *Credo* catholique sans aucune attention au modernisme. On n'est point scandalisé non plus de s'entendre rappeler, avec une vigueur tout apostolique, les grands et essentiels devoirs de la vie catholique; et ces devoirs, beaucoup reprennent la résolution, qu'ils tiendront, de les mieux remplir. (*Croix de la Haute-Marne*, 27 août.)

Il y a, à Lourdes, quelque chose de plus merveilleux, de plus intime, de plus émouvant, j'allais dire de plus divin : c'est l'adoration nocturne. 4 000 hommes ont passé la nuit — je devrais dire les nuits, car la plupart l'ont fait — en adoration devant le Saint Sacrement. Là, se détachant de toutes les idées personnelles, de tous les égoïsmes, de tous les intérêts terrestres, en un mot, comme on dit en philosophie, de toutes les contingences, ils s'élèvent jusqu'au surnaturel, au suprasensible, jusqu'à celui qui est le Fort, l'Immense, le Puissant, le Sage, l'Absolu, jusqu'à Dieu lui-même. Ils entrent en communion, en contact avec lui. Et comme on ne s'approche jamais d'un foyer sans en ressentir la douce, la bienfaisante chaleur, ils subissent l'influence de Jésus, Dieu et homme, présent dans l'Hostie sainte; ils se retirent meilleurs, plus doux, plus patients, plus saints; ils se retirent avec la flamme de l'apostolat dans le cœur. Voilà la merveille des merveilles! (*Echo de Pithiviers*, 5 septembre.)

Grâces de zèle et d'apostolat.

Ces grâces personnelles de sanctification et de vie chrétienne, auxquelles tant de pèlerins ont si ardemment correspondu, ont accru encore, en effet, les grâces de zèle et d'apostolat, qui se sont manifestées par l'exquise charité, surtout envers les pauvres malades.

J'ai vu, samedi, écrit encore M. Guy de Cassagnac dans l'*Autorité* (25 août), des femmes, penchées sur les grabats, essuyer de leur mouchoir fin le front moite des malades ou passer, avec un geste doux comme une caresse, un flacon de sels sous les narines pincées d'un moribond..... J'ai vu des hommes de tout âge aller et venir, trente fois dans l'heure, attelés à de petites voitures ou ployant sous le fardeau d'un brancard.....

Les 2 000 hospitaliers, brancardiers, infirmières, tous volontaires, rivalisent de dévouement pendant cette semaine de grâce. Bien des dames infirmières passent la nuit au chevet des malades, et la dure journée du brancardier, souvent commencée à 4 heures du matin, s'achève longtemps après la tombée de la nuit. Porter ou voiturer onze cents infirmes de l'hôpital à la Grotte, puis aux piscines, les ramener à l'hôpital, les redescendre dans l'après-midi près du Gave pour qu'ils assistent à la procession du Saint-

QUELQUES BRANCARDIERS DE LA JEUNESSE CATHOLIQUE

Sacrement : telle est leur tâche. Mais comme ils sont payés
de leur peine quand il se lève de son grabat et se met
à marcher, l'incurable qu'ils ont amené et près duquel ils
se tiennent à genoux pour recevoir la bénédiction du Sauveur passant dans les rangs ! Un tel spectacle ne nous trans-
porte-t-il pas au temps où Notre-Seigneur semait les miracles
sur tous les chemins de la Palestine ?

C'est M. Georges de Noaillat qui parle ainsi, dans
les *Annales de la Jeunesse catholique* déjà citées. Il est
juste de dire que ces jeunes de la grande Association
française tiennent une bonne place dans les Hospitalités qui prennent soin des pauvres malades. Et à leur
souvenir nous devons joindre celui des Noëlistes, dont

le groupe fait aussi à Lourdes l'apprentissage du zèle et du dévouement.

Qui n'a salué, de toute son admiration émue, écrit René Gaëll dans le *Nouvelliste de Bordeaux* (16 octobre), le joli bataillon-fleuri de bérets blancs, jeunes filles aux allures de zouaves qui forment la gracieuse escorte du Saint Sacrement, aux solennelles processions des malades ? Elles sont baptisées d'un joli nom qui est, à lui seul, une gloire de jeunesse, un splendide panache de renouveau : les Noëlistes. Celles-là aussi — elles ne peuvent trouver étrange qu'on le proclame — sont des audacieuses de la foi, de la confiance et de l'ardent amour qui s'impose. Pourquoi elles plutôt que d'autres, à cette place d'honneur, enveloppant de leur blanche présence, de leur foule attentive où flottent des bannières, la majesté de Dieu qui passe ? Pour le triomphe du Christ, à ces fêtes grandioses renouvelées des Rameaux, dans ce cortège en marche au milieu de la Jérusalem de France, elles sont les fleurs vivantes, la jonchée superbe, sous les pas du Maître. Plus qu'une légion de grâce et un groupe de beauté, mais le symbole d'un féminisme régénéré. Celui qui les a ainsi rassemblées, a transformé ces lectrices d'une belle revue de jeunesse en soldats pacifiques des conquêtes nouvelles. Dans les pages de son journal, il a semé l'idée, de ces jeunes filles aux bonnes volontés inexploitées, éparpillées dans les sentiers où bataillent les courages isolés, souvent inutiles, ce prêtre qui « sait » bien les Françaises a formé l'armée ardente, prête aux Croisades. Leur dévouement se rapprochant du Christ, leurs étendards ont suivi, et un jour, cette phalange de « zouaves en robes » a conquis la place d'honneur que maintenant elle garde fièrement. Chaque soir du National, vous pourrez les voir, à leur poste envié, ces jeunes chrétiennes que la France croyante admire....

Grâces de conversion.

Ce sont les grâces les plus nombreuses et les moins connues. C'est à peine si, de temps en temps, on

LE CORTÈGE DES NOËLISTES A LA PROCESSION DU SAINT SACREMENT

Phot. Viron.

signale publiquement une conversion plus sensationnelle, celle de docteurs célèbres comme ceux que cite le Dr Boissarie (1), celle d'un artiste peintre connu qui abjura le protestantisme en 1904, ou d'un officier étranger et impie qui revenait en 1906 à la foi de son enfance, etc.

Ces retours à Dieu sont fréquents; on les devine, on les sent, on les voit. D'après les discrètes mentions de la presse, ils n'ont pas manqué au Pèlerinage National du Jubilé.

Ce fut un triduum triomphal dans toute la splendeur que l'on peut imaginer en l'honneur de la Vierge de Massabieille, triduum qui se distingua de tous ceux qui l'avaient précédé par une foule considérable, une piété et une ferveur qui obtinrent de l'Immaculée des grâces nombreuses et insignes tant pour la guérison des corps que pour la conversion des âmes. (*Semaine religieuse de Montpellier,* 29 août.)

Plusieurs, en effet, venus là, soit des villes d'eaux de la région, soit au cours d'un voyage circulaire, ont entendu sonner en eux l'heure de Dieu, et, convertis par la foi qu'on respire à Lourdes, plus encore peut-être que par les prodiges dont ils sont les témoins inattendus, bravement ils accomplissent leurs devoirs religieux, négligés jusqu'alors. (*Croix meusienne,* 6 septembre.)

Aux faveurs extérieures et sensibles, il faut ajouter des grâces spirituelles nombreuses et de choix. La discrétion s'impose ici plus qu'ailleurs encore. Toutefois, sans y manquer, vu la vaste région dans laquelle se recrute le train de Provence, nous pouvons citer deux abjurations faites aux pieds de la Vierge Immaculée. (*Semaine religieuse d'Aix,* 11 septembre.)

----

(1) Dr Boissarie, *L'Œuvre de Lourdes,* p. 48 : les Drs Piou de Saint-Gilles, protestant, devenu Rédemptoriste; Longo, anarchiste, devenu Franciscain, Bull, protestant, converti et apôtre.

Et pourquoi n'aurions-nous pas l'espoir que la France, la grande coupable, recevra, elle aussi, une grâce de salut et de résurrection morale?

Dans cet immense concert de louanges à Marie, la France occupe la place vraiment privilégiée. Choisie par l'Immaculée pour les manifestations de sa puissance et de sa bonté, elle montre un empressement admirable à se rendre au sanctuaire béni. La France, la vraie France croit et prie. Elle veut encore que le « royaume de France soit le royaume de Marie », selon la formule ancienne. Ces splendides manifestations de notre foi nationale nous donnent, pensons-nous, le droit d'espérer qu'il en sera ainsi. (*Croix du Périgord*, 30 août.)

Les guérisons.

Ces grâces sensibles obtenues par la maternelle bonté de Notre-Dame ont toujours été, par leur grand nombre, la récompense visible accordée au Pèlerinage National, et plus la foi amenait de malades, plus la Vierge daignait accorder de miraculeuses guérisons.

L'Immaculée n'a pas opéré de miracle constaté depuis le 10 août, écrit la *Revue religieuse de Rodez* (28 août); un malade nous disait : « Elle est occupée à étudier nos dossiers, nos besoins, pour nous octroyer plus de faveurs pendant le Pèlerinage National. »

Près de 80 guérisons, tant à la procession qu'aux piscines, au Rosaire, à l'hôpital, dans le train pendant le voyage de retour, tel est le bilan des divines condescendances que l'intercession de la Mère de Dieu a obtenues pour le Pèlerinage National du cinquantenaire. C'est la réponse de Notre-Dame de Lourdes à l'hommage des 365 miraculés des années précédentes..... (*Annales de la Jeunesse catholique*, 16 septembre.)

Peu de Pèlerinages Nationaux ont été aussi fertiles en

miraclés, constate à son tour « J.-M. », dans la *Croix de Limoges* (30 août). Dans la seule journée de dimanche, le Bureau des constatations en a enregistré 31. Ce fut la réponse de Dieu aux supplications plus ferventes des 100 000 pèlerins massés sur l'esplanade, et aux pénitences généreusement acceptées par plus de 10 000 d'entre eux, qui ne se sont pas couchés pendant 5 nuits. Ce fut aussi, sans aucun doute, la récompense de l'acte héroïque des victimes du tamponnement du train gris, qui offrirent à Dieu leur vie « pour qu'il guérisse un plus grand nombre de malades ».

Nous avons pu, écrit « un témoin » dans la *Croix de Touraine* (6 septembre), au cours de la procession du Saint Sacrement, examiner de très près les malades qui se sont levés tout à coup de leurs grabats, guéris miraculeusement. C'est au moment précis de leur guérison que leur physionomie est intéressante à étudier. Il ne faudrait pas croire que ces malades manifestent aussitôt sur les traits de leur visage un sentiment de joie.

Ils paraissent, au contraire, se lever sous l'empire d'une force étrangère, dans une sorte de stupéfaction; ils répondent à peine aux paroles qui leur sont adressées et, quand on veut les empêcher de se tenir debout ou de marcher, ils poursuivent malgré tout le mouvement commencé. Ils ne sont pas suggestionnés; par qui et par quoi le seraient-ils? Ces malades amenés de toutes les parties de la France ont, pour la plupart, souffert cruellement du voyage et d'insomnies prolongées; portés ou traînés dans de petites voitures par les brancardiers, ils restent silencieux jusqu'au moment où le prêtre commence les invocations qu'ils répètent tout haut; la foule les presse de tous les côtés et les importune visiblement, ils sont exposés aux rayons ardents du soleil, à la pluie, au vent, à la poussière, séparés de leurs amis et de leur entourage. On ne voit pas bien d'où serait venue la suggestion tant ils paraissent déprimés physiquement et moralement. Quant à l'auto-suggestion, les malades qui paraîtraient les plus susceptibles de se suggestionner eux-mêmes ne sont point d'ordinaire parmi les « miraculés ». Les « miraculés » que nous avons vus, nous ont paru tous très étonnés de leur guérison ; ils n'avaient eu qu'une espérance accompagnée de vifs élans de piété.

Du reste, le Bureau des constatations est là, pour examiner avec prudence et sûreté.

Il n'a cessé, écrit l'envoyé spécial de la *Croix* (25 août), d'être envahi tant par les guéris des précédentes années que par ceux du Pèlerinage National actuel. NN. SS. les évêques y sont allés, selon la tradition, assister aux discussions qui s'y établissaient sur les divers cas signalés. Comme toujours aussi, les 147 médecins du dehors qui s'y sont présentés depuis le 18 août ont été invités à constater eux-mêmes les faits, à interroger et à examiner les malades. On ne saurait trop louer le Dr Boissarie, son président, au dévouement si éclairé ; le Dr Desplats, doyen et professeur de la Faculté catholique de médecine de Lille, à la compétence si haute et à l'amabilité si engageante, pour la manière dont ils ont dirigé ces discussions. Parmi les personnalités qui les ont suivies le plus assidûment, je citerai le savant auteur de l'*Histoire critique de Lourdes*, le chanoine Bertrin, professeur à l'Institut catholique de Paris, et le remarquable écrivain anglais, M. Robert Benson, aujourd'hui prêtre catholique, dont la conversion fut, il y a cinq ans, un événement de premier ordre, et qui est le fils d'un des derniers archevêques anglicans de Cantorbéry.

Phot. Prévotat.

LE DOCTEUR BOISSARIE
Président du Bureau des constatations.

Aussi est-il inutile de mentionner ici les attaques

venimeuses de la presse sectaire. Les uns, qui niaient jadis les guérisons, maintenant, devant l'évidence des faits, nient les malades. Ce n'est pas plus loyal. D'autres, qui constatent, avec dépit, comme le *Rappel*, que « les cléricaux ont donné, cette année, un éclat tout particulier à ce qu'ils appellent le Pèlerinage National », veulent qu'on supprime Lourdes purement et simplement. Ils sont cyniques.

Quelques récits.

Le Bureau des constatations a publié 26 certificats de guérisons, en les faisant suivre de cet avis : « D'autres cas encore ont, au cours du Pèlerinage National, fait l'objet de procès-verbaux. Mais le Bureau des constatations croit de son devoir d'en ajourner la publication jusqu'après examen plus approfondi. »

C'est infiniment sage, mais, depuis, une douzaine d'autres guérisons ont été publiées dans la presse. D'autres se sont produites au retour du Pèlerinage et n'ont été constatées que plus tard par les médecins locaux.

Il faut, du reste, en général, l'épreuve du temps pour affirmer une guérison complète, vraiment miraculeuse. Chaque année, le Bureau des constatations examine d'anciens guéris et confirme leur guérison. En 1908, pendant le Pèlerinage National, il a ainsi publié 10 procès-verbaux de miraculés de 1903, 1906 et 1907.

Nous ne donnerons pas l'énumération complète de ces cas ; nous nous bornerons à quatre ou cinq récits.

M. Émile Duveau. — Un témoin de la maladie et de la guérison va nous décrire le cas de M. Émile

Duveau, de Paris, âgé de cinquante et un ans, « resté infirme à la suite d'une fracture du col du fémur et dont la marche était douloureuse et presque impossible, même avec des béquilles », d'après le certificat du médecin. M. Bernard de Vesins écrit, en effet, dans l'*Action française* du 9 septembre :

A l'hôpital du Salut, où j'étais de service, Émile Duveau ne voulait pas aller à la piscine : naturellement, personne n'avait la pensée de l'y mener malgré lui. A la Grotte, à la procession, notre malade priait de tout son cœur, mais il n'était pas guéri, et sa pauvre jambe gauche, dont le fémur brisé n'avait pu être remis, le faisait beaucoup souffrir. Le matin du dernier jour, je vois revenir mon Duveau, tremblant, pâle, essoufflé, dans sa petite voiture. Il me tend ses béquilles et me dit d'une voix intraduisible : « Je marche ! » Puis, il se lève et, en effet, se met à marcher ! Je lui demandai quand il avait été guéri. « Ah ! Monsieur, me dit-il, je ne voulais pas y aller, dans cette piscine ! Eh bien ! comme c'était le dernier jour aujourd'hui, j'y ai été tout de même. C'est là que j'ai senti un coup dans ma jambe et que j'ai pu marcher. » Et il était si bien saisi d'étonnement qu'il faillit s'évanouir !

La note du Bureau des constatations dit, en effet :

Le lundi 24 août 1908, pendant la première immersion dans la piscine, l'infirme a senti subitement qu'il pouvait marcher. Il sortit de l'eau et se mit à marcher sans béquilles. Examiné peu après au Bureau médical, on constata que la marche était facile et sans douleur, bien qu'il restât encore une légère claudication.

Mlle *Sanssen.* — M. H. de la Bunodière, conseiller général de la Seine-Inférieure, fut témoin de cette guérison et la raconte ainsi dans la *Croix du Havre* (30 août) :

Emma Sanssen, âgée de vingt-cinq ans, de Saint-Sylvestre-Cappel (Nord) souffrait d'une « endo-péricardite » depuis cinq ans, paralysée des jambes depuis trois ans, elle ne sortait plus de sa chambre depuis deux ans. La maladie du cœur était une suite d'une fièvre typhoïde.

A son premier bain dans la piscine de Lourdes elle se trouva mal et resta une heure sans connaissance; même état alarmant pendant la procession.

Le lendemain, aux piscines, on est obligé de lui faire une piqûre d'éther.

Hier matin dimanche, elle se disait mieux et presque guérie; vers 2 heures on l'emmène sur l'esplanade vis-à-vis de l'église du Rosaire, lorsqu'à 3 heures elle demanda de l'éther et se trouva mal. Un médecin qui était à côté d'elle déclara son état très inquiétant. On la fit retirer du passage de la procession, car elle commençait à râler. Un prêtre lui donna l'absolution et commença à lui administrer l'Extrême-Onction. Mais on jugea inutile de la déchausser, car elle était froide et on récita les prières des agonisants.

Mlle Adenot, infirmière volontaire qui s'en occupait, insiste, malgré l'avis du médecin, pour replacer la mourante sur le passage de la procession. On l'y porte. Lorsque le Saint Sacrement passa, elle rejeta toutes ses couvertures et dit : « Je veux me lever. » On voulut la faire rester tranquille, mais malgré tout elle se dressa sur son séant et dit : « Je suis guérie! »

Avec l'aide d'un brancardier et de Mlle Adenot, elle acheva de se lever, marcha jusqu'au milieu de l'esplanade et assista à genoux au salut, puis elle alla à pied au Bureau des constatations.

Aujourd'hui lundi, après avoir assisté à la messe à la chapelle de l'hôpital municipal où elle était hospitalisée, elle prit le tramway avec son infirmière volontaire, descendit à l'entrée du parc et marcha très bien et encore assez vite jusqu'à la Grotte.

Retournée au Bureau des constatations, elle fut examinée par onze médecins, qui tous déclarèrent que le cœur était réellement guéri et battait normalement.

Reconduite ensuite à la gare dans le fourgon automobile, elle ne se déclara point fatiguée et vient de prendre le train à 11 heures.

Note du Bureau des constatations :

Cette jeune fille souffrait constamment de constriction de la poitrine et avait de fréquentes crises de dyspnée. Elle était arrivée à Lourdes dans un état inspirant de vives inquiétudes à son entourage, et on jugea nécessaire de lui administrer l'Extrême-Onction.

Le dimanche 23 août 1908, à la procession du Très Saint Sacrement, elle s'est levée subitement et est venue au Bureau médical un moment après. A l'examen, on constata qu'elle marchait facilement et n'éprouvait plus aucune gêne à la poitrine; toutefois, on lui trouva encore des traces de la péricardite.

Mlle Alice Rollin. — Cette jeune fille du Mans, âgée de vingt-deux ans, souffrant d'un lupus à la face et au cou, fut guérie le 23 août.

Depuis plusieurs mois, le mal était devenu insupportable

Phot. Lefèvre.

Mlle ALICE ROLLIN
guérie le 23 août 1908.

et empêchait tout travail; le visage, couvert de croûtes sanguinolentes, exhalait une odeur repoussante. Trois de nos meilleurs médecins avaient tenté en vain une amélioration.

Le voyage à Lourdes fut très pénible ; au premier bain, Alice s'évanouit, et au second l'éruption sécha. Le dimanche 23 août, sa figure fut livrée à l'air, et à son retour ici, quelques petites croûtes sèches restaient seules encore, assez pour témoigner du mal affreux qui avait précédé, et, le surlendemain, il n'y avait plus aucune trace ; la peau est saine et très lisse, comme si jamais elle n'eût été malade.

Je certifie, ajoute Mme Ogier d'Ivry, présidente du Comité du Mans, le 16 septembre 1908, la véracité de ce récit, et tiens à le faire connaître pour la plus grande gloire de Notre-Dame de Lourdes.

Mlle Plumecoq. — Une autre jeune fille du Mans, Mlle Gabrielle Plumecoq, âgée de vingt-trois ans, a été guérie le lundi 24 août.

Elle était atteinte « depuis six ans, a certifié le Dr Mélisson, le 25 mai 1908, de bronchite chronique de nature bacillaire. »

Opérée en 1904 d'appendicite tuberculeuse, nous écrit-on, elle avait eu comme conséquence de cette opération, une hernie qui la faisait beaucoup souffrir et occasionnait des crises violentes. A Lourdes, elle souffrit cruellement, s'évanouit même plusieurs fois et ne put rien manger. Ce ne fut que le lundi matin, après une commotion très vive devant la Grotte, qu'elle se sentit totalement guérie et se fit aussitôt examiner au Bureau des constatations.

Phot. Lefèvre.

Mlle GABRIELLE PLUMECOQ
guérie le 24 août 1908.

A la date du 28 octobre 1908, Mme Ogier d'Ivry, présidente du Comité du Mans, écrivait :

La guérison de la jeune Gabrielle Plumecoq continue à être complète; elle ne tousse plus jamais, la hernie a complètement disparu. Elle respire la joie et la reconnaissance, mais son médecin ne veut donner de certificat que dans un an, tout en constatant un mieux absolu.

Mlle Gabrielle Durand. —Cette jeune fille de Paris, âgée de vingt et un ans, fut guérie le 24 août. Le Bureau des constatations lui a consacré cette note :

Elle était, au rapport du certificat médical qu'elle nous a présenté, en traitement à l'hôpital de Pau, pour une bronchite chronique de nature tuberculeuse avec complication de mal de Pott, qui la tenait immobilisée dans une gouttière depuis près de deux ans.

Cette maladie aurait débuté en 1905, époque à laquelle la malade aurait été soignée à Villepinte et à l'hôpital Saint-Joseph, à Paris. Mlle Durand était venue à Lourdes avec le Pèlerinage National de l'année 1907, mais n'avait pas été guérie. Peu après ce Pèlerinage, en octobre 1907, elle entrait à l'hôpital de Pau, d'où elle est revenue à Lourdes, cette année, avec le Pèlerinage National du Cinquantenaire. Il convient de remarquer qu'au cours de son séjour à Pau elle a eu de fréquentes hémoptysies, avec des phénomènes pulmonaires apparemment de nature bacillaire. Depuis un an, la jeune malade ne prenait qu'un peu de lait et de champagne, et c'est dans un état très grave qu'elle a été transportée à Lourdes, dans une gouttière qu'elle n'avait pas, nous l'avons dit, quittée depuis près de deux ans.

Elle fut plongée plusieurs fois dans la piscine sans résultat, jusqu'au 24 août 1908 : ce jour-là, à l'immersion faite dans la matinée, vers 10 heures, une amélioration sensible se manifesta dans l'état de Mlle Durand; elle se leva et se mit à marcher, ce qu'elle a continué à faire depuis sans aucune difficulté.

Cette guérison paraît très intéressante; ce n'est toutefois

qu'après une enquête plus prolongée, que nous pourrons l'apprécier à sa juste valeur.

La jeune fille nous a raconté elle-même, dans une lettre, les détails de sa guérison :

..... A Lourdes, pour me porter de l'hôpital des Sept-Douleurs à la Grotte, il fallait trois ; quarts d'heure. Les quatre premiers jours se passèrent sans aucune amélioration. Le dimanche soir, on se demandait avec anxiété si je passerai la nuit.....

Le lundi matin, l'on me conduit aux piscines, les souffrances devenaient de plus en plus intolérables. Me voilà donc prête à entrer dans l'eau ; là ce fut pire encore. Mes os du dos, de la jambe, de partout, me firent éprouver une sensation comme s'ils étaient broyés, en même temps que ma jambe gauche remuait toute seule

Phot. Lefèvre.

Mⁱˡˡᵉ GABRIELLE DURAND guérie le 24 août 1908.

et s'allongeait ! J'étais folle de joie. Je me sentais tout à coup débarrassée de toutes souffrances.

On appela les brancardiers parce que l'on m'avait remise dans la gouttière ; je n'avais pas la force de marcher, et il fallait éviter les rassemblements. Ces Messieurs, voyant les figures décomposées de celles qui les appelaient, crurent tout d'abord que je n'existais plus. Mais quand ils apprirent, au contraire, une résurrection, l'un d'eux, M. de B..., se déchaussa et me porta ainsi à la Grotte, où l'on entonna un *Magnificat*, qui fut chanté par toute la foule. Ensuite, nous partîmes au Bureau des constatations.....

Le mardi, nous allâmes à la messe au Rosaire, où nous fîmes la sainte communion ; de là, on alla à la Grotte remercier encore cette bonne Mère et porter la gouttière, ensuite je repris un bain et, après ce bain, je commençai à bien marcher.

Le soir, nous quittions Lourdes, non sans regret. Je voyageais, cette fois, assise comme tout le monde. Mon arrivée à l'hôpital de Pau, qui avait été annoncée par télégramme, ainsi que ma guérison, fut une véritable ovation. Les Sœurs, l'aumônier, les infirmières et infirmiers, ainsi que les malades, ne pouvaient en croire leurs yeux de me voir descendre de voiture et marcher à peine soutenue.

Le lendemain, deux docteurs du Bureau des constatations vinrent m'examiner à nouveau avec le Dr Monod, de Pau.

Depuis le 24 août, ajoute l'heureuse miraculée le 8 septembre, je n'ai pas cessé de marcher ; je puis manger de la viande, du pain, des légumes, boire du vin, sans fatigue ; le sommeil aussi est revenu. J'ai déjà engraissé de 3 kilos en quinze jours. Je vais à la messe très souvent, au salut du Très Saint Sacrement, moi qui en étais privée depuis si longtemps. Je suis encore bien faible, mais la Sainte Vierge continuera son œuvre.....

Mlle Marie Bardon. — En religion Sœur Madeleine de Jésus, Carmélite, âgée de quarante ans, elle fut guérie le vendredi 21 août, de tuberculose rénale ; cette maladie l'avait forcée à sortir momentanément du Carmel pour ne pas être à charge à sa communauté, et à se faire soigner à l'hôpital Tenon, à Paris.

Vendredi soir, écrit la *Voix de Lourdes* du 30 août 1908, au moment où la procession du Très Saint Sacrement s'organisait, à la sortie de son bain de piscine et lorsqu'on allait la placer dans l'esplanade, elle s'est subitement sentie soulagée, les douleurs qu'elle ressentait avaient disparu.

Un brancardier, M. l'abbé J. de Saint-Mauris-Montbarrey, du Grand Séminaire de Mende, raconte ainsi cette guérison :

Le vendredi 21, lorsque le Très Saint Sacrement eut béni

les malades à la piscine, je reconduisais une malade à la
Grotte, lorsqu'une femme me frappa sur le bras et me dit :

— Monsieur l'abbé, faut-il avertir que je ne prends plus
de petite voiture ?

Quelle n'est pas ma surprise de reconnaître une de nos
malades de l'asile Notre-Dame, rue de Bagnères, que j'avais
descendue la veille !

— Suivez-moi à la Grotte, lui dis-je, et ne dites rien.

A la Grotte, nous fîmes sous la pluie une courte action
de grâces, et je la conduisis sans bruit au Bureau des constatations. La foule ne s'aperçut de rien, d'autant plus que
c'était au moment même de la procession sur l'esplanade.
Je la laissai là pour m'occuper des autres malades, lui
disant que je reviendrais la chercher. Quand je revins, elle
n'y était plus ; elle était remontée toute seule à pied
à l'hôpital. Le lendemain, elle fut la première à sortir et
retourna au Bureau des constatations. Le dimanche soir,
elle voulut assister à la procession aux flambeaux qui ne
se termina qu'à 11 heures.

A l'hôpital Tenon, où elle rentra au retour de
Lourdes, l'émotion fut vive ; une des infirmières
revint à la pratique de la religion.

Les médecins du Bureau des constatations avaient
demandé un nouvel examen quinze jours après ; il eut
lieu le 7 septembre et confirma la guérison. « Plus de
traces de tuberculose rénale, disait le médecin ; il n'y
en a aucune ! » L'heureuse guérie quitta aussitôt
l'hôpital, et eut la grande joie d'être à nouveau
accueillie au Carmel. Et quand le Dr Boissarie voulut
convoquer et revoir, en une séance publique à Paris,
les « miraculés » de l'année, il reçut de la prieure
du Carmel de Vannes cette simple dépêche, datée du
22 novembre 1908 :

Marie Bardon, Madeleine de Jésus, complètement guérie,
entrée au Carmel, impossible assister à la réunion.

M. Alliaume. — La guérison d'Alphonse Alliaume, de Falaise, âgé de vingt-sept ans, a été, pour ainsi dire, reconnue et authentiquée par les tribunaux.

Voici comment, d'après le récit de M. Agaesse, avoué à Falaise :

Phot. Lefèvre.

M. ALPHONSE ALLIAUME
guéri le 22 août 1908.

Ce jeune homme, vacher au service de M. Baloud, fut attaqué, le 20 mai 1907, par un taureau, dans la cour de la ferme. L'animal, lui donnant un violent coup de tête dans le dos, l'envoya rouler à 10 mètres en avant, puis s'élança à nouveau sur lui, le roula avec ses cornes jusqu'à un mur de clôture, lui piqua sa corne dans le ventre et, le brandissant en l'air, le projeta à plusieurs mètres en arrière. Le malheureux put appeler son chien qui maîtrisa le taureau et regagner la maison, portant dans ses mains 1^m,50 d'intestins qui s'échappaient par la blessure du ventre.

Conduit aussitôt à l'hôpital, Alliaume, sans vouloir être endormi, se fit réduire et remettre les intestins et refermer la plaie de l'abdomen, mais des fistules s'y produisirent, avec suintement purulent continuel, qui devait nécessiter des pansements quotidiens. La main droite, blessée aussi, resta contractée sans grand espoir d'amélioration.

Aussi, ayant présenté une demande en dommages et intérêts devant le tribunal civil de Falaise, celui-ci, en sus du certificat délivré par le Dr L... le 3 mars 1908, fit faire une expertise, le 14 juin, par trois médecins experts, qui reconnurent à la main une « lésion incurable », et au ventre une lésion grave, avec « troubles gastro-intestinaux très accentués, constipation opiniâtre, impossibilité de manger de la viande, amaigrissement considérable (52 kilos au lieu de 75 avant l'accident) ». Et par jugement du 29 juillet 1908, le tribunal, jugeant que les blessures d'Alliaume avaient « un caractère exceptionnellement grave puisqu'elles ont nécessité un long séjour à l'hôpital et qu'actuellement, c'est-à-dire après un laps de temps de plus de quatorze mois, il est loin d'être rétabli » condamne Baloud à lui payer, avec intérêts de droits, une indemnité de 7 000 francs.

C'est peu après, le 19 août, et dans le même triste état, qu'il part pour Lourdes, avec le Pèlerinage National. Les deux premiers jours, il est plongé dans la piscine, mais sans résultat.

Le samedi 22 août, après le pansement du matin où l'on constata toujours l'écoulement du pus, il prend un bain à la piscine vers 8 h. 1/2, et aussitôt il sent une douleur cuisante à l'abdomen, pendant l'espace d'une seconde. Mais voyant que sa main n'est pas guérie, il ne songe pas à vérifier la guérison de la plaie. Les fonctions naturelles se rétablissent cependant, l'appétit revient, il achète du pain et du saucisson et le dévore ; il reprend de la viande à midi et n'a plus aucun trouble intestinal. Une heure après, il assiste à la procession du Saint Sacrement dans la cour de l'hôpital, et après la bénédiction, ses mains croisées se disjoignent, le bras droit est repoussé violemment, il crie : « J'ai l'épaule brisée ! » La Sainte Vierge venait d'achever de le guérir ; la main et les doigts étaient revenus à leur état normal.

A l'examen, pratiqué au Bureau médical, dit la note officielle du Bureau des constatations, on constata que la contracture avait disparu, et aussi que la plaie abdominale était presque entièrement guérie; il ne restait plus qu'une toute petite fistule du diamètre d'une tête d'épingle.

Le lendemain, nouvel examen; une cinquantaine de médecins purent constater la cicatrisation de la plaie et le bon fonctionnement de la main.

A Falaise, on put certifier la guérison; le 15 octobre, il avait déjà augmenté de 19 livres. La Cour de Caen elle-même, devant laquelle M. Baloud avait fait appel du jugement, allait officiellement déclarer le miracle, par un arrêt du 25 novembre 1908, qui réduit à 3 000 francs l'indemnité de 7 000 francs fixée par le tribunal:

Attendu que, depuis le jugement et à la date du mois d'août dernier, Alliaume s'est trouvé subitement guéri, que le bras et les doigts ont repris leur fonctionnement normal, que la plaie existant au ventre s'est fermée et que toute suppuration a disparu, que Alliaume le reconnaît et demande lui-même qu'il lui soit donné acte de ce qu'il est complè-tement guéri.....

L'heureux « miraculé » a perdu 4 000 francs, mais il a retrouvé la santé, il a repris son humble travail de vacher et il reste, pour la vie, reconnaissant à la Vierge miséricordieuse des Pyrénées.....

CHAPITRE VI

Les impressions du Pèlerinage.

Vue d'ensemble.

La presse, surtout la presse catholique et religieuse, a consacré de longues colonnes à cette incomparable manifestation du Pèlerinage National, qu'elle déclare « la plus belle que Lourdes ait jamais vue », et que « ceux qui l'ont vue n'oublieront jamais plus, si longue que soit leur vie ». « Le Pèlerinage fera époque dans les annales déjà si glorieuses de Notre-Dame de Lourdes. » (1) « Il a été d'une magnificence qui défie toute description. » (2) « Je crois que l'on n'a jamais vu une manifestation semblable, et je serais étonnée qu'elle n'ait pas un salutaire retentissement dans notre pauvre pays. » (3)

Glanons à travers journaux et revues quelques impressions, qui, sans répéter ce que nous avons décrit jusqu'ici, préciseront certains détails et nous donneront, une fois de plus, l'occasion d'acclamer et de bénir la maternelle et puissante bonté de la Vierge Immaculée.

---

(1) *Semaines religieuses* de Cahors, d'Évreux, de Nîmes, de La Rochelle, etc.

(2) *Petit Messager du Cœur de Marie* (décembre 1908).

(3) Lettre à la *Gazette de France* (27 août 1908).

L'attrait de Lourdes.

Les catholiques du monde entier, depuis longtemps déjà, ont les yeux tournés vers Lourdes. Ce n'est, à proprement parler, ni la beauté des sites — il y en a de plus beaux — ni la splendeur des fêtes — il y en a ailleurs — ni le confort de l'installation — elle est si défectueuse en cette foule ! — qui les sollicitent vers ce coin des Pyrénées.

Ce qui attire à Lourdes, écrit très justement la *Croix de Loir-et-Cher* (23 août), c'est l'attrait mystique et religieux qui est un besoin de l'âme, c'est la Vierge consolatrice et guérissante, c'est un je ne sais quoi qui fait qu'on se sent vivre au-dessus et en dehors des misérables préoccupations de chaque jour.

Cet attrait se fait sentir surtout au moment du Pèlerinage National, où se rencontrent à la fois tant d'infirmités humaines et tant de grâces miséricordieuses :

Quiconque n'a pas vu un Pèlerinage National, affirme la *Semaine religieuse de Clermont* (5 septembre), ne peut pas se faire une idée complète de Lourdes, ni des souffrances qu'endure la pauvre humanité déchue et condamnée à la douleur rédemptrice. Et qu'est-ce qui attire aux pieds de la Vierge des Pyrénées ces milliers de martyrs? Ce sont sans doute les miséricordes de Marie, c'est l'espoir d'une guérison miraculeuse ou tout au moins d'une grâce de soulagement et de force.

Le Jubilé de 1908 devait encore accroître ces souffrants et ces guéris. Les *Annales de la Jeunesse catholique* (17 septembre) écrivent :

Les pèlerinages à Lourdes sont entrés dans nos mœurs : ils font partie des manifestations ordinaires de la vie catholique.

Phot. Veillon.

VUE D'ENSEMBLE DES SANCTUAIRES ACHEVÉS (OCTOBRE 1908)

Tous ou presque tous nos diocèses sont représentés chaque année aux pieds de la Vierge de la Grotte par un groupe important de pèlerins.

En cette année du Cinquantenaire des apparitions, le mouvement qui entraîne les catholiques vers les roches Massabieille a pris une merveilleuse ampleur. Lourdes est littéralement pris d'assaut par la foule des pèlerins : la plupart des diocèses ont envoyé de 3 à 6 000 personnes, sans compter les innombrables voyageurs venus par billet individuel et les grands pèlerinages organisés par l'étranger.

Phot. Chusseau-Flaviens.

LES FONTAINES DE L'EAU DE LA GROTTE

Mais tout cela s'efface devant la magnificence du Pèlerinage National du mois d'août. Cette année, surtout, il a dépassé les calculs et les espérances les plus optimistes. Par le nombre des pèlerins et des malades, par la ferveur qui les animait, par la beauté des cérémonies auxquelles ils ont pris part et les faveurs dont le ciel a daigné récompenser leur foi, le « National » de 1908 a été un événement d'une importance indiscutable.

Ceux qui ont eu le bonheur d'y assister ont été émus jusqu'au fond de l'âme; l'impression est ineffaçable, le souvenir toujours vivant.

La foule des pèlerins.

Jamais, dit-on, Lourdes n'a vu une telle affluence en trois ou quatre jours : le chef de gare a donné le chiffre de 130 000 voyageurs.

Les maisons particulières comme les hôtels regorgent de monde, écrit M. Hervagault dans la *Croix* (22 août). Il ne reste pas une mansarde, libre, pas un matelas disponible. Il a fallu installer sous les halls de la paille sur laquelle une quantité de personnes ont, tant bien que mal, réparé leurs forces brisées par la fatigue du voyage. Mais, comme le disait une bonne vieille Bretonne rencontrée à la Grotte et qui se refusait à passer la nuit autrement qu'en prières devant la Sainte Vierge, « le temps est trop précieux à Lourdes pour en perdre une partie à dormir. » Quoi qu'il en soit, de force ou de gré, 10 000 personnes au moins ont passé la nuit à l'unique hôtellerie de la Providence.

Les localités voisines, dans un large rayon, Pau, Tarbes, Argelès, Bétharram, Bartrès où fut élevée Bernadette, etc., ont vu et verront, chacun de ces soirs-ci, refluer vers elles, le trop plein de Lourdes, et ce matin, dès 5 heures, j'en parle par expérience personnelle, toutes les routes aboutissant à Lourdes voyaient repasser en sens inverse, les pèlerins qui, vers 11 heures du soir ou minuit, étaient allés chercher au dehors une hospitalité plus ou moins sommaire. C'est un petit supplément que nul ne regrette d'avoir dû ajouter aux agréments ordinaires du Pèlerinage.

Le nombre des pèlerins est de beaucoup supérieur à celui des années précédentes, dit de son côté la *Croix des Hautes-Pyrénées* (30 août). De la gare à la Grotte, dans toutes les rues, Lourdes présente un aspect pittoresque; c'est un brouhaha inexprimable, un enchevêtrement de tramways, de voitures, d'autos, de véhicules de toutes sortes, parmi lesquels se glissent les petites voitures de l'Hospitalité de Notre-Dame de Lourdes et de Notre-Dame de Salut, au fond desquelles gît un malade. « C'est un vrai miracle, s'écrie quelqu'un, qu'il n'y ait pas d'accident! »

Malgré la cohue, la foule reste calme et recueillie.

Elle est, dit M. Bernard de Vesins dans l'*Action française* (9 septembre), ce qu'est toute foule réunie sous l'empire d'une conviction ardente et d'un sentiment sincère : elle est impressionnable, joyeuse quand une guérison s'opère, et enthousiaste dans sa reconnaissance; elle prie avec ferveur, elle supplie avec obstination, et les yeux sont souvent mouillés de larmes : mais tout cela sans mélange d'extravagance, sans ces élans furieux qui mettent hors d'eux-mêmes les hommes assemblés, sans colères, sans poussées brutales. Dans la mer humaine qui occupe l'esplanade du Rosaire, au moment de la procession du Saint Sacrement, sans doute les nerfs sont tendus parce qu'un grand spectacle et parfois de grands prodiges s'y déroulent, mais la dominante, c'est le recueillement.

Et nous conclurons avec M. Édouard Trogan, disant dans sa chronique du *Correspondant* (25 septembre) :

Nul, s'il n'en a été le témoin, ne peut savoir quelle intensité de foi se dégage des foules de Lourdes, avec quelle force on se trouve entraîné dans ce grand courant lumineux qui tourbillonne et bat les grilles. Sans doute, aujourd'hui, roule-t-il en cadence plus mesurée, l'affluence croissante des pèlerins ayant commandé une organisation plus stricte. Mais je ne puis songer sans émotion, après vingt-cinq ans passés, aux impressions éprouvées là-bas, avant la construction de la Basilique inférieure, quand il y avait plus de verdure et moins de macadam. Nulle part, à mon sens, la communion des saints, qui est une des plus grandioses caractéristiques de notre Eglise, n'est, comme là, pour ainsi dire tangible. Ce n'est point le murmure discret qu'impose la sonorité des temples, la liberté du plein air y permet les éclatantes clameurs de supplication ou de triomphe. Des mots, des commandements, des attitudes peuvent y paraître parfois exagérés : tout cela se perd, se fond, s'unifie dans la grande vague de foi qui soulève et transporte.

Phot. B. P.

LA FOULE DES PÈLERINS DEVANT LA GROTTE

Malades et infirmiers.

M. H. de Grandvelle, envoyé spécial du *Gaulois*, écrivait de Lourdes à son journal le 23 août :

Les millions de pèlerins venus ici depuis cinquante ans n'ont jamais vu journée plus solennelle, plus touchante que celle-ci. Arrivé hier soir, quelques instants avant la messe de minuit qu'on célèbre dans l'église du Rosaire, je n'ai même pas songé à chercher un abri, car Lourdes est bondé. J'ai attendu sous le ciel étoilé, en nombreuse compagnie, les premiers malades portés à la Grotte pour y demander guérison ou consolation, et j'ai pu admirer à loisir et la foi de ces malheureux et le dévouement de ceux qui se consacrent à les soulager.

Dans les grands sanctuaires sont massés les bien portants, mais la Grotte est réservée aux malades. A deux pas de la grille et de l'autel, les voitures des infirmes, des mourants sont rangées, attendant que la communion leur soit apportée par le prêtre qui, franchissant par extraordinaire la Table sainte, s'approche d'eux avec le saint ciboire.

Et il me semble entendre, au milieu des litanies, des chants, des appels frénétiques de toutes ces poitrines haletantes, ces paroles adressées, il y a un demi-siècle, par la Sainte Vierge à Bernadette : « Je ne te promets pas le bonheur en ce monde, mais je te donnerai le paradis. »

Le même écrivain disait, à son retour, dans le *Gaulois du Dimanche* (6 septembre) :

Je viens, pour la première fois, de prendre part au grand Pèlerinage National ; j'ai vu de près tous les rouages de cette admirable organisation, dont le regretté P. Picard fut le fondateur. C'est en 1873 que l'Association de Notre-Dame de Salut entreprit de conduire gratuitement des malades à Lourdes. Pour les servir, une œuvre sociale, dépendante du Conseil central de Paris, s'est établie sous le nom d'Hospitalité de Notre-Dame de Salut. Elle comprend tous ceux qui payent de leur personne : hospitaliers, dames hospitalières, brancardiers, gardiens de la Grotte, et même de tout petits pages qui accompagnent leurs parents et font, en vrais messagers de la Sainte Vierge, le service des courses entre le sanctuaire et les malades.

Le *XXe Siècle* de Bruxelles a publié de M. A. Janne, rédacteur à la *Croix*, des lettres intéressantes et originales sur le Pèlerinage National. Voici ce qui concerne les malades et leurs admirables infirmiers, dans un récit où l'auteur sert de guide à un médecin protestant américain désirant voir Lourdes de près (lettre du 20 août) :

Nous voici à la gare. Les hospitaliers de Lourdes et de Notre-Dame de Salut en ont pris possession. Ils disposent leurs voiturettes, leurs brancards, aménagent les tramways et les omnibus.

— Qui sont ces gentlemen? interroge le docteur.

— Toutes les classes de la société sont un peu confondues. Comme vous le voyez, cher Monsieur, il y a des jeunes et des vieux, des prêtres et des laïques, des riches et des pauvres. Les représentants des plus nobles familles y coudoient des ouvriers, des paysans. Ce sont les volontaires de la charité.

Un coup de sifflet strident déchire l'air. C'est le train blanc qui entre en gare. De tous les compartiments un cri jaillit, un chant plutôt : *Ave, Ave, Maria!*

— C'est la voix de Lourdes, docteur. Le salut à la Vierge vous suivra partout, jusqu'à table. Vous vous endormirez à ce refrain; c'est lui qui bercera votre réveil.

Mais le Yankee ne m'écoute plus. Il s'est précipité vers les wagons. Sur les quais, c'est un raccourci de toutes les misères humaines : lupus affreux, qui font détourner d'horreur même les yeux des proches; cancers qui rongent les seins; ulcères vermineux; tuberculose impitoyable qui perfore les poumons et carie les os. Parlerai-je des bancals, des boiteux, des paralytiques, des aveugles, des sourds, des muets?

Les brancardiers reçoivent pieusement sur leurs civières

ces pauvres corps brisés. Les dames de l'Association de Notre-Dame de Salut, qui les ont accompagnés dans leur exode douloureux à travers la France, s'empressent, humbles, douces, attentives, souriantes. Elles disputent aux Petites-Sœurs de l'Assomption l'honneur de prodiguer aux malades les soins les plus répugnants.

— Quelles sont ces dames?

— De qui parlez-vous, docteur? Des religieuses?

— Non; je connais les Petites-Sœurs de l'Assomption;

Phot. B. P.

LES ARCADES DU ROSAIRE SUR LE CHEMIN DE LA GROTTE

nous en avons à New-York. C'est l'honneur de l'Eglise catholique.

— Ces dames sont, elles aussi, des volontaires de la charité. La plupart sont des favorisées de la fortune. Mais je n'oserais affirmer si ce tablier blanc est porté par une duchesse ou par une femme de chambre. Elles sont nombreuses celles qui partagent avec leurs servantes le soin des malades, mangent à la même table, pansent les mêmes plaies, vident les mêmes cuvettes. Mais, docteur, ce ne sont pas les infirmières qu'il faut regarder; ce sont les malades. Voyez leur foi, leur piété, leur résignation.

— Tous espèrent-ils trouver ici la guérison de leurs maux?

— Sans doute. L'espérance est si douce au cœur de ceux qui souffrent!

— Et cependant, combien regagneront leur ville ou leur village avec les mêmes plaies, les mêmes infirmités!

— C'est vrai, docteur. Et c'est là le plus grand miracle de Lourdes. Comme vous pourrez le constater au départ, leur foi ne sera pas ébranlée par cet insuccès, cette désillusion. Au lieu de se plaindre de la Vierge qui n'aura pas soulagé leurs maux physiques, ils rentreront chez eux plus résignés, plus courageux.....

La Grotte! Avec tous les pèlerins, le Yankee fléchit les genoux. Ses yeux ardents interrogent le rocher calciné et noirci par la chaleur et la fumée des cierges.

Ave, Ave, Maria! chante la foule agenouillée.

Ave, Ave! répondent les longues files qui cheminent dans la prairie, gravissent les rampes des basiliques ou serpentent sur les flancs des collines.

Ave! répètent les brancardiers en traînant vers les piscines leurs fardeaux vivants.

— Eh bien! docteur, que dites-vous de ce spectacle?

— Admirable, splendide!

Mais voici que commence le défilé des malades. Avec quelle tendresse touchante ces pauvres êtres souffrants saluent la Vierge qui doit adoucir leurs maux. Ils l'invoquent à haute voix, ils sollicitent les prières de leurs brancardiers, des hospitalières, des pèlerins qui se pressent sur leur passage. Ils supplient qu'on les plonge tout de suite dans l'onde mystérieuse.

Nous nous approchons des piscines pour hommes. Après avoir assisté dans le plus profond recueillement à deux immersions successives, le docteur aide l'hospitalier à baigner le troisième malade. C'est un paralytique.

— C'est très curieux! s'exclame l'Américain.

— Qu'est-ce que vous trouvez de curieux, docteur?

— Que mon malade ne soit pas guéri. Le pauvre homme prie avec tant d'ardeur!

— Vous croyez donc au miracle, docteur?

— Je ne sais pas. Mais je suis si étrangement bouleversé que l'absence de miracle m'étonne.

C'est maintenant le tour d'un ouvrier défiguré par un affreux lupus. Rien, toujours rien. Le médecin s'énerve, s'agite comme s'il accusait le ciel d'injustice.

— Assez pour aujourd'hui ! s'exclame-t-il avec dépit.

La Grotte et les piscines sont de plus en plus étroitement assiégées par les pèlerins. Les cœurs, les volontés, les intelligences prient, les yeux prient aussi, les larmes prient, les bras prient étendus en croix, les genoux prient longuement attachés au sol. Et le docteur murmure quelque chose qui, je crois bien, est également une prière.

La procession pour les malades.

Le même journaliste raconte, le 22 août, la procession du Saint Sacrement.

Au son joyeux des cloches, la procession du Saint Sacrement s'organise lentement. On dispose les malades sur deux rangs depuis la Grotte jusqu'aux portes de l'église du Rosaire. C'est entre ces 1 300 malheureux que défilera le cortège sacré.....

Les brancardiers soulèvent dans leurs bras vigoureux ces squelettes et les installent sur les grabats avec des délicatesses féminines. Les mains blanches des hospitalières essuient avec des soins maternels les lèvres baveuses ; des jeunes filles, de jeunes garçons — les pages comme on les appelle — approchent des bouches desséchées l'eau miraculeuse. Un souffle puissant d'amour passe sur toute cette multitude du sein de laquelle ne cessent de monter l'*Ave Maria* et le *Parce Domine*.

Le docteur s'est agenouillé près d'un petit aveugle qui répète sans interruption la prière que lui apprit, sans doute, sa mère douloureuse : « Sainte Vierge, guérissez bébé ; bébé est sage. » Il l'étreint dans ses longs bras, et de grosses larmes coulent de ses joues parcheminées sur les joues roses de l'enfant. Quel souvenir s'est tout à coup éveillé dans son cœur ?

LA PROCESSION DU SAINT SACREMENT (1906)

Phot. L. L.

Voici les jeunes poitrinaires de Villepinte. Elles sourient au ciel bleu, à « leurs mères », aux dames qui les entourent.

— Docteur, prêtez-moi une minute d'attention. Vous voyez ces pensionnaires de Villepinte? Pendant des années, la Vierge leur prodigua ses faveurs sans compter. A chaque pèlerinage, la moitié d'entre elles guérissaient, et les autres étaient soulagées. Il y a quatre ans, au moment où M. Combes sévissait avec une véritable fureur, elles firent le sacrifice de leur guérison pour conserver « leurs mères ». Depuis cette époque, si je suis bien renseigné, Villepinte n'a pas enregistré une seule guérison sérieuse.

— C'est exact, Monsieur, confirme en sanglotant la religieuse de Marie-Auxiliatrice qui accompagne l'innocent troupeau.

Un ouvrier paralysé se frappe la poitrine et marmotte une invocation qui ressemble beaucoup à la légendaire prière du gendarme : « Notre-Dame de Lourdes, ayez pitié d'un pauvre bougre comme moi! » Près de lui, un séminariste égrène un chapelet dans des doigts d'une blancheur de cire. C'est encore une victime de la tuberculose. De temps en temps, il s'interrompt pour consoler, encourager son voisin. Et l'ouvrier, plein d'admiration, de s'écrier : « Ah ! Monsieur l'abbé, comme vous savez dire de belles choses! »

Mais voici que le Saint Sacrement pénètre enfin au milieu des malades :

— Hosannah au Fils de David !

— Hosannah! Hosannah! clament 60 000 voix.

Et le docteur joint ses acclamations à celles du peuple, puis il me murmure à l'oreille :

— C'est une véritable scène de l'Evangile!..... Il me semble assister à l'entrée triomphale de Jésus-Christ à Jérusalem.

— Mais, docteur, soyez convaincu que tous ces braves gens croient à la présence réelle de Dieu dans l'Eucharistie ; non seulement ils y croient, ils la sentent. Les voiles se déchireraient tout à coup qu'ils manifesteraient plus de joie que d'étonnement.

Et, comme pour compléter la scène évangélique, un souffle de vie passe sur les malades. Ils s'animent, ils implorent, ils crient leur détresse; ils se dressent pour apercevoir l'ostensoir.

Les invocations deviennent plus pressantes encore. On veut faire violence au ciel. Il semble que, dans un effort surhumain, les paralytiques vont se lever et marcher, les aveugles vont voir.

Que se passe-t-il ? Un frisson a parcouru l'immense multitude. Elle ondule comme les épis sous la brise. Des cris et des acclamations retentissent que les prêtres ne peuvent contenir. L'émotion étrangle le Yankee qui me serre le bras à me faire crier de douleur......

Les guéris reconnaissants.

Le caractère particulier du Pèlerinage National de 1908 apparut dans la cérémonie d'actions de grâces des « miraculés ».

La manifestation la plus éclatante et la plus irréfutable de l'action du surnaturel à Lourdes et de l'intervention réelle de la Sainte Vierge est, plus que les guérisons elles-mêmes, la permanence de ces guérisons après de longues années, écrit le *Pèlerin* (6 septembre).

Un tuberculeux, un écrasé, un cancéreux qui déclare : « Je suis guéri! » et dont les médecins, documents en main, constatent la véracité, c'est bien! Mais combien plus est, cinq, dix ou vingt ans après, la constatation que cette gué-rison ne s'est pas démentie, que, par suite, elle était bien réelle et non point l'effet d'une illusion ou d'une réaction nerveuse momentanée!

Cette démonstration, on l'a eue à Lourdes cette année, et 365 miraculés des années précédentes sont venus rendre témoignage à la Vierge.

Ajoutons ces détails sur la messe d'actions de grâces qui fut pontificalement chantée en plein air par Mgr Sevin, évêque de Châlons, le dimanche 23 août :

Ce beau jour, par une coïncidence des plus heureuses, écrit le *Journal de la Grotte* (30 août), est consacré ici à la fête du Cœur très pur de Marie. Quelle circonstance et quelle fête pouvaient être plus favorables à cette solennelle manifestation de la reconnaissance de tout un peuple envers Celle qui, depuis cinquante ans, nous comble de ses plus signalés bienfaits?

Le *Credo* de cette messe pontificale fut particulièrement émouvant.

Bientôt, dit la *Croix de Tarn-et-Garonne* (30 août), de

INTÉRIEUR DE L'ÉGLISE DU ROSAIRE

cette foule immense qui remplit l'esplanade, les rampes, les balustrades de la Basilique supérieure, qui occupe les lacets du Calvaire et a envahi tous les balcons et jusqu'aux toits des hôtels voisins, s'élève majestueux, largement rythmé, le chant du *Credo*. A l'*Incarnatus est*, toutes les têtes se découvrent, les genoux plient. Le spectacle est d'une incomparable majesté. Et je crois que Lourdes, même, n'en avait jamais offert de semblable.

D'une fenêtre du Bureau des constatations, M. le Dr Boissarie assiste, les larmes aux yeux, à cette véritable apothéose. « Ce magnifique tableau, nous dit-il, me rappelle les plus beaux moments de ma vie auprès de la Grotte. Ce que vous avez devant les yeux, c'est l'histoire du ciel écrite par le bon Dieu. »

Concluons avec le *Nouvelliste de Bordeaux* (25 août) :

Mgr Schœpfer, au cours de sa remarquable allocution, qui suivit l'office pontifical célébré en plein air dimanche matin, pouvait, avec raison, qualifier « d'unique au monde » le spectacle qu'il avait sous les yeux en contemplant cette foule immense et recueillie couvrant l'esplanade du Rosaire, s'étageant en files compactes sur toutes les rampes et jusque sur les sommets de la montagne du Calvaire.....

La procession aux flambeaux.

Chaque soir du Pèlerinage a lieu la procession aux flambeaux, d'un charme si particulier ; celle du 23 août a été splendide.

On n'a pas souvenir d'une manifestation approchant de celle-ci par son éclat, écrit la *Croix* (25 août). Soixante mille personnes au moins ont pris part à la procession aux flambeaux qui présentait un coup d'œil incomparable. L'esplanade et les rampes du Rosaire ressemblaient à une mer de feu en mouvement, et quelle ardeur, quelle foi dans le chant de l'*Ave Maria* et du *Credo* répercuté par l'écho des montagnes et ponctué par le bruit des bombes éclatant au sommet du fort ! Devant la beauté religieuse de cet indescriptible spectacle, les plus sceptiques, le cœur conquis, se sentaient les larmes aux yeux.

Parmi les descriptions qui en ont été données, nous aimons à citer celle-ci, de la *Semaine religieuse de Verdun* (3 octobre) :

La procession du Saint Sacrement est l'âme de Lourdes, la procession du soir en est la poésie.

C'est un merveilleux spectacle que ce scintillement dans la nuit de milliers et de milliers de cierges à la lueur trem-blotante ; la procession ondule comme un long serpent de feu au chant ininterrompu des *Ave* qui montent en un ravissant fouillis d'harmonie. La basilique s'est embrasée, les feux électriques dessinent les contours de sa gracieuse architecture, et la flèche hardie se découpe sur le fond sombre de la nuit; plus bas, ce sont les lignes arrondies de la coupole du Rosaire, plus bas encore, l'immense portail est tout resplendissant des centaines de lampes multicolores dessinant ses courbes imposantes.

C'est devant ce portail, sur l'immense esplanade que le fleuve de feu, après avoir chanté pendant plus d'une heure et demie le même cantique, vient s'arrêter, en formant une sorte de mer lumineuse dont les vagues seraient faites d'étoiles, et de cette foule s'élève avec majesté le chant du *Credo* de nos jours de fête. C'est comme l'apothéose de la foi de toute la France, et rien ne saurait rendre l'impression de ce spectacle.

Il n'est qu'un mot, déclare la *Semaine religieuse de Laval* (29 août), pour dire l'émotion de tous, et je l'emprunte à un de nos malades : « Oh! que c'est beau! Ce n'est plus la terre, mais le paradis! »

En sa lettre pastorale sur la clôture du Jubilé (23 janvier 1909), Mgr l'évêque de Tarbes résume ainsi, après le récit des fêtes jubilaires, le Pèlerinage National de 1908 :

Le mois d'août amena à Lourdes le Pèlerinage National et renouvela les scènes et les manifestations que nous venons de rappeler. 35 trains, 1 200 malades, 80 000 pèlerins conduits par 12 évêques, des messes incessantes aux sanctuaires et à la Grotte, des communions sans nombre, des guérisons multipliées, les processions eucharistiques, toute la beauté et la gloire de Lourdes, s'offraient en spectacle au monde, aux anges et aux hommes. Mais ce qui donna à ces journées un caractère particulièrement émouvant, ce fut l'apparition des « miraculés », groupés le dimanche 23 août sous leur bannière triomphale. Avec quel saisissement la foule contempla ces 400 privilégiés qui avaient voulu affirmer dans ce cinquantenaire leur vive reconnaissance!

Au retour.

Que de souvenirs inoubliables l'on a emportés de Lourdes, et pour toute la vie !

Comment décrire, dit la *Semaine religieuse de Fréjus* (5 septembre), les grandioses cérémonies du « National », les prières ferventes à la Grotte, les supplications déchirantes des malades, les acclamations enthousiastes et les roulements formidables des *Hosanna,* l'ardeur des *Magnificat* reconnaissants? Ces choses ne se dépeignent point. On en ressent des impressions qui font vibrer toutes les fibres de notre cœur, et quand, à distance, on en veut éprouver encore la sensation, on cherche vainement à atteindre cette intensité dans l'expression de la foi et de l'amour qui saisissait si spontanément notre âme au contact électrisant de l'immense foule croyante. Nous avons rencontré des personnes saluant avec joie l'heure du retour, parce que, disaient-elles, « c'était trop d'émotion ».

Aussi Mgr Chabot, curé de Pithiviers, a-t-il raison de conclure le récit du Pèlerinage par ce désir, qui est un espoir :

Lourdes est comme Jérusalem et Rome : quand on les a vues une fois, on désire toujours les revoir !

CHAPITRE VII

Clôture du Pèlerinage.

A Notre-Dame des Victoires.

Comme chaque année le Pèlerinage National s'est clôturé par une cérémonie solennelle à Notre-Dame des Victoires, qui a eu lieu le mercredi soir 25 août.

Bien que la cérémonie dût avoir lieu à 7 heures 1/2 seulement, l'église était, près d'une heure à l'avance, remplie par la foule des pèlerins qui débordait jusque sur la place, et un grand nombre de retardataires ont dû renoncer à y pénétrer.

Les « miraculés » étaient massés en face de l'autel de Notre-Dame des Victoires.

Mgr Sevin, évêque de Châlons qui officiait dimanche à Lourdes à la grand'messe pontificale célébrée sur le parvis du Rosaire, monte en chaire, et d'une voix claire, qui se fait entendre au plus profond des recoins de l'édifice, comme elle atteint au plus intime des cœurs, dit les gloires de Lourdes, ce qu'est un Pèlerinage National et pourquoi un Pèlerinage National à Lourdes.

Discours de Mgr Sevin.

En voici le substantiel résumé d'après la *Croix* du 27 août :

Depuis longtemps un fait aussi éclatant que les apparitions de Lourdes ne s'était produit : il a renouvelé la foi sur notre terre de France; il était donc juste que le jubilé en fût célébré et que, secondant le mouvement qui ne cesse d'attirer à Lourdes les foules du monde entier, l'œuvre de Notre-Dame de Salut, premier artisan des grands pèlerinages, y conduisît son 36ᵉ Pèlerinage National.

Lourdes, c'est la plus haute consécration terrestre du dogme de l'Immaculée Conception annoncé par l'Ancien et le Nouveau Testament, chanté par les prophètes, les poètes et les docteurs, et solennellement défini le 8 décembre 1854; c'est Marie venant elle-même révéler son nom, c'est la réponse de l'Eglise triomphante aux acclamations de l'Eglise militante.

Aussi, jamais marée humaine n'a t-elle battu un point de la terre comme elle fait à Lourdes; pauvres et riches, ignorants et hommes de génie, Européens et Asiatiques,

évêque de Châlons.

Africains et Américains, répondent à l'invitation de la Vierge, prient pour les pécheurs, font pénitence, obtiennent des miracles de guérison pour les âmes et pour les corps.

Le miracle de Lourdes, a dit le cardinal Pie, est à l'état permanent.

L'éminent orateur décrit les scènes de Lourdes, si émouvantes et si belles, les processions du Saint Sacrement avec leurs acclamations de foi, d'espérance et d'amour, plus de 35 malades se levant guéris au passage de l'Hostie sainte.

En vérité, le Pèlerinage National à Lourdes, c'est le

salut de la France à l'Immaculée Conception et la réponse de Marie à la France.

Pourquoi un Pèlerinage National à Lourdes?

Parce que Dieu y entend affirmer, par des faits qui déconcertent toutes les prévisions de la science orgueilleuse, sa maîtrise suprême sur la nature; les foules ont vu, et, allant d'un bond jusqu'au bout, elles ont reconnu que

L'AUTEL DE NOTRE-DAME DES VICTOIRES A PARIS

Dieu était là et sont tombées à genoux, tant il est vrai de dire qu'il n'est rien de plus naturel à l'homme que le surnaturel.

Les faux philosophes, les faux savants n'iront pas, ils ne croiront pas, parce qu'ils sont les fils de Voltaire qui disait: « Si on venait me dire qu'un homme est ressuscité à ma porte, je ne ferais pas un pas pour aller le voir; j'aurais trop peur de revenir aussi fou que les autres. »

Voilà leur conscience prise sur le fait! Ce n'est pas la foi qui leur manque, mais la bonne foi; le miracle les gêne, ils nient le miracle. Tout au plus acceptent-ils d'y voir un effet d'hypnose ou de névrose.

Et quand donc a-t-on vu, sous cette influence, des yeux s'ouvrir sans un globe qui pût y donner entrée à la lumière, des os se ressouder subitement, des tissus détruits se reformer instantanément, des plaies cancéreuses se fermer en un clin d'œil?

Lourdes est une terre de lumière et de certitude : la France y va retremper sa foi et son courage; Dieu, qui ressuscite les morts et arracha jadis notre pays à des situations plus terribles que celle d'aujourd'hui, peut aussi nous faire sortir du sommeil mortel qui semble peser sur ce pays.

Notre terre est à Marie, nous sommes son peuple, ne désespérons jamais; quelle que soit la violence des tempêtes, nous avons avec nous l'Etoile de la mer.

Grâces soient rendues à l'œuvre de Notre-Dame de Salut, organisatrice de ces grandes manifestations si fortifiantes, si lumineuses, si propres à raffermir la foi de la France et à ranimer notre courage dans la lutte pour l'Eglise et la patrie!

Après cet émouvant discours, M. le chanoine Rataud, curé de Notre-Dame des Victoires, invite les assistants à redoubler de dévotion envers le saint Cœur de Marie, et adresse ses remerciements aux directeurs du Pèlerinage, aux brancardiers, hospitaliers et hospitalières.

Le salut solennel du Très Saint Sacrement, donné par Mgr Jara, évêque de Saint-Charles d'Ancud (Chili), couronne cette magnifique réunion, qui achève le Pèlerinage National de 1908.

ÉPILOGUE

Le Jubilé.

Lourdes a inspiré à un jeune religieux de l'Assomption ces quelques strophes, humble hommage de sa piété et de son talent à Notre-Dame. Elles clôtureront agréablement ces « récits et souvenirs ».

Mon Dieu ! quel souvenir est gravé dans mon âme !
Les Saints ont tressailli dans leur cœur plein de flamme.
Eh quoi ! Le ciel s'était-il soudain dévoilé
Pour qu'un immense peuple en un instant s'enflamme ?
    L'ange de France avait parlé :
    - C'était le Jubilé !

    Où couriez-vous des coins du monde,
    O peuple à la foi si profonde ?
      Le grand peuple appelé
    Courait à la source féconde :
      C'était le Jubilé.

    Près de vous, on croit, on espère,
    L'amour chasse la peine amère,
      Mais au peuple assemblé,
    Vous parûtes plus douce, ô Mère :
      C'était le Jubilé !

    Oh ! dites-le-nous : la prière,
    Le chant et la blanche bannière,
      Drapeau du « miraculé »,
    Réjouit votre cœur de Mère,
      Au jour du Jubilé.

Vous l'avez dit; car mille grâces,
O Vierge, ont germé sur vos traces.
   Plus d'un miraculé
Bénit vos pouvoirs efficaces,
   Au jour du Jubilé !

Reconnaissance et gloire encore
A vous que le pays honore,
   Ce grand miraculé
Qui dit : « Quand paraîtra l'aurore
   Du nouveau Jubilé ? »

S. P.

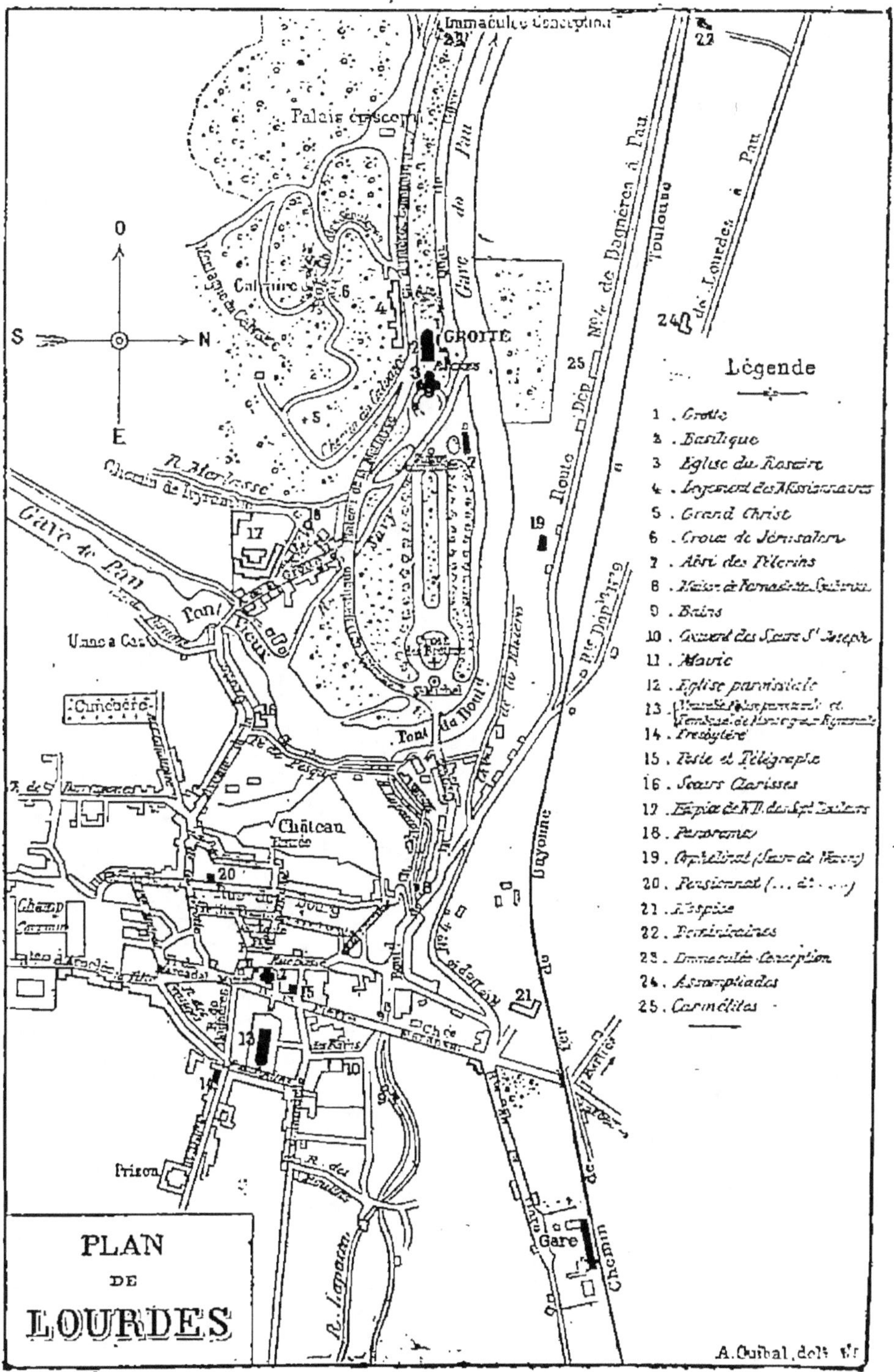

Immaculée Conception
23
22
Palais épiscopal
O
S
N
E
Calvaire
Montagne du Calvaire
Chemin du Calvaire
6
4
1 GROTTE
3 Abris
5
R. Merlasse
Chemin de Tyrouse
Gave de Pau
Pont Vieux
Usine à Gaz
Cimetière
R. de Pontacq
Château Fort
20
Rue du Bourg
Champ Commun
15
13
10
16
Prison
R. Lagraulet
Gare
Gave de Pau
Gave de Pau
24
25
19
21
Route Dép.
Route de Bagnères à Pau
Toulouse
de Lourdes
Pau
Bayonne
Pont de Boul
Chemin de fer

Légende
1 . Grotte
2 . Basilique
3 . Église du Rosaire
4 . Logement des Missionnaires
5 . Grand Christ
6 . Croix de Jérusalem
7 . Abri des Pèlerins
8 . Maison de Bernadette Soubirous
9 . Bains
10 . Couvent des Sœurs St Joseph
11 . Mairie
12 . Église paroissiale
13 . Tribunal et Gendarmerie
14 . Presbytère
15 . Poste et Télégraphe
16 . Sœurs Clarisses
17 . Hôpital de N.D. des Sept Douleurs
18 . Panorama
19 . Orphelinat
20 . Pensionnat
21 . Hospice
22 . Dominicaines
23 . Immaculée Conception
24 . Assomptiades
25 . Carmélites

PLAN DE LOURDES
A. Guibal, delt

APPENDICE I

Documents
sur l'Association de Dotre-Dame de Salut.

I. NOTICE GÉNÉRALE

L'Association de Notre-Dame de Salut, fondée immédiatement après la Commune, fut bénie à son origine par Pie IX et enrichie de précieuses indulgences par un Bref en date du 17 mai 1872. Elle a reçu depuis les plus précieux encouragements de la part de l'épiscopat français; elle est accueillie aujourd'hui et régulièrement approuvée par NN. SS. les évêques en 65 diocèses de France. Le 8 avril 1886, Léon XIII lui avait assigné pour protecteur le cardinal Parocchi, décédé le 15 janvier 1903. Le 6 décembre 1905, S. S. Pie X a daigné lui donner un nouveau protecteur, S. Em. le cardinal Vincent Vannutelli, évêque suburbicaire de Palestrina.

But.

L'Association a pour but de travailler au salut de la

LE CARDINAL PAROCCHI

France par *la prière, la moralisation des ouvriers et la diffusion de la bonne presse.*

La prière. — C'est d'abord une œuvre surnaturelle; elle doit donc employer avant tout des moyens surnaturels.

1° Elle demande à ses membres de réciter chaque jour, aux intentions de l'Œuvre, un *Pater*, avec l'invocation : *Notre-Dame de Salut, sauvez la France.*

2° Elle s'efforce d'obtenir partout des messes et des communions pour le salut de la France.

3° Elle sollicite aussi les prières des enfants et s'adresse pour cela aux pensionnats, ouvroirs, orphelinats, écoles, asiles, etc.

LE CARDINAL VINCENT VANNUTELLI

4° Elle a suscité le mouvement des pèlerinages et le soutient encore, surtout par le Pèlerinage National annuel de Lourdes, où elle amène chaque année plus de mille malades pauvres.

5° Elle provoque, avec l'autorisation de NN. SS. les évêques et la bénédiction du Saint-Père, des prières et des neuvaines générales dans les circonstances exceptionnelles, comme autrefois à l'occasion des prières publiques.

6° Elle s'applique enfin à opposer la prière sociale aux habitudes de respect humain, d'isolement et d'égoïsme dans la piété.

La moralisation des ouvriers. — La grande difficulté pour faire du bien aux ouvriers c'est de les atteindre. Les œuvres ouvrières et les hommes d'œuvres y réussissent seuls. L'Association se préoccupe d'aider et de multiplier ces œuvres, d'encourager et de soutenir ces hommes.

1° Elle secourt toutes les œuvres ouvrières, comme patronages, cercles ouvriers, réunions de patrons, œuvres rurales, écoles libres, etc.

2° Elle pousse à la fondation de ces œuvres en aidant les hommes de zèle que l'isolement effraie et qui n'oseraient rien commencer sans cet encouragement.

3° Elle espère arriver à préserver les bons ouvriers dans leurs voyages en leur délivrant un certificat ou feuille de route, qui leur assure l'appui et les conseils des directeurs d'œuvres.

La diffusion de la bonne presse. — C'est l'œuvre urgente par excellence, car il ne suffit pas de voir et de grouper des ouvriers, il faut aussi leur parler et les instruire. Qui le fera mieux que le bon journal, apôtre contre qui n'existe aucune prévention et qui revient chaque jour sous une forme discrète, bien accueilli à cause de l'intérêt de son information, et par conséquent plus influent pour le bien?

1° L'Association aidera donc à développer et à promouvoir les centres de propagande de la bonne presse; à répandre les bons journaux, les bonnes revues, les bonnes publications, surtout dans les classes populaires; à aider par tous les moyens cette propagande, même par des subventions.

2° Elle fera prier pour le succès de cet apostolat de la presse.

Organisation.

L'Œuvre est à la fois une *œuvre générale* et une *œuvre diocésaine*.

Œuvre générale. — Elle est dirigée par un Conseil général, qui a son siège à Paris. Ce Conseil général ou central suscite les mouvements généraux de prière ou d'action; il vote les allocations, mais non sans avoir demandé l'avis du directeur diocésain. Pour répondre aux légitimes inquiétudes des provinces, il s'est interdit de donner aux œuvres de Paris, sauf à raison d'une affectation spéciale.

Œuvre diocésaine. — Elle dépend de l'évêque qui veut bien l'accueillir et qui en confie la charge à un ecclésiastique de son choix. Celui-ci est le directeur diocésain de l'Œuvre; il se met en rapport avec le Conseil général, il institue et préside les Comités diocésains; l s'efforce d'établir des sous-Comités; il est consulté sur toutes les œuvres, et, sans son avis, rien n'est donné dans le diocèse.

Offrandes.

Quatre sortes d'offrandes sont adoptées par l'Association : celle de 2 sous par semaine ou 5 francs par an; — celle de 2 sous par mois ou 1 franc par an; — celle de 1 sou par mois ou 10 sous par an; — celle de 1 sou par an pour les plus pauvres et les enfants des écoles.

Ces offrandes sont recueillies par les chefs de dizaines, qui les remettent aux collecteurs et collectrices. Ceux-ci les envoient au siège de leur Comité diocésain, qui les transmet au *Conseil central de Notre-Dame de Salut, 4, avenue de Breteuil, Paris*.

Les collecteurs et chefs de dizaines recueillent aussi des engagements ou promesses de messes, de communions, de prières. Ils cherchent surtout à établir dans les écoles, comme dans les familles, la prière si efficace des petits enfants, prière bien courte : *Notre-Dame de Salut, sauvez la France*. Ils reçoivent, selon le montant de leur collecte, diverses publications avec le *Bulletin mensuel de l'Association* et lui envoient le total des prières du mois, le nom des associés défunts, etc.

Tout souscripteur reçoit, le jour de son inscription, l'image de Notre-Dame de Salut comme cachet d'agrégation.

Obligations.

Les associés ne contractent aucune obligation de conscience. Seulement, s'ils veulent avoir part aux indulgences et privilèges de l'Œuvre, ils doivent en suivre les règles, en versant annuellement au moins la plus humble des offrandes et en récitant chaque jour le *Pater* et l'invocation.

Ceux qui veulent entrer dans l'esprit de l'Association iront plus loin ; ils s'occuperont avec zèle de répandre l'Œuvre ; ils établiront autant que possible dans leurs familles des habitudes chrétiennes, comme la prière en commun ; ils chercheront à exercer une influence salutaire sur les personnes qui les entourent ou dépendent d'eux, comme leurs ouvriers, leurs employés, leurs domestiques.

Patrons et fêtes.

L'Association est placée sous le patronage et le vocable de Notre-Dame de Salut. Elle a aussi pour patron saint Joseph, le modèle des ouvriers et le patron de l'Eglise universelle.

Les fêtes sont :

1º L'Immaculée Conception, 8 décembre ;

2º La Nativité de la Sainte Vierge, 8 septembre ;

3º La fête de saint Joseph, 19 mars.

Le lendemain de chacune de ces fêtes, une messe est dite pour les associés défunts.

Une messe solennelle, aux intentions de l'Œuvre et pour le salut de la France, est dite : à Paris, tous les premiers vendredis du mois ; en chaque diocèse, un jour déterminé. Tous les associés sont invités à y assister.

Indulgences.

Indulgences plénières. — Le jour de l'agrégation, à l'article de la mort, aux fêtes patronales de l'Œuvre : l'Immaculée Conception, 8 décembre ; la Nativité de la Sainte Vierge, 8 septembre ;

la fête de saint Joseph, 19 mars; et, en outre, quatre fois l'an, aux jours choisis par les associés.

Indulgences partielles. — De 300 jours, chaque fois que les associés se réuniront dans une église, dans l'intérêt de l'Œuvre; de 300 jours également pour tout acte accompli au nom ou en faveur de l'Œuvre (rescrit du 17 novembre 1908).

Nota. — Des notices et des feuilles de collecte sont à la disposition des associés; ils peuvent les demander au Secrétariat, 4, avenue de Breteuil, Paris.

II. ESPRIT DE L'ASSOCIATION

Du *Bulletin de Notre-Dame de Salut* (octobre 1906) :

On nous demande parfois quel est l'esprit de notre Association et en quoi elle se distingue d'œuvres qui, à première vue, semblent identiques. Il est facile de répondre. Notre Œuvre a pour caractéristiques la prière, le sacrifice et l'action.

Elle veut, en ces temps d'orgueil et d'indépendance, inculquer davantage à ses associés — et par eux, dans la mesure de leurs moyens, à la société — un esprit surnaturel de foi ardente et vivante, se manifestant surtout par la *prière.*

Et voilà pourquoi elle a suscité jadis ces prières publiques, ces neuvaines nationales, ces mois de pieux pèlerinages, ces messes pour la rançon de la France, dont les débuts de son histoire sont illustrés; voilà pourquoi elle continue à provoquer la prière quotidienne et en commun chez ses associés ou ses affiliés de la Ligue de l'*Ave Maria,* la prière nationale dans ses grandes neuvaines au moment des graves événements patriotiques, la prière publique et sociale dans son Pèlerinage National annuel à Lourdes. C'est elle qui a suscité ce mouvement de foi humble, suppliante, presque toute-puissante, capable de soulever les montagnes, et qui a, en effet, battu en brèche le respect humain, fortifié les convictions et accru les pratiques religieuses, obtenu enfin de Dieu et de la Vierge des miracles éclatants de conversions et de guérisons.

Aucune autre œuvre, que nous sachions, n'a eu, autant qu'elle, cette influence et ces résultats au point de vue de la prière.

Le *sacrifice* est la seconde de ses notes dominantes. C'est pour elle le vrai moyen de vaincre l'égoïsme et la sensualité de notre nature déchue, surtout en notre siècle assoiffé de luxe et de satisfactions grossières.

Elle ajoute d'abord, selon le conseil de Notre-Seigneur, la pénitence à la prière, réclamant pendant ses neuvaines jeûnes et mortifications, et imposant pendant ses pèlerinages des pratiques publiques de pénitence qu'on ne voit que là. Elle offre à Dieu les

souffrances chrétiennement supportées des milliers de malades
qu'elle fait visiter, comme à Poitiers et ailleurs, ou qu'elle trans-

NOTRE-DAME DE LOURDES — LA VIERGE DE L'ESPLANADE

porte et hospitalise à Lourdes. Elle demande à ses associés des
plus grandes familles françaises de se gêner, de se sacrifier, de
payer de leur personne pour se faire les brancardiers, les hospi-

taliers, les infirmiers et infirmières de ces pauvres malades. Et ainsi, par les services de son Hospitalité comme par les initiatives de ses Comités diocésains, elle aide à rapprocher et à unir, dans la charité, les classes aisées aux classes ouvrières, selon le vœu même de l'Eglise, unique famille du même Père.

Ici encore nous ne voyons en dehors du Salut aucune œuvre ayant à ce point ce caractère surnaturel.

Enfin, l'*action*, mais une action individuelle et commune, luttant contre la mollesse ou l'apathie d'un trop grand nombre en face des sectaires et des persécuteurs et tendant au salut général de la France. Et, là encore, elle se spécialise par les moyens, qui sont de moraliser les classes ouvrières.

Elle veut d'abord éclairer les esprits, en les détournant de l'erreur par sa Ligue contre les mauvaises lectures et en leur proposant la bonne presse, qu'elle s'efforce de recommander et de propager.

Par les cotisations de ses associés, elle vient ensuite en aide aux œuvres ouvrières, en les suscitant, en les secourant, en les groupant : patronages, cercles, œuvres sociales ou d'avant-garde, écoles, etc.

Enfin, étant avant tout au service de l'Eglise, elle se fait en chaque diocèse l'humble auxiliaire de l'évêque, et elle reste à sa disposition pour contribuer, dans la mesure de ses moyens, aux œuvres urgentes qui peuvent solliciter le zèle des catholiques.

Tel est notre esprit. Inspiré à nos fondateurs par les épreuves douloureuses des débuts, après la guerre et la Commune, il est encore bien approprié à notre époque. Comme par le passé, il permettra à notre Association de vivre et d'agir, non seulement pour la sanctification personnelle de ses membres, mais encore pour le salut de notre pays « en ce temps de la tribulation ».

Soyons donc fidèles à cet esprit, et Notre-Dame de Salut nous montrera, une fois de plus, qu'elle accepte ce vocable en le réalisant.....

III. CONSEIL CENTRAL DE L'ASSOCIATION

Bureau.

S. A. I. et R. Mme la C^{sse} D'EU, *présidente.*
Mme la C^{sse} DE L'EPINOIS, *vice-présidente.*
Mme la C^{sse} DE BELMONT *vice-présidente.*
Mme A. DE SAINTE-OPPORTUNE, *vice-présidente secrétaire.*
Mme la C^{sse} DE ROCHECHOUART, *vice-présidente trésorière.*

CONSEILLÈRES

Mme Bith.

Mlle Boland.

Mme Chaumont.

Mme la M^ise de Chevigné.

Mlle Choppin d'Arnouville.

Mme E. Colombel.

Mme la B^nne de Constantin.

Mlle Alice Davillier.

Mme la D^sse d'Estissac, née de Mortemart.

Mme Falret de Tuite.

Mme Paul Feron-Vrau.

Mme la C^sse de Gosdawa-Godlewska.

Mme F. Gillet.

Mme Gripon.

Mlle de Lapeyrouse.

Mme Georges Espivent de la Villesboisnet.

Mme de la Maisonneuve.

Mme Fernand Nicolay.

Mlle Novo.

Mme la C^sse de Quénétain.

Mlle de Sabran.

Mlle de Sahune.

Mlle Sorin de Bonne.

Mme Henri Tailliandier.

Mme Emile Téreygeol.

IV. COMITÉ DE PARIS

S'occupant spécialement des malades du Pèlerinage National à Lourdes, les visitant avant le départ et les soignant en route et à Lourdes.

Mmes B^nne Gaston de Beaulieu, de Borda, Louis Bottard, Carteron, Daire, Favreau, Fleury, C^sse de Foucault, Goumy de Morvan, La Derté, V^sse de Larocque-Latour, M^ise de La Tour-Maubourg, Legrez, des Loges, de Morlaincourt, Nivert, de Pierrefitte, M^ise de Savignac, B^nne de Vélard, de Verneuil, C^sse Marthe de Villeneuve-Bargemon, de Voyon ;

Mlles Baranger, Gouby, de Guise, de Pandellé, Pinard, Mercédès et Theresa Puga.

V. LISTE DES DIRECTEURS ET COMITÉS DIOCÉSAINS

Agen. — *Directeur diocésain* : M. l'abbé Lespinasse, chanoine honoraire, vicaire général. — *Comité diocésain* : *En formation.*

Aix. — *Directeur diocésain* : M. l'abbé André, vicaire au Saint-Esprit ; M. l'abbé Ibac, vicaire à Saint-Trophime, directeur local d'Arles. — *Comité diocésain* : Mme Castellan, présidente ; Mme E. Gounelle, secrétaire.

Amiens. — *Directeur diocésain* : M. l'abbé Dely, vicaire général ; M. l'abbé Pouillet, chanoine honoraire, curé doyen de Saint-Remy, sous-directeur ; M. l'abbé Caron, chanoine honoraire, curé-archiprêtre, directeur local d'Abbeville. — *Comité diocésain* : Mme de Roquemont, présidente ; Mlles Magnier, secrétaires, 59, rue Saint-Fuscien.

Angers. — *Directeur diocésain :* M. l'abbé Baudriller, chanoine honoraire, vicaire général. — *Comité diocésain :* Mᵐᵉ de Guibert, présidente ; Mˡˡᵉ de Place, secrétaire, rue Volney.

Angoulème. — *Directeur diocésain :* M. l'abbé Lacroix, curé-doyen de Montmoreau. — *Comité diocésain :* Mᵐᵉ Marc de la Croix, présidente ; Mˡˡᵉ Bourdin, trésorière, 41, rue d'Iéna.

Arras. — *Comité spécial :* Mᵐᵉ Tailliandier, présidente.

Auch. — *Directeur diocésain :* M. l'abbé Carrère, missionnaire diocésain. — *Comité diocésain :* Mᵐᵉ la Bᵐᵉ de Sambucy, présidente.

Autun. — *Directeur diocésain :* N. — *Comité diocésain :* Mᵐᵉ Lagoutte, présidente.

Avignon. — *Directeur diocésain :* N. — *Comité diocésain :* Mᵐᵉ la Cᵗᵉ de Saint-Priest, présidente.

Bayeux. — *Comité diocésain : En formation.*

Bayonne. — *Directeur diocésain :* N. — *Sous-comité de Pau :* Mᵐᵉ de Breuille, présidente ; Mᵐᵉ H. Terrier, secrétaire.

Beauvais. — *Directeur diocésain :* M. l'abbé Leteiller, chanoine honoraire, vicaire général. — *Comité diocésain :* Mᵐᵉ l'Epine, présidente, à Reilly ; Mᵐᵉ Levasseur, secrétaire.

Besançon. — *Directeur diocésain :* M. l'abbé Humbrecht, chanoine honoraire, curé de St-Joseph de Belfort. — *Comité diocésain :* Mᵐᵉ Estignard, présidente.

Blois. — *Directeur diocésain :* M. l'abbé Montagne, chanoine honoraire. — *Comité diocésain :* Mᵐᵉ la Cᵗᵉ de Salaberry, présidente.

Bordeaux. — *Directeur diocésain :* M. l'abbé Ignace Druart. — *Comité diocésain :* Mᵐᵉ John Saulnier, présidente ; Mˡˡᵉ V. Lajoux, secrétaire, 140, rue Notre-Dame.

Bourges. — *Directeur diocésain :* M. l'abbé Abel Guitard, curé de Boulleret. — *Comité diocésain :* Mᵐᵉ la Cᵗᵉ de Champgrand, présidente, 24, rue Paradis.

Cahors. — *Directeur diocésain :* M. l'abbé Blanc, chanoine honoraire, secrétaire général de l'évêché. — *Comité diocésain : En formation.*

Cambrai. — *Directeur diocésain :* S. G. Mᵍʳ Monnier, évêque de Lydda. — *Comité diocésain :* Mᵐᵉ Feron-Vrau.

Carcassonne. — *Directeur diocésain :* M. l'abbé Marcel Combes, chanoine honoraire, directeur des Œuvres ouvrières, aumônier du patronage de Carcassonne ; M. l'abbé Frédéric Andrieu, chanoine honoraire, archiprêtre de Narbonne, directeur local. — *Comité diocésain : En formation.*

Châlons. — *Directeur diocésain :* M. l'abbé Deniset, chanoine honoraire, supérieur du Petit Séminaire de Saint-Memmie. —

Comité diocésain : M⁽ˡˡᵉ⁾ Jacquetelle, présidente, 12, rue Parmentier; M⁽ˡˡᵉ⁾ Leloup, secrétaire.

Chambéry. — *Directeur diocésain* : M. l'abbé Jules-Alexandre Colombain, chanoine honoraire, vicaire général. — *Comité diocésain : En formation.*

Chartres. — *Directeur diocésain* : M. l'abbé François, aumônier de l'Hôtel-Dieu. — *Comité diocésain* : Mᵐᵉ la Cᵉˢˢᵉ de Rougemont, présidente; Mᵐᵉ Vᵛᵉ E. Chesnel, secrétaire, 11, cloître Notre-Dame.

Clermont-Ferrand. — *Directeur diocésain* : M. l'abbé Cluzel, curé de St-Joseph. — *Comité diocésain* : M⁽ˡˡᵉ⁾ M.-A. du Ligondez, présidente; M⁽ˡˡᵉ⁾ Misoule, secrétaire.

Coutances. — *Comité diocésain : En formation.*

Digne. — *Directeur diocésain* : M. l'abbé Joseph Monnier, aumônier de la maîtrise épiscopale et directeur des œuvres ouvrières. — *Comité diocésain : En formation.*

Dijon. — *Directeur diocésain* : M. l'abbé Marigny, chanoine honoraire. — *Comité diocésain* : Mᵐᵉ Hermann, présidente.

Evreux. — *Directeur diocésain* : M. l'abbé Barbier, chanoine titulaire, archiprêtre de la cathédrale; M. l'abbé Olivier, chanoine honoraire, curé-doyen, directeur local de Gisors. — *Comité diocésain* : Mᵐᵉ la Cᵉˢˢᵉ de Maistre, présidente d'honneur; Mᵐᵉ d'Esclavelle, présidente. — *Sous-comité de Gisors* : Mᵐᵉ la Cᵉˢˢᵉ Pozzo di Borgo, présidente; M⁽ˡˡᵉ⁾ A. Davillier, vice-présidente; Mᵐᵉ Loutrel-Champy, secrétaire; Mᵐᵉ Milleret, trésorière.

Fréjus. — *Directeur diocésain* : S. G. M⁽ᵍʳ⁾ l'Evêque. — *Comité diocésain : En formation.* — *Sous-Comité de Toulon* : M⁽ˡˡᵉ⁾ C. Sinibaldy, zélatrice, 29, boulevard Tessé, Toulon.

Gap. — *Directeur diocésain* : M. l'abbé Jean-Auguste Caffarel, vicaire général et supérieur du Grand Séminaire. — *Comité diocésain : En formation*

Grenoble. — *Directeur diocésain* : M. l'abbé Paul Linossier, secrétaire particulier de M⁽ᵍʳ⁾ l'Evêque. — *Comité diocésain* : M⁽ˡˡᵉ⁾ Mathilde Royer, présidente; M⁽ˡˡᵉ⁾ Jeanne Nicot de Villemain, secrétaire.

Langres. — *Directeur diocésain* : N. — *Comité diocésain* : Mᵐᵉ de Bandel, présidente, 8, rue du Palais, à Chaumont.

Laval. — *Directeur diocésain* : M. l'abbé Léon Accary, chanoine honoraire. — *Comité diocésain : En formation.*

Limoges. — *Directeur diocésain* : M. l'abbé Maupetit, vicaire à Saint-Michel des Lions. — *Comité diocésain : En formation.*

Lyon. — *Directeur diocésain* : M⁽ᵍʳ⁾ Jean Petit, prélat de Sa Sainteté, aumônier des œuvres catholiques. — *Comité diocésain* : Mᵐᵉ de Lajudie, présidente; M⁽ˡˡᵉ⁾ Jourdan, secrétaire, 26, rue Salla.

Marseille. — *Directeur diocésain :* M. l'abbé Stanislas Gamber, chanoine adjoint de la cathédrale. — *Comité diocésain : En formation.*

Meaux. — *Directeur diocésain :* N. — *Sous-comité de Provins :* Mme de Montberland, présidente ; Mme Mollevaux, vice-présidente ; Mlle Desforges, trésorière.

Mende. — *Directeur diocésain :* M. l'abbé Chapelle, chanoine titulaire, directeur des œuvres ouvrières. — *Comité diocésain :* Mme Grounet, présidente ; Mme Ulmet, secrétaire.

Montauban. — *Directeur diocésain :* M. l'abbé Bouyssou, chanoine honoraire, ancien vicaire général, curé-doyen de Montech. — *Comité diocésain : En formation.*

Montpellier. — *Directeur diocésain :* M. l'abbé Maubon, chanoine honoraire, supérieur du Grand Séminaire. — *Comité diocésain :* Mme la C^sse de Fontanges, présidente ; Mlle Dubois, secrétaire, 9, rue de la Vieille Intendance.

Moulins. — *Directeur diocésain :* M. l'abbé Nény, chanoine titulaire, vicaire général. — *Comité diocésain :* Mlle de Cissey, présidente ; Mme Juny, secrétaire.

Nancy. — *Directeur diocésain :* N. — *Comité diocésain :* Mme la V^sse de Chambrun, présidente ; Mme H. de Vienne, secrétaire.

Nevers. — *Directeur diocésain :* M. l'abbé Merle, chanoine honoraire, aumônier de Sainte-Marie. — *Comité diocésain : En formation.*

Nice. — *Directeur diocésain :* M. l'abbé Cappatti, chanoine titulaire, vicaire général. — *Comité diocésain : En formation.*

Nîmes. — *Directeur diocésain :* Mgr François Chapot, protonotaire apostolique, vicaire général. — *Comité diocésain :* Mme Dumazer, présidente, 30, rue Pradier.

Orléans. — *Directeur diocésain :* Mgr Philibert de Poterat, protonotaire apostolique, chanoine honoraire, directeur de la jeunesse ouvrière. — *Comité diocésain :* Mme A. Miron d'Aussy, présidente, 80, rue Bannier. — *Sous-Comités :* Orléans, V^sse d'Alès, présidente ; Montargis, Mme de la Maisonneuve, présidente ; Pithiviers, C^sse de Mirepoix, présidente ; Gien, Mme Yver, présidente.

Pamiers. — *Directeur diocésain :* M. l'abbé Jean Girbeau, vicaire général honoraire, chanoine honoraire, secrétaire général de l'évêché. — *Comité diocésain :* Mme Lasaïgues, présidente ; Mlle A. Lasaïgues, secrétaire.

Périgueux. — *Directeur diocésain :* M. l'abbé Frapin, chanoine titulaire, vicaire général honoraire, secrétaire général de l'évêché. — *Comité diocésain :* Mme Donneaud, présidente ; Mme Coutaud, trésorière.

Perpignan. — *Directeur diocésain :* M. l'abbé Mas. — *Comité diocésain : En formation.*

Poitiers. — *Directeur diocésain :* M. l'abbé Belleville, aumônier de l'hôpital général. — *Comité diocésain :* Mme la C^sse d'Hugonneau, présidente ; Mlle Vincent Molinier, secrétaire. — *Comité de Niort :* Mme Maudet, présidente.

Le Puy. — *Directeur diocésain :* M. l'abbé Fournier, chanoine honoraire, secrétaire général de l'évêché. — *Comité diocésain : En formation.*

Quimper. — *Directeur diocésain :* M. l'abbé Fleiter, chanoine honoraire, vicaire général. — *Comité diocésain :* Mme Guepin, présidente ; Mme Peinte, secrétaire, 6, rue Saint-François. — *Sous-Comité de Brest :* Mlle Louise Violette, présidente ; Mme Kerguistel, secrétaire.

Reims. — *Directeur diocésain :* N. — *Comité diocésain :* Mme Augé, présidente ; Mlle Delpit, secrétaire.

Rennes. — *Directeur diocésain :* M. l'abbé Bertrand de Mongermont, aumônier des Filles de la Charité. — *Comité diocésain :* Mme la B^nne d'Antin, présidente ; Mlle Pocquet du Haut-Jussé, secrétaire, 2, rue Hoche.

La Rochelle. — *Directeur diocésain :* M. l'abbé André Fanton, directeur des œuvres de presse et de conférences. — *Comité diocésain :* Mlle de Saint-Maurice, présidente, Mlle Bonnin, secrétaire.

Rodez. — *Directeur diocésain :* M. l'abbé Jean Touzery, chanoine titulaire, vicaire général honoraire. — *Comité diocésain :* Mme Bonnefous, présidente, Mlle Marthe Viala, secrétaire.

Rouen. — *Directeur diocésain :* M. l'abbé Flavigny, chanoine honoraire, vicaire général honoraire. — *Sous-comité d'Elbeuf :* Mme Brunel-Olivier, présidente.

Saint-Brieuc. — *Sous-comité de Tréguier :* M. l'abbé Couronne, vicaire à la cathédrale, directeur local ; Mlle Berthe Villeneuve, présidente ; Mlle A. Cadiou, secrétaire.

Saint-Dié. — *Directeur diocésain :* M. l'abbé E. L'Hôte, chanoine titulaire, professeur au Grand Séminaire. — *Comité diocésain : En formation.*

Saint-Flour. — *Directeur diocésain :* M. l'abbé Pierre-Frédéric Soucher, chanoine titulaire. — *Comité diocésain :* Mme la B^nne de Blons d'Auriac, présidente ; Mlle Baduel, secrétaire.

Séez. — *Directeur diocésain :* M. l'abbé Dubois, chanoine honoraire, secrétaire général de l'évêché. — *Comité diocésain : En formation.*

Sens. — *Directeur diocésain :* M. l'abbé Labbé, chanoine honoraire, vicaire général. — *Comité diocésain : En formation.*

Soissons. — *Directeur diocésain :* M. l'abbé Cardon, chanoine honoraire, vicaire général. — *Comité diocésain* : M™• Emile Forzy, secrétaire, rue Saint-Antoine.

Toulouse. — *Directeur diocésain* : M. l'abbé Besson. — *Comité diocésain* : M™ᵉ Lassalle, présidente, 16, rue Riguepels ; M™• Denécheaut, secrétaire.

Tours. — *Directeur diocésain* : M. l'abbé Perdriau, vicaire à Saint-Saturnin. — *Comité diocésain : En formation*.

Troyes. — *Directeur diocésain* : M. l'abbé Louis-Charles Nioré, vicaire général, chanoine titulaire, secrétaire général de l'évêché. — *Comité diocésain* : M™ᵉ Patenotre, présidente ; M¹¹ᵉ Antoinette Hausser, secrétaire, 14, rue de la Trinité.

Tulle. — *Directeur diocésain* : Mᵍʳ Graffeuil, prélat de Sa Sainteté, vicaire général. — *Comité diocésain* : M™ᵉ Tereygeol, présidente ; M™ᵉ Paul Cessac, secrétaire.

Valence. — *Directeur diocésain* : M. l'abbé Jobert, chanoine honoraire, secrétaire général de l'évêché. — *Comité diocésain : En formation*.

Verdun. — *Directeur diocésain* : M. l'abbé Gattinois, chanoine honoraire, curé-archiprêtre de Notre-Dame. — *Comité diocésain* : M¹¹ᵉ Amélie Malbois, secrétaire, 40, rue Saint-Pierre. — *Souscomité de Bar-le-Duc* : M¹¹ᵉ Van Ten-Brinck, présidente, 10, quai Victor Hugo ; M¹¹ᵉ Vincent, 46 *bis*, rue de La Rochelle.

Versailles. — *Directeur diocésain* : M. l'abbé Gueusset, chanoine honoraire, aumônier militaire. — *Comité diocésain : En formation*.

Viviers. — *Directeur diocésain* : M. l'abbé Vincent Soulerin, chanoine titulaire. — *Comité diocésain* : M™ᵉ A. de Lafarge, présidente.

Alger. — *Directeur diocésain* : M. l'abbé Domergue, chanoine titulaire. — *Comité diocésain : En formation*.

Oran. — *Directeur diocésain* : M. l'abbé Bouissière, chanoine honoraire, vicaire général. — *Comité diocésain : En formation*.

N. B. — L'Association de Notre-Dame de Salut est donc érigée en 71 diocèses ; elle a actuellement 60 directeurs diocésains et 49 Comités diocésains.

APPENDICE II

Conseil des Pèlerinages.

Un Conseil général des Pèlerinages fut institué à La Salette, en 1872, sous les auspices de Mgr Fava, évêque de Grenoble, à la suite du Pèlerinage National. Il se compose d'un directeur général, d'un président et de vice-présidents, secrétaire, trésorier et conseillers.

I. RÈGLEMENT ÉLABORÉ EN 1872

I. — Le Conseil a pour but de favoriser en France le mouvement des pèlerinages, soit en provoquant et organisant par lui-même des Pèlerinages Nationaux, soit en aidant les initiatives individuelles dans la mesure où on le lui demandera.

II. — Il se mettra en relations avec les directeurs des sanctuaires où devront se faire les pèlerinages, afin de régler tous les préparatifs.

III. — Il fera connaître par des circulaires les conditions des pèlerinages acceptés ou décidés.

IV. — Il se fera représenter par un de ses membres aux sanctuaires pendant toute la durée des pèlerinages.

V. — Il provoquera la formation de Comités en province, organisés sur les mêmes bases, et sera en rapports suivis avec eux.

VI. — Les Comités locaux seront absolument chargés de la direction des pèlerinages de leurs diocèses respectifs.

VII. — Ils s'occuperont, en outre, de l'Œuvre générale des Pèlerinages et s'entendront, à cet effet, avec le Conseil général.

VIII. — La caisse des Comités de l'Œuvre des Pèlerinages sera alimentée par les aumônes qu'on voudra bien lui faire et par les sommes demandées aux pèlerins à titre de frais généraux.

IX. — Les membres des Comités mettent leur œuvre tout spécialement sous la protection de la Très Sainte Vierge et récitent chaque jour à cette intention une invocation à Notre-Dame de Salut.

II. COMPOSITION ACTUELLE DU CONSEIL

Bureau. — M. Gabriel Hocart, *président ;* MM. de Verneuil et François Roland-Gosselin, *vice-présidents ;* M. Jean Bournisien, *secrétaire.*

Conseillers. — M. Bernard Bailly, M⁅ᵉʳ⁆ Louis Colson, M⁅ⁱˢ⁆ Albert Gicquel des Touches, L⁅ᵗ⁆-C⁅ˡ⁆ de Saint-Remy, V⁅ᵗᵉ⁆ Jean de Salaberry, G⁅ᵃˡ⁆ de Sesmaisons, M. Sorin de Bonne.

Le Secrétariat est à Paris, 4, avenue de Breteuil.

III. COMITÉ SPÉCIAL POUR JÉRUSALEM

Les Pèlerinages populaires de Pénitence en Terre-Sainte ayant commencé en 1882, un Comité spécial a été constitué pour ces Pèlerinages ; il réside à Jérusalem.

R. P. Supérieur de Notre-Dame de France, *président ;* M. Tardif de Moidrey, *vice-président ;* Don E. Legrand, procureur du patriarcat latin ; C⁅ᵗᵉ⁆ de Piellat ; T. C. Fr. Evagre ; R. P. Germer-Durand, *secrétaire ;* R. P. Économe de Notre-Dame de France, *trésorier.*

APPENDICE III

Pèlerinage National
de Notre-Dame de Salut à Lourdes.

I. BUT

Tous les ans, dans l'octave de l'Assomption, l'Association de Notre-Dame de Salut conduit des multitudes de pèlerins aux pieds de Notre-Dame de Lourdes. Ils vont demander leur sanctification personnelle, la conversion des pécheurs, la guérison des malades qui s'y font transporter, le salut de la France, le triomphe du Christ dans le monde et, par lui, l'exaltation de l'Eglise notre Mère et de son Chef, notre Très Saint-Père le Pape.

II. PRIÈRES PRÉPARATOIRES ET NEUVAINES

Pour toutes ces intentions, on est spécialement invité à s'unir aux prières et aux neuvaines des malades et des pèlerins qui se font avant et pendant le Pèlerinage National.

Une première neuvaine, particulière aux malades, a lieu du 7 août au 15 août, fête de l'Assomption. Un petit imprimé leur indique les prières et les intentions des bienfaiteurs.

Une seconde neuvaine, plus générale, commence la veille du départ pour se terminer le lendemain du retour. Les prières de cette neuvaine sont : cinq fois *Pater* et *Ave*, trois fois *Parce Domine*, une fois *Oremus pro Pontifice* et trois fois ces invocations : *Cœur Sacré de Jésus, ayez pitié de nous! Notre-Dame de Lourdes..... Notre-Dame de Salut..... Notre-Dame des Victoires..... Saint Michel archange..... Saint Joseph..... Saint Pierre et saint Paul..... Saint Martin, priez pour nous.* Cette neuvaine, célébrée solennellement à Notre-Dame des Victoires de Paris (où se clôture le Pèlerinage le lendemain du retour) et en beaucoup d'églises et chapelles, est faite par les pèlerins (soit en wagon, soit dans les sanctuaires), par leurs parents ou amis et par tous les associés de Notre-Dame de Salut.

III. SOUSCRIPTION ANNUELLE POUR LES MALADES

Une souscription est ouverte chaque année pour les malades pauvres.

Ces pauvres donnent au Pèlerinage National de Notre-Dame de Salut un caractère à part; ils sont ordinairement plus de 1 000,

Phot. B. P.

L'ESPLANADE ET LE CALVAIRE DES BRETONS A LOURDES

et leur foi est fréquèmment récompensée par des guérisons éclatantes. Les riches qui ne peuvent pas aller à Lourdes tiennent à être représentés par un pauvre malade, peut-être quelquefois par un miracle.

Tout souscripteur de 50 francs peut, s'il le désire et s'il en fait la demande, recevoir pendant un an le journal *le Pèlerin*. En outre, il reçoit une petite image indiquant les intentions du Pèlerinage et le nom du malade désigné par le Comité central de Paris et dont il paye le voyage. Une autre image est envoyée au malade qui prie aux intentions du bienfaiteur.

IV. ADMISSION DES MALADES PAUVRES

Le Conseil central de Paris transporte et hospitalise à Lourdes gratuitement les seuls malades pauvres qui lui sont présentés et qu'il a acceptés.

Pour présenter un malade, il faut fournir les pièces suivantes :

1° Recommandation d'un prêtre ;

2° Certificat médical de l'année courante ;

3° Une demande écrite du malade, en y ajoutant son adresse exacte, la date et le lieu de sa naissance et l'autorisation des parents ou du mari, s'il s'agit d'un mineur ou d'une femme mariée.

Pour plus de facilité, on peut demander au Secrétariat le questionnaire à remplir et le lui retourner avec les pièces ci-dessus.

Une fois admis par le Conseil central, les malades reçoivent la carte d'hospitalité à Lourdes ; le billet gratuit du chemin de fer leur est remis dans le train seulement. Mais le Conseil central ne se charge pas des frais à faire pour rejoindre les trains spéciaux du Pèlerinage National, soit à Paris, soit à un point quelconque du parcours, soit pour se rendre à Lourdes autrement que par les trains spéciaux du Pèlerinage National.

La liste des admissions des malades est close le 15 juillet.

V. HOSPITALISATION ET SOIN DES MALADES

L'Hospitalité de Notre-Dame de Salut attend et soigne les malades en route et à Lourdes.

Elle fait appel à toutes les bonnes volontés pour obtenir des dons en nature : draps de lits, chemises, matelas, peignoirs, etc. ; les adresser aux Petites-Sœurs de l'Assomption garde-malades des pauvres, 57, rue Violet, Paris, XV°.

MM. les brancardiers, titulaires et volontaires, qui comptent prendre part à l'embarquement et au débarquement des malades à Paris, ou à l'une de ces opérations seulement, sont priés de faire parvenir leur adhésion à M. Gabriel Hocart, président du Conseil des Pèlerinages, 29, rue de Beauvau, à Versailles, avant le 10 août, en y joignant la recommandation du curé de la paroisse ou au moins d'un prêtre.

MM. les brancardiers, infirmiers et infirmières qui vont à Lourdes voyagent exactement dans les mêmes conditions que les autres pèlerins, avec les mêmes billets et dans les trains pour lesquels ces billets ont été délivrés.

VI. RÉUNIONS A LOURDES

Une ou plusieurs réunions de l'Association de Notre-Dame de Salut ont lieu à Lourdes. A l'ombre de la Vierge, les associés et Comités diocésains apprennent à se connaître et à s'unir.

VII. COMITÉS ET CORRESPONDANTS DIOCÉSAINS

Plusieurs Comités diocésains organisent des groupes. Prière aux malades et pèlerins de ces diocèses de leur adresser directement leurs demandes d'admission ou de billets. Voici les adresses :

Aix. — M. l'abbé André, 28, rue Lieutaud, à Aix. — M. l'abbé Ibac, vicaire à Saint-Trophime, à Arles-sur-Rhône.

Amiens. — M. l'abbé Dacheux, directeur de la *Semaine religieuse*, rue Constantine. — Mlle Magnier, 29, boulevard Du Cange.

Angoulême. — M. l'abbé Lacroix, curé doyen de Montmoreau. — M. Bourdin, avocat, 41, rue d'Iéna, à Angoulême.

Arras. — M. l'abbé Pautrat, 13, rue Beaufort, à Arras. — M. le chanoine Tellier, archiprêtre de Notre-Dame, et Mlle de Nanteuil, 1, rue Guyale, à Boulogne-sur-Mer.

Bayeux. — M. l'abbé Godard, curé de Démouville (Calvados).

Blois. — M. l'abbé Montagne, vicaire général, rue Franciade. — M. le chanoine Coulon, secrétaire de l'évêché. — M. Migault, imprimeur de l'évêché, 14, rue Pierre de Blois.

Bordeaux. — M. R. de Beauchamp, 144, rue Saint-Sernin.

Cambrai. — Mlle Marga, 11, rue du Pont-Neuf, à Lille. — Mlle Marie Sapelier, rue de Rosendael, à Bergues. — Mme Dehaene-Lecomte, à Comines. — Mme Roger Laloy, à Houplines. — Mlle Marie Leuridan, 14, rue des Arts, à Roubaix. — Mme Lefebvre-Glorieux, 83, rue de Lille, à Tourcoing.

Carcassonne. — M. l'abbé Ganteau, 11 bis, rue de la Mairie. — Mlle Dartiguelongue, 2, rue de Belfort, à Narbonne.

Châlons. — M. le chanoine Deniset, supérieur du Petit-Séminaire. — Mlle Jacquetelle, 12, rue Parmentier, à Châlons.

Chartres. — M. l'abbé François, aumônier de l'Hôtel-Dieu. — Mlle Marie Pasquier, 19 rue Muret.

Clermont. — Mlle Marie Duprat, à Riom.

Laval. — M. l'abbé Varangot, 35, boulevard de Tours. — Mlle Orieulx de la Porte, 24, rue de l'Huisserie.

Le Mans. — M. le chanoine Laude, 15, rue de Paris.

Limoges. — Mme Bosset, 15, avenue de Juillet, à Limoges. — Mme André du Chatenet, château de la Cosse, par Veyrac.

Montpellier. — M. le chanoine Maubon, supérieur du Grand Séminaire. — M. l'abbé Grébassol, chapelain de Saint-Cléophas, et M. le secrétaire du Pèlerinage, 1, rue Barralerie. — Pour les malades, Mlle Dubois, 9, rue de la Vieille-Intendance.

Orléans. — Mgr de Poterat, 29, rue du Colombier. — Mme la M^ise^ de Fricon, rue Bretonnière, à Orléans. — Mgr Chabot, curé doyen de Pithiviers.

Périgueux. — Mlle de Chabans, château de la Chapelle-Faucher, à Saint-Pierre-de-Côle (Dordogne). — Mlle Chalaud, 18, rue du Plantier, à Périgueux.

Poitiers. — M. l'abbé Belleville, aumônier de l'hôpital général. — M. Bonamy, 15, rue des Cordeliers, à Poitiers. — Mme Gustave Maudet, 3, rue du Mûrier, à Niort.

Rodez. — M. l'abbé Boyer, curé de Capdenac (Aveyron).

Séez. — M. l'abbé Richer, aumônier de la Providence, 15, rue du Pont-Neuf, à Alençon.

Soissons. — M. le chanoine Cardon, vicaire général, à Soissons. — Pour les billets : Mlle Pollet, 4, rue Saint-André, à Saint-Quentin.

Toulouse. — M. Adolphe Soucasse, 20, rue Mage.

Tours. — M. l'abbé Perdriau, 8, rue Paul-Louis Courrier.

Troyes. — M. le chanoine Nioré, secrétaire général de l'évêché.

Verdun. — M. le chanoine Gattinois, vicaire général et curé archiprêtre de la cathédrale, à Verdun. — Mlle Gérard, 12, rue des Prêtres, à Verdun. — Mlle Van Ten-Brink, 10, quai Victor-Hugo, à Bar-le-Duc.

Versailles. — Mme Hocart, 29, rue de Beauvau, à Versailles. — Mlle Auffant, 69, rue de Pologne, à Saint-Germain-en-Laye.

VIII. MANUEL DU PÈLERINAGE

Chaque pèlerin est invité à se munir d'un Manuel du Pèlerinage National pour suivre les prières et les cantiques. On le trouve à l'embarquement à Paris et aux stations importantes. Le demander à la direction de chaque train ou s'en procurer d'avance au Secrétariat de Notre-Dame de Salut, 4, avenue de Breteuil, Paris.

Prix d'un exemplaire : 0 fr. 50 ; franco, 0 fr. 55. Il y a des exemplaires gratuits donnés à qui en prend plusieurs : pour 6 on en a 7, pour 12 on en a 15, pour 50 on en a 70 (ajouter le port par la poste, 0 fr. 05 par exemplaire).

APPENDICE IV

Hospitalité de Notre-Dame de Salut.

I. EXTRAIT DES STATUTS

1. L'Hospitalité de Notre-Dame de Salut participe aux indulgences accordées à l'Association de Notre-Dame de Salut par un Bref du 17 mai 1872.

2. Les membres de l'Hospitalité accompagnent les malades pauvres dans les divers pèlerinages, notamment au Pèlerinage National, prient avec eux, les soignent charitablement et gratuitement, et maintiennent l'ordre et le recueillement dans les pèlerinages.

3. Ils doivent s'inspirer de l'esprit surnaturel qui préside aux pèlerinages, favoriser les élans de la foi et s'efforcer de se sanctifier eux-mêmes.

4. Mᵍʳ l'évêque de Tarbes étant le gardien du sanctuaire de Notre-Dame de Lourdes, les membres de l'Hospitalité de Notre-Dame de Salut pendant leur séjour à Lourdes se font un devoir de se conformer aux instructions de Sa Grandeur relatives aux services qui fonctionnent sur le domaine de la Grotte.

5. L'Hospitalité se compose :

a) D'hospitaliers et de dames hospitalières ;

b) De titulaires et de dames zélatrices, particuliers de chaque service ;

c) D'auxiliaires (hommes ou dames), en nombre illimité.

6. Les titulaires ou dames zélatrices de chaque service sont choisis parmi les auxiliaires les plus actifs et les plus dévoués. Le Conseil les nomme sur la présentation de chaque chef de service.

Les hospitaliers ou dames hospitalières sont choisis parmi les membres titulaires ou dames zélatrices. Le Conseil les nomme sur la présentation du directeur du service auquel ils ont été attachés pendant le Pèlerinage National.

7. Les hospitaliers ou dames hospitalières, les titulaires et dames

zélatrices s'engagent (sans obligation de conscience) à vivre en union de prières avec l'Hospitalité et à se soumettre à ses statuts.

8. Les personnes empêchées de prêter un concours actif au service des malades peuvent être nommées membres honoraires ou bienfaiteurs de l'Hospitalité.

9. Les membres honoraires ou bienfaiteurs et les dames honoraires ou bienfaitrices devront envoyer annuellement une offrande afin d'avoir droit aux privilèges des membres hospitaliers et des dames hospitalières, et aux diverses communications de l'œuvre.

10. Les membres de l'œuvre ne sont soumis à aucune cotisation

ABRI DE NOTRE-DAME DE SALUT A LOURDES

ou souscription, leurs services sont absolument gratuits; ils ne reçoivent aucune indemnité pour leurs frais de voyage ou de séjour; à la remise annuelle de leurs insignes, ils versent une offrande pour subvenir aux payements des frais généraux.

11. Le président de l'Hospitalité est chargé de représenter l'Hospitalité et de l'administrer. Il réunit et préside le Conseil toutes les fois qu'il le juge nécessaire.

12. Le Conseil de l'Hospitalité, composé de vingt membres hospitaliers, a pour mission de maintenir l'esprit et l'unité de l'œuvre, d'approuver les coutumiers de l'Hospitalité, son budget, ses comptes, de faire les nominations et d'assurer les différents services pendant la durée du Pèlerinage National.

13. Les nominations sont proposées au Conseil par le président.

14. La caisse de l'Hospitalité est alimentée par les dons, par le payement des insignes et par les quêtes autorisées. Le produit de ces recettes sert au payement des frais généraux et à l'achat du matériel.

II. INSIGNES DE L'HOSPITALITÉ

I. Ont seuls le droit de pénétrer dans les enceintes réservées aux différents services :

a) Les ecclésiastiques gardiens des sanctuaires de Lourdes;

b) Les ecclésiastiques directeurs du Pèlerinage National, portant la croix rouge et blanche;

c) Les religieuses qui accompagnent les malades du Pèlerinage National, portant la croix rouge et blanche;

d) Les dames du Conseil, du Comité de Paris et des Comités de province de l'Association de Notre-Dame de Salut, portant la croix rouge et blanche;

e) Les hommes ou les dames portant un insigne d'hospitalier ou de dame hospitalière;

f) Les brancardiers et membres de l'Hospitalité dans l'exercice de leurs fonctions et portant : les hommes, soit une bretelle, soit une courroie en sautoir; les dames, un tablier de service de la Grotte ou des piscines;

g) Les personnes munies d'une carte *laissez-passer* régulièrement délivrée;

h) Les pages porteurs d'un brassard de la couleur du service auquel ils sont attachés.

II. Voici le tableau des insignes des membres hospitaliers ou dames hospitalières :

COULEUR DES INSIGNES	DIRECTIONS AUXQUELLES LES INSIGNES SE RAPPORTENT
Croix rouge et blanche............	Dames du Conseil, du Comité de Paris et des Comités de province.
Croix blanche liserée de rouge....	Direction générale et présidence.
Croix *blanche* sur fond rouge......	Direction du secrétariat (trésorerie, économat, hospitalité de nuit).
Croix *violette* sur fond rouge......	Direction des aumôniers et médecins.
Croix *jaune* sur fond rouge.......	Direction des brancardiers.
Croix *grise* sur fond rouge.......	Direction des pèlerins à la Grotte.

COULEUR DES INSIGNES	DIRECTIONS AUXQUELLES LES INSIGNES SE RAPPORTENT
Croix *havane* sur fond rouge......	Direction des pèlerins aux piscines.
Croix *rose* sur fond rouge........	Direction des pèlerins à l'hôpital de Notre-Dame de Salut.
Croix *verte* sur fond rouge.......	Direction des pèlerins à l'hôpital de Notre-Dame des Sept-Douleurs.
Croix *bleue* sur fond rouge........	Direction des pèlerins à l'hôpital municipal.

NOTA. — Les membres titulaires, zélatrices ou auxiliaires, ont la croix rouge portant au pied une bande de la *couleur* de leurs services.

III. CONSEIL DE L'HOSPITALITÉ

M. Richard de Boysson, *président;* Cte Pierre de Marcellus, *secrétaire;* Henri de Malefette, *trésorier.*

MM. Mis de Laurens-Castelet, Alphonse Galabert, Robert d'Welles, Vte Maurice de Laurens, Cte Gardès, Henri Théron de Montaugé, André Galand, Mis de Suffren, Mis de La-Tour Landorthe, Vte Pierre de Sarret, Mis de Palaminy, Arthur Nebout, Eugène Duclos de Bouillas, Emile Christophe, Cte de Pins, Cte de Scorraille, Cte Étienne de Beauchamp, Henri de La Vieuville.

IV. CHEFS DE SERVICES DE L'HOSPITALITÉ

I. *Services du Secrétariat.* — Directeur du secrétariat, M. Eugène Duclos de Bouillas. — Trésorier principal, M. Henri de Malefette. — Econome principal, M. André Galand. — Directeur de l'Hospitalité de nuit, M. le Cte Gardès. — Directrice, Mme la M^{ise} de La Tour-Landorthe. — Directeur du bureau des constatations médicales, M. le Dr Boissarie.

II. *Service des brancardiers.* — Service général : brancardier principal, M. le Mis de Laurens-Castelet. — Première équipe (Grotte) : brancardier chef, M. le Mis Raoul de Scoraille. — Deuxième équipe (hôpital de Notre-Dame des Sept-Douleurs) : brancardier chef, M. le Mis de La Tour-Landorthe. — Troisième équipe (hôpital de Notre-Dame de Salut) : brancardier chef, M. Armand Merillon. — Quatrième équipe (Piscines) : brancardier chef, M. le Cte H. de Bonvouloir. — Cinquième équipe (réserve) : brancardier chef, M. le B^{on} d'Antin. — Sixième équipe (hôpital municipal) : brancardier chef, M. le Bon de Fournas-Fabrezan.

III. *Service de la Grotte.* — Directeur des pèlerins, M. le Cte de

Lestrade de Conti. — Intérieur de la Grotte : gardien principal, M. Gamblon. — Enceinte de la Grotte (quatre services par jour) : gardiens principaux, MM. le Cte d'Orfeuille, le B^on d'Andre, le lieutenant-colonel de Saint-Remy, Gustave de Rolland. — Dames directrices, les Petites-Sœurs de l'Assomption.

IV. *Service des piscines*. — 1° *Hommes*. Directeur des pèlerins, M. Arthur Nebout. — 2° *Dames*. Directrices, Mmes C^ses de l'Epinois et Roger de Sainte-Opportune, vice-présidentes du Conseil central de Notre-Dame de Salut.

V. *Service de l'hôpital de Notre-Dame de Salut*. — Direction générale : directeur des pèlerins, M. l'amiral Mathieu. — Salles St-François et St-Benoît-Labre : chefs de service, MM. l'abbé Thuron et André de Lustrac. — Service des pansements : chef de service, M. Léon Clochard. — Popote : chef de service, M. Joseph de Scorraille.

VI. *Service de l'hôpital de Notre-Dame des Sept-Douleurs*. — Direction générale : directeur des pèlerins, M. le Mis de Suffren. — Salles St-Jean de Dieu, St-Camille, de l'Immaculée-Conception, Ste-Anne, St-Bernard, St-Charles, du Sacré-Cœur, St-Jean-Baptiste, St-Louis, St-Joseph, St-Benoît-Labre, Ste-Elisabeth, St-Dominique, St-Vincent de Paul, St-François, St-Augustin : directrices, Mmes Boissarie, C^ses André de Beaumont, de la Vieuville, M^ise de Palaminy, Mlle de Bérot, Mmes Sorbets de Bérot, B^nes Edouard de Sambucy de Sorgue, C^sse de la Roque-Ordan, C^sse de Brauer, Benet, Mlle Marie Dubois, Mmes B^nes Alfred de Malet, Civelli de Dosch, B^nes de Serres de Mesples, Mlles Drevet, Félicie Allemand. — Réfectoire : directrice, Mme Théron de Montaugé. — Annexe (groupe de la Mayenne) : directeur, M. le Cte de Malherbe.

VII. *Service de l'hôpital municipal*. — Direction : directeur des pèlerins, M. Robert d'Welles. — Services spéciaux : chef des services intérieurs, M. le Bon de Saint-Loup. — Réfectoire : directrice, Mlle Germaine Guiraud. — Hospitalité des hommes : sous-directeur, M. X. ; directeurs des salles Ste-Léontine et St-Stanislas, MM. de la Narde et l'abbé Veyries. — Hospitalité des femmes : sous-directeur, M. Louis Guiraud ; directrices des salles St-Michel, St-Bernard, Sts-Pierre et Roch, Mmes Victor Laloy, Marty, André Galand. — Annexe (asile Notre-Dame) : directrices, Mmes Mme de Chevigné et F. Gillet, du Conseil central de Notre-Dame de Salut.

APPENDICE V

LISTE

par ordre chronologique de guérison des 365 « miraculés » ayant pris part à la manifestation d'actions de grâces du 23 août 1908.

(La première date est celle de la guérison.)

28 février 1858. — M. JUSTIN BOUHOHORTS-DUCONTE, de Lourdes, guéri de paralysie infantile, à l'âge de 2 ans, à la source miraculeuse découverte par Bernadette (Voir Henri Lasserre, *Notre-Dame de Lourdes ;* Dr Boissarie, *Lourdes médical ;* Rapports des Drs Vergez et Dozous).

? mai 1869. — M. RAYMOND FRANCE, actuellement en religion Fr. HIPPOLYTE, de Toulouse, guéri d'une paralysie infantile, comme Justin Bouhohorts, à l'âge de 3 ans, en dehors des pèlerinages.

30 juin 1870. — M. l'abbé LAURENT ETIENNE, d'Aubusson (Creuse), guéri d'une phtisie pulmonaire, à l'âge de 28 ans, en dehors des pèlerinages.

? septembre 1872. — Mme Vve ESCUDIÉ, de Cambiac (Haute-Garonne), guérie d'une plaie suppurante à la jambe et d'ostéite, à l'âge de 27 ans, au pèlerinage diocésain de Toulouse.

2 juillet 1873. — Mlle CAROLINE ESSERTEAU, de Niort, guérie d'une myélite chronique, à l'âge de 33 ans, au pèlerinage diocésain de Niort (Voir *Guérison de Caroline Esserteau*, par l'abbé Guillet, Oudin, éditeur, à Poitiers ; *Annales de Lourdes*, t. VI, p, 104 ; VIII, p. 108 ; IX, p. 258 ; *Jubilé du Pèlerinage National en 1897*, p. 90). A pris part au Jubilé de 1897.

20 juillet 1874. — Mlle MARIE DEMONTET, actuellement Mme MALAVAL, de Salon (Bouches-du-Rhône), guérie d'une anémie vitale et gastralgie, à l'âge de 2 ans, en dehors des pèlerinages (Voir *Pèlerin*). A pris part au Jubilé de 1897.

19 août 1877. — Mère MARIE DES ANGES, actuellement prieure des Dominicaines, à Boulogne-sur-Mer, guérie d'un épanchement de synovie au genou depuis trois ans, à l'âge de 48 ans, au Pèlerinage National (Voir *Pèlerin* de 1877, p. 534 et 551; *Annales de Lourdes*, X, p. 101).

20 août 1877. — Mlle EUGÉNIE CHEVITE, de Provins (Seine-et-Marne), guérie d'une maladie de la moelle épinière, à l'âge de 28 ans, au Pèlerinage National (Voir *Pèlerin* de 1877 et *Annales de Lourdes*).

5 novembre 1877. — Mlle NÉOMISE BOUFFIN, de Mantes-la-Ville (Seine-et-Oise), guérie d'une angine couenneuse, à l'âge de 12 ans, en dehors des pèlerinages.

17 août 1879. — Mlle PAULINE DE LOBEAU, de Paris, guérie d'une tumeur à l'estomac et de quatre autres maladies, à l'âge de 44 ans, au Pèlerinage National (Voir *Pèlerin* de 1879, p. 598, et *Figaro*).

22 août 1879. — Mlle MARIE AIGLEHOUX, de Berchères-la-Maingot (Eure-et-Loir), guérie d'une gastralgie contractée depuis dix mois, à l'âge de 22 ans, au Pèlerinage National (Voir *Pèlerin* de 1879, p. 623). A pris part au Jubilé de 1897.

23 août 1879. — Mlle MARIE VAUTRIN, actuellement Mme LACHAUD, de Hautvilliers (Marne), guérie d'une paralysie des jambes et des reins, à l'âge de 24 ans, au Pèlerinage National (Voir *Pèlerin* de 1879, p. 598; *Monographie de Hautvilliers*).

2 septembre 1879. — Mlle LÉONIE DE CALMELS, de Villefranche-de-Rouergue (Aveyron), guérie d'aphonie, à l'âge de 26 ans, au pèlerinage diocésain de Villefranche. A pris part au Jubilé de 1897.

20 août 1880. — Mlle MARIE-LOUISE DÉJARDIN, actuellement en religion Sœur ANNE-MARIE, Franciscaine, de Paris, guérie d'une tumeur blanche à la jambe à l'âge de 44 ans, au Pèlerinage National (Voir *Pèlerin* de 1880, p. 1490). A pris part au Jubilé de 1897.

20 août 1880. — Mme DONATIENNE BERTRAND, V^re RENAUX, d'Etréaupont (Aisne), guérie d'un ulcère à la matrice, à l'âge de 38 ans, au Pèlerinage National. A pris part au Jubilé de 1897.

20 août 1880. — Sœur MARIE-EUGÈNE LIÉGEOIS, du Saint-Cœur de Marie, de Nancy, guérie d'une tuberculose générale avancée, à l'âge de 38 ans, au Pèlerinage National (Voir *Semaine religieuse de Saint-Dié*, octobre 1880; *Annales de Lourdes*, 1880, p. 141).

28 mars 1881. — Mlle SUZANNE D'EXÉA, de Toulouse, guérie d'un catharre suffocant, à l'âge de 2 mois, en dehors des pèlerinages.

20 août 1881. — M. l'abbé JULES AUBIN, actuellement curé de Sermaises (Loiret), guéri d'une tuberculose pulmonaire et déviation de l'épine dorsale, à l'âge de 21 ans, au Pèlerinage National.

7 septembre 1881. — Mme EVARISTE RICARD, de Saint-Bauzille de Putois (Hérault), guérie d'une lésion organique du cœur, à l'âge de 29 ans, en dehors des pèlerinages (Voir *Journal de Lourdes*, 15 juillet 1882, et *Annales de Lourdes*, XV, p. 82; *Semaine religieuse de Montpellier*, juillet 1882, p. 390).

8 juillet 1882. — Mlle ALBANIE MARTIN, de Saint-Bauzille de Putois (Hérault), guérie d'un eczéma à la figure, à l'âge de 32 ans, au pèlerinage diocésain de Montpellier.

18 août 1882. — M. EMILE MAZUC, de Toulouse, guéri d'une périostite, à l'âge de 9 ans, au Pèlerinage National.

21 août 1882. — Sœur MARTHE DE SAINT-JOSEPH, Carmélite, de Narbonne, actuellement à Saint-Paul de Mar (Espagne), guérie d'une hépatite aiguë (lésion du foie), à l'âge de 31 ans, au Pèlerinage National (Voir *Annales de Lourdes*, XV, p. 142).

29 août 1882. — Mlle ELISA SEYSSON, de Rognonas (Bouches-du-Rhône), guérie d'une maladie organique du cœur et d'un œdème des membres supérieurs, à l'âge de 28 ans, au pèlerinage diocésain d'Avignon (Voir *Annales de Lourdes*).

18 août 1883. — Mlle GABRIELLE BONCAND, d'Arras, guérie d'une maladie de Pott, à l'âge de 25 ans, au Pèlerinage National.

21 août 1883. — Sœur JULIE DELANNE, Ursuline, de Boulogne-sur-Mer, actuellement à Mazamet (Tarn), guérie de chloro-anémie et contracture de la jambe droite, à l'âge de 33 ans, au Pèlerinage National (Voir *Jubilé de 1897*, p. 92-94). A pris part au Jubilé de 1897.

? août 1883. — Mme AMÉLIE ESTORGES, de Jos (Corrèze), guérie d'accidents névropathiques avec goître et métrorragie, à l'âge de 35 ans, au pèlerinage de la Corrèze.

18 août 1885. — Mlle ADRIENNE VAQUEZ, d'Hérissart (Somme), guérie d'aphonie chronique ayant résisté à tous les traitements, à l'âge de 31 ans, au Pèlerinage National.

21 août 1885. — Mlle MÉLANIE THÉROINE, d'Haussu, par Lassigny (Oise), actuellement à Doingt (Somme), guérie de laryngite, à l'âge de 32 ans, au Pèlerinage National.

22 août 1885. — Mlle LÉONIE SALLÉ, de Blois, guérie d'une maladie de cœur et de poitrine et d'une paralysie, à l'âge de 30 ans, au Pèlerinage National (Voir *Croix*, *Annales de Lourdes*).

? 1885. — Mlle ZOÉLIE BON, de Verdun, guérie de névrose caractérisée par des jappements et un hoquet diurne, à l'âge de 32 ans, au pèlerinage alsacien-lorrain (Voir le compte rendu de ce pèlerinage).

19 août 1886. — M. VICTOR POURRIAS, de Montreuil-Belfroy (Maine-et-Loire), guéri de carie des os, à l'âge de 25 ans, au pèlerinage diocésain d'Angers (Voir Crosnier, *la Charité en Anjou*). A pris part au jubilé de 1897.

20 août 1886. — M. l'abbé JEAN LIBRE, actuellement curé de Forges (Meuse), guéri de diathèse rhumatismale, à l'âge de 26 ans, au Pèlerinage National (Voir *Annales de Lourdes*, 30 mai 1887).

22 août 1886. — Mlle ADÉLAÏDE POUTARD, de Montpellier, guérie d'une cécité survenue depuis quatre ans, à l'âge de 25 ans, au Pèlerinage National.

27 août 1886. — Sœur MADELEINE LAMARQUE, de la Doctrine chrétienne de Bordeaux, actuellement au Teich (Gironde), guérie d'un ulcère à l'estomac, à l'âge de 28 ans, au pèlerinage diocésain de Bordeaux.

1er août 1887. — Mlle MARIE VALETTE, de Florensac (Hérault), guérie d'un cancer, à l'âge de 45 ans, au pèlerinage diocésain de Béziers.

20 août 1887. — Mlle ZULMA RANSON, de Brie (Somme), guérie de tumeur abdominale, à l'âge de 26 ans, au Pèlerinage National (Voir *Croix*, *Pèlerin*, *Semaine religieuse d'Amiens* et *Jubilé de 1897*, p. 88). A pris part au Jubilé de 1897.

23 août 1887. — Mme ZOÉ MEYNIER, de Paris, guérie d'une pneumonie, à l'âge de 44 ans, au Pèlerinage National (Voir *Annales de Lourdes*).

30 juin 1888. — Mlle MARIE FAVREAU, de Fécamp (Seine-Inférieure), guérie d'un kyste, à l'âge de 20 ans, en dehors des pèlerinages (Voir *Jubilé de 1897*, p. 87). A pris part au Jubilé de 1897.

19 août 1888. — Mlle ARIA MÉTIFIAT, de Valence (Drôme), guérie de dyspepsie, à l'âge de 31 ans, au Pèlerinage National (Voir *Croix*, *Annales de Lourdes*, XXI, p. 101 et 125; *Jubilé de 1897*, p. 92.) A pris part au Jubilé de 1897.

22 août 1888. — Mme Vve ROSALIE GOUHIER, de Paris, guérie d'une hernie, à l'âge de 57 ans, au Pèlerinage National. A pris part au Jubilé de 1897.

22 août 1888. — Mlle FRANÇOISE BOULONZAGUE, de Lunel-Viel (Hérault), guérie d'un rhumatisme noueux dans les reins, à l'âge de 24 ans, au Pèlerinage National. A pris part au Jubilé de 1897.

23 août 1888. — M. l'abbé ARSÈNE HAYES, actuellement curé de Massé (Orne), guéri de myélite chronique, à l'âge de 19 ans, au Pèlerinage National (Voir *Semaine catholique de Séez*, 30 août 1888; *Annales de Lourdes*, 30 mars 1889, p. 313).

20 août 1889. — Sœur CLARA MAUPERTUIS, de Notre-Dame de Chartres, actuellement à Terminiers (Eure-et-Loir), guérie de bronchite chronique et engorgement du foie, à l'âge de 30 ans, au Pèlerinage National (Voir *Pèlerin* de septembre 1889; *Voix de Notre-Dame de Chartres*, octobre 1889, p. 266).

21 août 1889. — M. ÉLIE COULARON, de Paris, guéri d'hypertrophie et de rhumatisme, à l'âge de 35 ans, au Pèlerinage National

(Voir *Croix* 16 septembre 1889; Registre du Bureau des constatations 1888-1889, p. 67).

23 août 1889. — Mlle CATHERINE DOLIGEZ, de Croix (Pas-de-Calais), guérie d'un mal au genou, à l'âge de 38 ans, au Pèlerinage National (Voir *Pèlerin*, 6 octobre 1889).

25 août 1889. — Mlle CATHERINE LAPEYRE, de Toulouse, guérie d'un cancer à la langue, à l'âge de 39 ans, au Pèlerinage National (Voir *Annales de Lourdes*, XXXI, p. 3; Boissarie, *les Grandes guérisons de Lourdes*, chez Téqui, 1906).

20 août 1890. — Sœur MARIE-PHILIPPE, des Petites-Sœurs de l'Assomption, de Sèvres, guérie de paralysie, à l'âge de 30 ans, au Pèlerinage National (Voir Registre du Bureau des constatations 1890-1891, p. 96; *Jubilé de 1897*, p. 94). A pris part au Jubilé de 1897.

21 août 1890. — Mlle ELZIRE GRONNIER, de Trefcon (Aisne), guérie de saisissement et gravelle urique, à l'âge de 33 ans, au Pèlerinage National (Voir *Pèlerin*, 31 août 1890; Registre du Bureau des constatations 1890-1891, p. 110).

21 août 1890. — M. GUSTAVE LEGEARD, de Versailles, guéri d'une maladie de la moelle épinière, à l'âge de 21 ans, après une amélioration en 1889, au Pèlerinage National (Voir *Journal de Lourdes*, 1er septembre 1889; *Croix* et *Pèlerin*). A pris part au Jubilé de 1897. Membre de l'Hospitalité de Notre-Dame de Salut.

22 août 1890. — Mlle EUPHRASIE BOURGAULT, d'Alençon, guérie d'une coxalgie, à l'âge de 20 ans, au Pèlerinage National (Voir Registre du Bureau des constatations 1890-1891, p. 107).

22 août 1890. — Mlle AUGUSTINE BÉRENGER, de Gisors (Eure), guérie d'une tumeur abdominale, à l'âge de 26 ans, au Pèlerinage National. (Voir *Pèlerin*, 21 septembre 1890; Registre du Bureau des constatations 1890-1891, p. 110).

23 août 1890. — Mlle MARIE LE BOURLIER, de Paris-Passy, guérie de phtisie, à l'âge de 35 ans, au Pèlerinage National (Voir *Croix*, 26 août 1890, *Pèlerin*, *Annales de Lourdes*, 30 août 1890). A pris part au Jubilé de 1897.

23 août 1890. — Mlle CÉLINE LAFFARGUE, de Paris, guérie d'une congestion pulmonaire, à l'âge de 41 ans, au Pèlerinage National (Voir *Pèlerin*, 28 septembre 1890; Registre du Bureau des constatations 1890-1891, p. 124). A pris part au Jubilé de 1897.

24 août 1890. — Mlle AMÉLIE GIMARD, de Caudéran (Gironde), guérie d'une atrophie musculaire des jambes et paralysée depuis dix-sept ans, à l'âge de 57 ans, au Pèlerinage National (Voir *Annales de Lourdes*, 30 juillet 1892).

24 août 1890. — Mlle JEANNE BÉDOONI, de Caen, guérie de myélite chronique, à l'âge de 27 ans, au Pèlerinage National (Voir *Jubilé de 1897*, p. 83, *Croix, Croix du Calvados, Pèlerin, Autorité, Annales de Lourdes*, XXIII, p. 229.) A pris part au Jubilé de 1897. Est hospitalière de Notre-Dame de Salut.

24 août 1890. — Mlle JEANNE THIERRY, actuellement Mme LE-MENUT, de Gisors (Eure), guérie d'un goître exophtalmique, à l'âge de 17 ans, au Pèlerinage National ; guérie à nouveau en août 1903, d'une coxalgie et ankylose (Voir Registre du Bureau des constatations, 1890-1891, p. 112).

27 août 1890. — M. l'abbé FRANÇOIS BRUNETEAU, actuellement vicaire à Saint-Victor-de-la-Grigonnais (Loire-Inférieure), guéri d'une maladie de la moelle épinière, à l'âge de 9 ans 1/2, au pèlerinage diocésain de Nantes (Voir *Journal de la Grotte*).

26 juillet 1891. — Mlle FÉLICIE BOYER, d'Azille (Aude), guérie d'une maladie de l'épine dorsale, à l'âge de 21 ans, au pèlerinage diocésain de Carcassonne.

20 août 1891. — Mlle CHARLOTTE BERNARD, de Paris, guérie d'une maladie des oreilles (perte du tympan et des osselets), à l'âge de 20 ans, au Pèlerinage National (Voir *Croix ; Annales de Lourdes*, XXIV, p. 101). A pris part au Jubilé de 1897.

21 août 1891. — Mlle SOPHIE AMTHOR, de Paris, guérie de gastralgie-dyspepsie chronique, à l'âge de 27 ans, au Pèlerinage National.

23 août 1891. — Mlle LUCIE MICHEL, de Charleville (Ardennes), guérie d'hémiplégie hystérique, à l'âge de 29 ans, au Pèlerinage National (Voir *Annales de Lourdes*, 1892, p. 122; *Pèlerin*, juillet 1892; *Croix des Ardennes*, 21 juillet 1892). A pris part au Jubilé de 1897.

25 août 1891. — Sœur ISABELLE-MARIE, des Sœurs de Saint-Joseph de Cluny, de Kaysersberg (Haute-Alsace), actuellement à St-Bonnet-le-Bourg (Puy-de-Dôme), guérie d'une grave maladie, au pèlerinage alsacien-lorrain.

25 septembre 1891. — Mme MARIE HUGUET, de Montpellier, guérie de tuberculose pulmonaire, à l'âge de 36 ans, après le Pèlerinage National. A pris part au Jubilé de 1897.

? octobre 1891. — Mme Vve FORSTER, née SOPHIE VAILLOIS, de Paris, guérie d'un lupus au visage, à l'âge de 41 ans, en dehors des pèlerinages.

28 octobre 1891. — Mme DE CHASSELOUP-CHATILLON, née VALEN-TINE DE SALVAING DE BOISSIEU, de La Pasnière (Maine-et-Loire), guérie de contracture spasmodique de l'œsophage, estomac et intestin, à l'âge de 23 ans, en dehors des pèlerinages (Voir *Journal de la Grotte*). A pris part au Jubilé de 1897.

19 août 1893. — Mlle ELISE LESAGE, de Bucquoy (Pas-de-Calais), guérie d'une arthrite au genou droit, à l'âge de 19 ans, au Pèlerinage National (Voir Boissarie, *Croix, Courrier du Pas-de-Calais, Revue de Sainte-Radegonde, Annales de Lourdes*, XXV, p. 102, XXVI, p. 304, XXVII, p. 109).

20 août 1892. — Mlle VICTORINE LAFFOUX, de Montpellier, guérie d'une coxalgie, à l'âge de 17 ans, au Pèlerinage National. (Voir *Semaine religieuse de Montpellier*, 1892 ; *Annales de Lourdes*, XXV, p. 103).

20 août 1892. — Mme VITALINE SIBILLE, de Gisors (Eure), guérie de rétroversion et rétroflexion utérine avec accidents inflammatoires, à l'âge de 31 ans, au Pèlerinage National (Voir *Croix*, Registre du Bureau des constatations 1892-1893, p. 29). A pris part au Jubilé de 1897.

20 août 1892. — Mlle MARIE LEBRANCHU, de Paris, actuellement Vve WUIPLIER, à Angers, guérie de phtisie pulmonaire, à l'âge de 35 ans, au Pèlerinage National (Voir *Annales de Lourdes*, XXV, p. 99 ; Boissarie-Zola ; G. Bertrin, *Histoire critique des événements de Lourdes*, p. 292-306 ; *Jubilé de 1897*, p. 78). A pris part au Jubilé de 1897. C'est la *Grivotte* du roman de Zola.

20 août 1892. — Mlle LOUISE BUCHOT, actuellement Mme Vve DELAN, de Paris, guérie de laryngite tuberculeuse, à l'âge de 20 ans, au Pèlerinage National (Voir *Pèlerin*, 2 octobre 1892).

21 août 1892. — Mlle ARSÈNE MILLOT, de Clary (Nord), guérie de scrofules et de tumeurs ou abcès froids, à l'âge de 29 ans, au Pèlerinage National (Voir *Annales de Lourdes*). A pris part au Jubilé de 1897.

22 août 1892. — Mlle LOUISE BAYLE, de Montpellier, guérie d'ostéite tuberculeuse, à l'âge de 18 ans, au Pèlerinage National.

2 octobre 1892. — Sœur DOSITHÉE TEYSSIER, religieuse de Sainte-Marthe, de Périgueux, guérie de salpingite, à l'âge de 40 ans, en dehors des pèlerinages (Voir *Annales de Lourdes*).

12 octobre 1892. — Mme la V^sse ADOLPHE D'EXEA, de Toulouse, guérie de tumeurs aux seins, à l'âge de 43 ans, en dehors des pèlerinages.

2 août 1893. — Mme JOSÉPHINE BARBIER, en religion Sœur MARIE-AGNÈS, des Petites-Sœurs gardes-malades de Saint-François, d'Angers, guérie de coxalgie à la hanche droite et de tumeurs blanches au pied droit, depuis 12 ans, à l'âge de 52 ans, au pèlerinage diocésain d'Angers (Voir *Annales de Lourdes*, XXVI, p. 134 ; et journaux d'Angers). A pris part au Jubilé de 1897.

19 août 1893. — Sœur SAINTE-CATHERINE, des Servantes de Marie, de Blois, guérie d'ostéite fangeuse des métatarses, à l'âge de 55 ans, au Pèlerinage National.

22 août 1893. — Mlle MARIE BOUCHÉ, de Bellême (Orne), guérie de paralysie et neurasthénie à l'âge de 26 ans, au Pèlerinage National.

22 août 1893. — Mlle EUGÉNIE MANCEAUX, de Rethel (Ardennes), guérie de myélite, déviation de la colonne vertébrale, atrophie musculaire, à l'âge de 32 ans, au Pèlerinage National (Voir Registre du Bureau des constatations, 1894, p. 16; *Avenir de Reims*, et Delozanne, brochure).

22 août 1893. — Mlle JOSÉPHINE TOURNIER, de Toulouse, guérie d'une tuberculose intestinale, à l'âge de 55 ans, au Pèlerinage National. A pris part au jubilé de 1897. Est hospitalière de Notre-Dame de Salut.

22 août 1893. — Mlle CÉCILE TECHEROT, de Chartres, guérie de dyspepsie chronique et maladie d'intestins, à l'âge de 21 ans, au Pèlerinage National (Voir Registre du Bureau des constations, 1892-1893, p. 129; *Voix de Notre-Dame de Chartres*, 16 septembre 1893). A pris part au Jubilé de 1897.

23 août 1893. — M. PASCAL POIRIER, de Paris, guéri de fièvre typhoïde, à l'âge de 43 ans, au Pèlerinage National (Voir *Pèlerin*, 1893, p. 487; *Annales de Lourdes*, p. 116).

23 août 1893. — Mme V^re DÉSIRÉE LEFRANC, de Caen, guérie de tumeurs cancéreuses à l'estomac, à l'âge de 54 ans, au Pèlerinage National (Voir *Croix*, *Annales de Lourdes*, XXVI, p. 119; XXVII, p. 116; *Jubilé de 1897*, p. 81). A pris part au Jubilé de 1897.

23 août 1893. — Mlle ELISE DELAHAYE, de Beauvais, guérie d'hypertrophie du foie et de la rate et d'une scoliose droite considérable, à l'âge de 22 ans, au Pèlerinage National (Voir Registre du Bureau des constatations, 1892-1893, p. 126; *Pèlerin*, 1er octobre 1893).

23 août 1893. — Mlle BERTHE BARUSSAUD, de Paris, guérie du mal de Pott, à l'âge de 19 ans, au Pèlerinage National (Voir *Annales de Lourdes*, XXVI, p. 116; *Croix* et autres journaux).

23 août 1893. — Mlle LOUISE DESGRANGES, d'Avranches, guérie d'une affection de la moelle épinière, à l'âge de 17 ans, au Pèlerinage National (Voir *Annales de Lourdes*, XXVI, p. 210).

23 août 1893. — Mlle MARIE ROCHE, de Nîmes, guérie d'une fracture du péroné et de paralysie, à l'âge de 43 ans, au Pèlerinage National (Voir *Semaine religieuse de Nîmes*, *Couronne de Marie de Lyon*, *Eclair de Montpellier* et *Annales de Lourdes*, XXVI, p. 118).

8 septembre 1893. — Mlle MARGUERITE SARREBROUSSE D'AUDEVILLE, de Doulon-Nantes (Loire-Inférieure), guérie de gastralgie chronique depuis 12 ans, à l'âge de 32 ans, à un pèlerinage particulier.

28 juillet 1894. — Mme FABRE, de Saint-Ambroise (Gard), guérie d'une tumeur sous l'aisselle gauche, à l'âge de 50 ans, au pèlerinage diocésain de Nîmes (Voir *Journal de la Grotte*; Registre du Bureau des constatations, 1895, p. 67).

11 août 1894. — M. GÉDÉON PORET, de Moislains (Somme), guéri d'une myélite aiguë, à l'âge de 44 ans, au pèlerinage diocésain d'Amiens.

21 août 1894. — Mlle ADRIENNE-ADÉLAIDE MARTIN, de Charbonnières (Eure-et-Loir), guérie d'une coxalgie, à l'âge de 24 ans, au Pèlerinage National (Voir *Annales de Lourdes*, XXVII, p. 107; *Voix de Notre-Dame de Chartres*).

21 août 1894. — Mme FRANÇOISE BROUSSIN, d'Arcachon (Gironde), guérie d'une salpingite grave et de troubles généraux, à l'âge de 36 ans, au Pèlerinage National (Voir *Annales de Lourdes*, XXVII, p. 115 ; *Pèlerin, Annales du Saint-Sacrement*, etc.)

23 août 1894. — Mme MARTHE FRÉCHAUD, de Bordeaux, guérie de péritonite et phlébite, à l'âge de 24 ans, au Pèlerinage National (Voir *Annales de Lourdes*, XXVII, p. 114 et 215).

23 août 1894. — Mlle MARIE MILLARD, d'Etrépagny (Eure), guérie d'une maladie de l'estomac, à l'âge de 14 ans, au Pèlerinage National (Voir *Annales de Lourdes*, 30 août 1894 et 31 août 1895 ; *Pèlerin*, août 1895).

24 août 1894. — Mlle LOUISE LEROUX, de Chartres, guérie d'une maladie de cœur et de dyspepsie, à l'âge de 51 ans, au Pèlerinage National. A pris part au Jubilé de 1897.

9 mai 1895. — Mlle ADELINE GUIRAUD, de Cette (Hérault), guérie d'épiploite irréductible, à l'âge de 32 ans, en dehors des pèlerinages (Voir *Journal de la Grotte*, 11 mai 1895; *Annales*, juin 1896, XXIX, p. 57). A pris part au Jubilé de 1897.

17 juillet 1895. — Mme AUGUSTINE-MARIE BOUILLIER, d'Aunay-sur-Odon (Calvados), guérie de métrite après double opération, à l'âge de 35 ans, en dehors des pèlerinages.

20 août 1895. — Mme Vve QUIRIEL, de Versailles, guérie de tumeurs fibreuses, à l'âge de 47 ans, au Pèlerinage National (Voir *Pèlerin*, 6 octobre 1895; *Jubilé de 1897*, p. 76). A pris part au Jubilé de 1897.

21 août 1895. — Mlle AURÉLIE HUPRELLE, des Marais (Oise), guérie d'une phtisie pulmonaire, à l'âge de 26 ans, au Pèlerinage National (Voir *Annales de Lourdes*, mai 1896; XXIX, p. 37 ; Enquête canonique du 1er mai 1908).

21 août 1895. — Mlle LÉA COURTOUT, de Paris, guérie d'une double déviation de la colonne vertébrale, à l'âge de 21 ans, au Pèlerinage National (Voir *Annales de Lourdes*, 30 avril 1896; Registre du Bureau des constatations 1893, p. 49). A pris part au Jubilé de 1897.

26 août 1895. — Mme MARIE-SYLVIE GARINEAU, de Fronsac (Gironde), guérie d'un phlegmon périutérin, à l'âge de 46 ans, au pèlerinage diocésain de Bordeaux (Voir *Annales de Lourdes*, 1896,

XXIX, p. 126; *Jubilé de 1897*, p. 75). A pris part au Jubilé de 1897.

26 août 1895. — Mlle MARIE LEGOUÉ, de Tresson (Sarthe), guérie d'anémie, à l'âge de 35 ans, au Pèlerinage National. A pris part au Jubilé de 1897.

12 septembre 1895. — Mlle IRMA NICOUT, des Essards (Vendée), guérie de myélite infectieuse et de paraphlégie, à l'âge de 15 ans, au pèlerinage diocésain de Luçon (Voir *Annales de Lourdes*, XXVIII, p. 149; *Semaine catholique* et *Publicateur de Luçon*).

20 août 1896. — Mme MARIE-LOUISE IRIARTE, en religion Sœur MARIE-EMMANUEL, religieuse professe du Saint-Nom de Jésus, de Paris, guérie de la carie des os du pied, à l'âge de 17 ans, au Pèlerinage National (Voir *Pèlerin*, 13 septembre 1896.)

20 août 1896. — Mme ANNA DE SEGONZAC, de Combeyrol (Dordogne), guérie à l'âge de 34 ans, au pèlerinage National. A pris part au jubilé de 1897.

21 août 1896. — Mlle ALICE CHAIGNEAU, en religion Sœur MARIE-ANTOINE, des Petites Servantes de Marie-Immaculée, de Villepinte, actuellement à Bruxelles, guérie d'une phtisie pulmonaire, à l'âge de 23 ans, au Pèlerinage National (Voir Registre du Bureau des constatations 1896, p. 35; *Pèlerin*, *Messager du Sacré-Cœur*, etc.) A pris part au Jubilé de 1897.

21 août 1896. — Mlle ESTHER BRACHMANN, de Tournan (Seine-et-Marne), guérie de péritonite tuberculeuse, à l'âge de 15 ans, au Pèlerinage National (Voir Registre du Bureau des constatations 1899, p. 59; *Pèlerin*; *Jubilé de 1897*, p. 65, et Enquête canonique du 6 juin 1908). A pris part au Jubilé de 1897.

21 août 1896. — Mlle MARIE BOUCHIKOT, de Paris, guérie d'une tumeur blanche au genou gauche, à l'âge de 47 ans, au Pèlerinage National (Voir Registre du Bureau des constatations, 1896, p. 14; *Pèlerin*, 30 août 1896; *Journal de la Grotte*, 23 août 1896).

22 août 1896. — Mme FONTAINE, née ZÉLIE BOURGEOIS, de Droupt-Sainte-Marie (Aube), guérie de fibrômes au foie et aux reins, à l'âge de 41 ans, au Pèlerinage National. A pris part au Jubilé de 1897.

23 août 1896. — Sœur MARIE-EMÉRENTIENNE, de la Providence, de Blois, guérie de polype au sinus frontal, à l'âge de 28 ans, au Pèlerinage National.

30 août 1896. — Mlle GEORGETTE SCHOTTEY, de Bergues (Nord), guérie de surdité des deux oreilles, à l'âge de 22 ans, en dehors des pèlerinages.

19 août 1897. — Mme AUGUSTINE BRÉMOND, de la Meilleraie-Tillay (Vendée), guérie d'une péritonite, à l'âge de 37 ans, au Pèlerinage National (Voir *Pèlerin*).

20 août 1897. — Mlle MATHILDE CHAYROUX, de Bordeaux, actuellement à Saint-Martin du Puy (Gironde), guérie d'un ulcère à l'estomac, à l'âge de 38 ans, au Pèlerinage National (Voir Registre du Bureau des constatations, 1897, p. 7; *Journal de la Grotte,* 22 août, et *Pèlerin,* 26 septembre 1897).

20 août 1897. — Mme Vve GIZOLME, de Paris, guérie d'hémoptysies avec bronchite tuberculeuse et gastralgie, à l'âge de 43 ans, au Pèlerinage National (Voir Registre du Bureau des constatations, 1897, p. 27; *Pèlerin,* 29 août et 31 octobre 1897; *Journal de la Grotte,* 24 août; *Figaro,* 24 août).

20 août 1897. — Mlle MARIE-LOUISE TESSIER, de Saint-Amand-sur-Sèvre (Deux-Sèvres), guérie de péritonite tuberculeuse, à l'âge de 23 ans, au Pèlerinage National (Voir Registre du Bureau des constatations, 1897, p. 21; *Pèlerin,* 19 septembre 1897).

20 août 1897. — Mlle ALBERTINE VIGNERON, actuellement Mme LÉRIGET, d'Angoulême, guérie de péritonite et d'hydropisie, à l'âge de 12 ans, au Pèlerinage National (Voir *Croix de la Charente* et Rapport annuel du 18 février 1898 de M. l'abbé Lacroix).

22 août 1897. — Mme FRANÇOISE DIZIEN, de Dun-la-Place (Nièvre), guérie d'une faiblesse depuis 6 ans, à l'âge de 38 ans, au Pèlerinage National.

22 août 1897. — Mme Vve BERTHE ROUX, d'Angoulême, guérie de tuberculose pulmonaire, à l'âge de 38 ans, au Pèlerinage National (Voir *Croix de la Charente* et Rapport annuel de M. l'abbé Lacroix).

23 août 1897. — Mlle ALPHONSINE-ADRIENNE DUVAL, de Paris, guérie d'un ulcère à l'estomac et gastralgie, à l'âge de 20 ans, au Pèlerinage National (Voir Registre du Bureau des constatations, 1897, p. 75; *Pèlerin,* 22 septembre 1897; *Croix,* 27 août 1897).

24 août 1897. — Mme MARIE-AMANDA BLAIN, de Beaugency, actuellement à Paris, guérie d'une hernie de 5 ans, à l'âge de 29 ans, au Pèlerinage National (Voir Registre du Bureau des constatations, 1897, p. 127; *Pèlerin,* 2 septembre 1897, avec sa photographie, et *Croix,* août 1897).

25 août 1897. — Mlle MARIE POUËT, d'Avranches, guérie d'ovarisme, à l'âge de 31 ans, au Pèlerinage National (Voir Registre du Bureau des constatations, 1898, p. 109; *Croix,* 25 août 1898).

3 août 1898. — Sœur MARIE BENAIS, d'Ernée (Mayenne), guérie d'un eczéma chronique purulent, à l'âge de 26 ans, à Lourdes, dans un pèlerinage privé.

20 août 1898. — Mme SELLECQUE, de Paris, guérie d'un ulcère à l'estomac et d'anémie, à l'âge de 45 ans, au Pèlerinage National (Voir *Annales de Lourdes,* XXXI, p. 188; *Croix,* 25 août 1898, et *Pèlerin*).

20 août 1898. — M. MARIE-BERNARD SIBILLE, de Gisors (Eure), guéri de rachitisme avec saillie des vertèbres, à l'âge de 4 ans 1/2, au Pèlerinage National (Voir Registre du Bureau des constatations, 1898, p. 136).

21 août 1898. — Mme LEFEBVRE, née VICTORINE BAUMARD, de Lisieux (Calvados), guérie de tuberculose généralisée, à l'âge de 24 ans, au Pèlerinage National (Voir *Semaine religieuse, Annales de Lourdes,* etc.)

20 août 1898. — Mlle CLARISSE GODEAU, de Paris, guérie de tuberculose pulmonaire, à l'âge de 38 ans, au Pèlerinage National (Voir *Pèlerin,* 25 septembre 1898; *Journal de Lourdes,* 22 janvier 1899).

20 août 1898. — Mme ROSE POCHET, de Paris, guérie de tuberculose pulmonaire, à l'âge de 45 ans, au Pèlerinage National (Voir *Croix*).

21 août 1898. — Mme V^re RICHARD, de Paris-Auteuil, guérie d'une maladie de foie et d'ulcération cancéreuse de la gorge, à l'âge de 48 ans, au Pèlerinage National (Voir *Annales de Lourdes,* 30 septembre 1898, XXXI, p. 187; et *Croix*).

22 août 1898. — Mlle YVONNE CORLIEU, de Soyaux (Charente); guérie de faiblesse congénitale avec rachitisme affectant surtout le côté droit, à l'âge de 19 mois, au Pèlerinage National (Voir *Annales de Lourdes,* XXXI, p. 198; *Croix de la Charente* et *Semaine religieuse d'Angoulême,* 11 septembre 1898; Rapport de M. l'abbé Lacroix du 11 février 1899).

10 septembre 1898. — Mlle CÉLESTINE DUBOIS, d'Hubersent (Pas-de-Calais), guérie d'une gastralgie, à l'âge de 45 ans, au pèlerinage diocésain d'Arras (Voir *Messager artésien de Notre-Dame de Lourdes*).

15 mai 1899 — Mlle VICTORINE FEUSSARD, de Dinard (Ille-et-Vilaine), guérie d'un abcès à la jambe, au pèlerinage diocésain de Rennes. (Voir *Annales de Lourdes,* XXXII, p. 69.)

15 août 1899. — M. EDMOND FORESTIER, d'Angers, guéri de tuberculose pulmonaire, à l'âge de 17 ans, au pèlerinage diocésain d'Angers (Voir *Journal de la Grotte.*) Actuellement brancardier, un des plus dévoués de l'Anjou.

20 août 1899. — Mme FRANÇOIS, née ROSE LABREUVOIES, de Paris, guérie d'un phlegmon double cancéreux, à l'âge de 35 ans, au Pèlerinage National (Voir *Journal de la Grotte, Pèlerin, Gaulois, Echo de Paris, Croix;* Bertrin, Boissarie; Enquête canonique du 5 juin 1908).

20 août 1899. — Sœur ANNA, des Servantes du Saint-Cœur de Marie, de Montgeron (Seine-et-Oise), actuellement à Combs-la-Ville (Seine-et-Marne), guérie d'un ulcère rond à l'estomac, à l'âge de 27 ans, au Pèlerinage National (Voir Registre du Bureau des constatations, 1899, p. 118; *Pèlerin,* 27 août 1899).

20 août 1899. — Mlle MARIE-CLÉMENCE CLÉVENOT, de Baccarat (Meurthe-et-Moselle), actuellement à Rambouillet (Seine-et-Oise), guérie d'un eczéma chronique, à l'âge de 22 ans, au Pèlerinage National (Voir *Pèlerin*).

21 août 1899. — Mlle JULIE BONNET, de Rousset (Bouches-du-Rhône), guérie de palpitations, de deux hernies inguinales et de douleurs intestinales, à l'âge de 39 ans, au Pèlerinage National.

22 août 1899. — Mlle SARAH PECQUET, de Paris, améliorée en 1896 et guérie définitivement d'affections lupoïdes et scrofuloïdes avec éléphantiasis des deux jambes, à l'âge de 47 ans, au Pèlerinage National (Voir *Annales de Lourdes*, 31 août 1896, XXIX, p, 120).

22 août 1899. — M. l'abbé BLANCHARD, actuellement curé de Renay (Loir-et-Cher), guéri d'hydropisie, à l'âge de 20 ans, au Pèlerinage National.

23 août 1899. — Mlle MARIE-LOUISE-ADRIENNE MOREAU, de Sigogne (Charente), guérie de céphalée chronique et de chloro-anémie, à l'âge de 17 ans, au Pèlerinage National (Voir Rapport annuel de M. l'abbé Lacroix du 11 février 1900; *Croix de la Charente*, 10 septembre 1899; *Semaine religieuse d'Angoulême*, 12 novembre 1899).

26 septembre 1899. — Mlle JULIA SAIGNAC, de Saint-Pierre-de-Côle (Dordogne), guérie de laryngite tuberculeuse, à l'âge de 32 ans, au pèlerinage diocésain de Périgueux (Voir Récit de sa guérison, par l'abbé Pradier, brochure, Périgueux, 1900; Registre du Bureau des constatations, 1899, p. 364).

25 juin 1900. — Le R. P. SALVATOR, Capucin, de Rouellé (Orne), actuellement à Spy (Belgique), guéri d'une péritonite tuberculeuse, à l'âge de 38 ans, en dehors des pèlerinages (Voir *Annales de Lourdes*, XXXIII, p. 97 et 129; XXXIV, p. 348 et 388; *Annales franciscaines*; Boissarie, *Œuvre de Lourdes*).

19 août 1900. — Mme MARIE-LOUISE DEBOS, née SIMON, du Pouzin (Ardèche), guérie d'une métro-vaginite chronique, à l'âge de 39 ans, au Pèlerinage National (Voir Registre du Bureau des constatations, 1900, p. 97; *Journal de la Grotte*; *Croix de l'Ardèche*).

19 août 1900. — Mlle LOUISE LEBORGNE, de Paris, guérie d'une déviation de la colonne vertébrale, à l'âge de 30 ans, au Pèlerinage National (Voir *Pèlerin*, 11 novembre 1900).

20 août 1900. — Mme DÉTÉ, née VIRGINIE DUPIN, de Chartres, guérie de gastrite chronique avec tumeur au pilore, à l'âge de 53 ans, au Pèlerinage National (Voir *Journal de la Grotte*, 24 août 1900).

20 août 1900. — Mlle MÉLANIE CHEVALEREAU, de Cheffoi (Vendée), guérie d'insuffisance aortique avec hypertrophie du cœur, à l'âge de 36 ans, au Pèlerinage National.

21 août 1900. — Mlle PALMYRE RIEUSEC, actuellement Mme MUEL, de Oupia (Aude), guérie d'une coxalgie, à l'âge de 21 ans, au Pèlerinage National (Voir *Journal de la Grotte*).

21 août 1900. — Mlle LUCIE GUILLAUME, de Toul (Meurthe-et-Moselle), guérie d'une ulcération de l'estomac, à l'âge de 36 ans, au Pèlerinage National (Voir *Annales de Lourdes*, 20 septembre 1900, p. 177; *Pèlerin*).

21 août 1900. — Mme Vve HÉBERT, de Lisieux (Calvados), guérie d'une tuberculose pulmonaire, à l'âge de 39 ans, au Pèlerinage National (Voir *Annales de Lourdes*, XXXV, p. 4; *Pèlerin*, novembre 1900).

22 août 1900. — Mme JULIENNE SIMONET, de Bar-le-Duc (Meuse), guérie d'une tumeur, à l'âge de 48 ans, au Pèlerinage National (Voir *Croix* et *Annales de Lourdes*, XXXIII, p. 182).

22 août 1900. — Mlle HENRIETTE MARNOT, de Toulon (Var), guérie d'une bronchite spécifique et d'arthrite chronique, à l'âge de 42 ans, au Pèlerinage National (Voir *Journal de la Grotte*).

22 août 1900. — Mme GARROUSTE, née JEANNE MAUDON, de Soupex (Aude), guérie de cécité complète, à l'âge de 38 ans, au Pèlerinage National (Voir *Journal de la Grotte*).

22 août 1900. — Mme BUSENHARD, née AUGUSTINE GAYOT, de Bar-le-Duc (Meuse), guérie de maladie du foie, à l'âge de 38 ans, au Pèlerinage National.

23 août 1900. — Mlle GABRIELLE BOMET, de Blois, guérie de tumeurs fibreuses multiples et incurables, à l'âge de 46 ans, au Pèlerinage National (Voir *Journal de la Grotte*, 30 septembre 1900, et *Annales de Lourdes*, XXXIII, p. 187).

23 août 1900. — M. CHARLES EYRAUD, de Toury (Loiret), guéri de tumeur blanche et déplacement du tibia droit, à l'âge de 20 ans, au Pèlerinage National.

25 août 1900. — M. EUSÈBE PONCHON, de Driencourt (Somme), guéri de tumeurs purulentes au genou droit, à l'âge de 18 ans, en dehors des pèlerinages.

13 septembre 1900. — Mlle FÉLICITÉ HAMON, de Rennes, guérie de la carie des os du pied, au pèlerinage diocésain de Rennes.

20 août 1901. — Mlle MARGUERITE BERNAT, de Millau (Aveyron), guérie de rachitisme, à l'âge de 4 ans 1/2, au Pèlerinage National.

20 août 1901. — Mlle ÉLISE FLAMENT, de Paris, guérie d'une maladie de la moelle épinière et rhumatisme chronique, à l'âge de 17 ans 1/2, au Pèlerinage National (Voir *Annales de Lourdes*, XXXIV, p. 187, et *Pèlerin*).

20 août 1901. — M. GABRIEL GARGAM, de Chazelles (Charente), guéri d'une affection de la moelle rachidienne, à l'âge de 31 ans, au Pèlerinage National (Voir *Croix, Pèlerin, Annales de Lourdes,* XXXIV, 186 et 314; G. Bertrin, *Histoire critique des événements de Lourdes,* p. 330-357; Boissarie ; Alex. Petit, *l'Immaculée à Lourdes*).

20 août 1901. — Mlle VICTORINE TONNELIER, de Javron (Mayenne), guérie du mal de Pott à l'âge de 15 ans, au Pèlerinage National.

21 août 1901. — Mlle JOSÉPHINE BOURSIN, de Cheny (Yonne), guérie d'arthrite et de coxalgie, à l'âge de 33 ans, au Pèlerinage National (Voir *Annales de Lourdes,* XXXIV, p. 190; *Croix, Semaine religieuse de Sens, la Bourgogne*).

21 août 1901. — M. PIERRE MARCELLIN, d'Aix-en-Provence, guéri d'une hernie inguinale, à l'âge de 7 ans, au Pèlerinage National.

22 août 1901. — Mme ANASTASIE BRUNET, des Aubiers (Deux-Sèvres), guérie d'une tumeur fibreuse, à l'âge de 53 ans, au Pèlerinage National.

23 août 1901. — M. VICTOR-LOUIS DARCHE, de Paris, guéri de paralysie complète, à l'âge de 32 ans, au Pèlerinage National.

24 août 1901. — Mme TASTEVIN, de Paris, guérie d'entérite muqueuse, à l'âge de 52 ans, au Pèlerinage National.

24 août 1901. — Mlle JOSÉPHINE-VIRGINIE VOISIN, de Paris, guérie d'une affection cardiaque, à l'âge de 13 ans, au Pèlerinage National (Voir *Pèlerin,* 1901, p. 619).

25 août 1901. — Mlle MARIE-LOUISE dite MARIA BERNAT, de Millau (Aveyron), guérie de surdité et mutisme de naissance, à l'âge de 11 ans 1/2, au Pèlerinage National (Voir Registre du Bureau des constatations, 1902, p. 111).

3 mars 1902. — Mlle JOSÉPHINE SIMONNEAU, de Florensac (Hérault), guérie de mastoïdite aiguë, à l'âge de 25 ans, en dehors des pèlerinages (Voir *Journal de la Grotte,* 6 juillet 1902).

15 mai 1902. — Mlle MARIE-LOUIS COTIN, de Fougères (Ille-et-Vilaine), guérie d'entérite muquo-membraneuse, à l'âge de 37 ans, au pèlerinage diocésain de Rennes (Voir *Journal de la Grotte,* 21 juin 1902 ; Registre du Bureau des constatations, 1902, p. 75.)

11 juin 1902. — Mme BIGOT, née VICTORINE DUCHEMIN, de Cherbourg (Manche), guérie de douleurs abdominales, à l'âge de 35 ans, au pèlerinage diocésain de Coutances (Voir *Annales de Lourdes,* XXXX, p. 94; *Croix de Coutances, Semaine religieuse,* etc.).

22 août 1902. — Mlle JUSTINE MANAUD, de Bordeaux, guérie de tuberculose pulmonaire, d'entérite chronique et d'ulcère à l'estomac, à l'âge de 36 ans, au Pèlerinage National.

22 août 1902. — Mlle MARIE BOUVIER, de Surfonds (Sarthe), guérie d'une déviation de la colonne vertébrale, à 18 ans, au Pèlerinage National (Voir *Croix, Nouvelliste de la Sarthe, Semaine du Fidèle du Mans*).

22 août 1902. — Mme AULARD, de Paris, guérie d'ataxie locomotrice, à l'âge de 42 ans, au Pèlerinage National.

23 août 1902. — Mlle SIMONE BOURRET, d'Angoulême, guérie de cystite aigue, à l'âge de 17 ans, au Pèlerinage National (Voir *Journal de la Grotte,* 1903).

23 août 1902. — Mlle MARIA ROCH, de Paris, guérie d'un ulcère rond à l'estomac, à l'âge de 28 ans, au Pèlerinage National (Voir *Croix,* août 1903; *Annales de Lourdes,* XXXVII, p. 158.

23 août 1902. — Mlle MARIE DUMAS, de Saint-Remy-de-Provence (Bouches-du-Rhône), guérie de demi-contracture nervoso-musculaire gauche, à l'âge de 16 ans, au Pèlerinage National (Voir Registre du Bureau des constatations, 1902, p. 115; *Journal de la Grotte,* 31 août 1902; *Semaine religieuse d'Aix,* 31 août 1902; *Soleil du Midi,* 3 septembre 1902; *Eclair de Montpellier,* 2 septembre 1902).

24 août 1902. — Mlle ROSALIE MARSALLIER, d'Ernée (Mayenne), guérie de tuberculose pulmonaire, à l'âge de 20 ans, au Pèlerinage National.

25 août 1902. — Mlle BLANCHE PIGEON, de Neuilly-sur-Seine, guérie d'une tumeur blanche au genou, albuminurie, péritonite, etc., à l'âge de 25 ans, au Pèlerinage National (Voir *Chronique picarde,* 30 août 1902.)

26 août 1902. — Mlle LOUISE-LÉONIDE-AUGUSTINE DELARUE, d'Orléans, actuellement à Saint-Ay (Loiret), guérie d'une grippe infectieuse, bronchite et paralysie des deux jambes, à l'âge de 44 ans, au Pèlerinage National (Voir *Bulletin de Notre-Dame de Salut,* septembre 1902, p. 126).

26 août 1902. — Mlle VIRGINIE RICHETTI, de Marseille, guérie de troubles intestinaux, à l'âge de 34 ans, au Pèlerinage National.

27 août 1902. — M. JEAN SALLES, de Portiragnes (Hérault), guéri de varices percées gangreneuses, à l'âge de 38 ans, au Pèlerinage National.

28 novembre 1902. — M. JOSEPH JACQUARD, de Tourcoing (Nord), guéri de phtisie, à l'âge de 22 ans, en dehors des pèlerinages.

10 mai 1903. — Mme MARIE GICQUEL, de Sainte-Anne-sur-Vilaine (Ille-et-Vilaine), guérie d'une aphonie, à l'âge de 19 ans, au pèlerinage diocésain de Rennes (Voir *Annales de Lourdes,* XXXVI, p. 92).

3 août 1903. — Mme JULIE VERGNE, en religion Sœur HENRIETTE, supérieure de l'asile des vieillards, de Bergerac (Dordogne), guérie d'une arthrite, à l'âge de 42 ans, au pèlerinage diocésain de Périgueux (Voir *Annales de Lourdes,* XXXV, p. 157; *Semaine religieuse de Périgueux*).

16 août 1903. — Mlle HERMANCE GUZE, de Tichey (Côte-d'Or), guérie de névrite optique type et méningite, à l'âge de 25 ans, au Pèlerinage National.

20 août 1903. — Mme DELBOS, de Paris, guérie de paralysie générale des membres, à l'âge de 43 ans, au Pèlerinage National (Voir *Semaine religieuse de Paris, Annales de Lourdes,* XXXVI, p. 88.)

21 août 1903. — Mlle HORTENSE IRLES, de Montpellier, guérie d'abcès profonds dans la fosse iliaque, à l'âge de 20 ans, au Pèlerinage National (Voir *Annales de Lourdes,* XXXVI, p. 147; *Croix,* 23 août 1903; *Croix du Languedoc,* 29 août, 8 et 13 septembre 1903; *Semaine religieuse de Montpellier,* 29 août 1903.)

21 août 1903. — Mlle VICTORINE DORBIC, de Brugairolles (Aude), guérie de paralysie et phtisie, à l'âge de 20 ans, au Pèlerinage National (Voir *Annales de Lourdes,* XXXVI, p. 187; *Express du Midi,* 20 septembre 1903; *Semaine religieuse de Carcassonne*).

22 août 1903. — Sœur SAINT-BERNARD, de la Providence, de Blois, guérie d'une entérite avec diarrhée chronique, à l'âge de 46 ans, au Pèlerinage National (Voir *Annales de Lourdes,* XXXVII, p. 23; *Croix, Pèlerin*).

22 août 1903. — Mlle IRMA DESORGES, de Chartres, guérie d'un ulcère à l'estomac, à l'âge de 27 ans, au Pèlerinage National (Voir *Croix, Annales de Lourdes,* XXXVI, p. 158).

22 août 1903. — Mlle MARTHE GUARRIGUE, de Mérignac (Gironde), guérie d'appendicite chronique avec entérite infectieuse, à l'âge de 33 ans, au Pèlerinage National.

22 août 1903. — Mme VICTORIA CORLIEU, de Soyaux (Charente), guérie de dyspepsie, de varices à la jambe gauche, de cécité d'un œil, etc., à l'âge de 32 ans, au Pèlerinage National (Voir Rapport annuel de M. l'abbé Lacroix, du 6 mars 1904).

23 août 1903. — Mme ANGÈLE PEYRIÈRES, de Paris, guérie de paralysie, avec contraction du côté gauche, à l'âge de 48 ans, au Pèlerinage National (Voir *Annales de Lourdes,* XXXVI, p. 153; *Pèlerin, Croix, Peuple français,* etc.).

24 août 1903. — Mme ALPHONSINE BOITTIN, de Versailles, guérie d'une entérite membraneuse, à l'âge de 41 ans, au Pèlerinage National (Voir *Croix,* 23 août 1904; *Pèlerin, Annales de Lourdes,* XXXVII, p. 173).

25 août 1903. — Mlle NOÉMIE GOUYON, de Nemours (Seine-et-Marne), guérie du mal de Pott, à l'âge de 26 ans, au Pèlerinage National.

2 septembre 1903. — Mme NOÉMIE BLAZY, de Mondragon (Vaucluse), guérie de troubles gastriques graves, à l'âge de 26 ans, au pèlerinage diocésain d'Avignon (Voir *Annales de Lourdes,* XXXVII, p. 183; *Journal de la Grotte,* 6 septembre 1903; *Semaine religieuse d'Avignon*).

3 septembre 1903. — M. HENRY BLAZY, de Mondragon (Vaucluse), guéri de bronchite bacillaire, à l'âge de 31 ans, au pèlerinage diocésain d'Avignon (Voir Registre du Bureau des constatations, 1903, p. 131; *Journal de la Grotte*, 6 septembre 1903; *Semaine religieuse d'Avignon*).

11 septembre 1903. — M. Jules Thommerel, de Bellême (Orne), guéri d'emphysème pulmonaire, à l'âge de 25 ans, au pèlerinage diocésain de Séez (Voir *Semaine religieuse de Séez, Croix de Flers, Indépendant de l'Orne*). Brancardier au pèlerinage diocésain chaque année.

17 septembre 1903. — Mlle Marie-Antoinette Guidez, de Lille, guérie d'une arthrite au genou, à l'âge de 20 ans, au pèlerinage diocésain de Cambrai (Voir *Annales de Lourdes*, XXXVI, p. 218; *Croix du Nord*, septembre 1903).

11 février 1904. — M. Paul Arcens, de Pamiers, guérie d'une arthrite coxo-fémorale gauche, à l'âge de 49 ans, en dehors des pèlerinages (Voir Registre du Bureau des constatations, 1904, p. 1; *Pèlerin, Express du Midi, Croix*, etc.).

18 mai 1904. — Mlle Marie Longuève, de Bain-de-Bretagne, actuellement à Poligné (Ille-et-Vilaine), guérie de coxalgie, à l'âge de 25 ans, au pèlerinage diocésain de Rennes (Voir *Annales de Lourdes*, 31 mai 1904, XXXVII, p. 146).

13 juin 1904. — M. Dominique Brouard, d'Angers, guéri d'affections ganglionaires avec tumeurs au dos, à l'âge de 46 ans, au pèlerinage diocésain d'Angers (Voir compte rendu du 22 mai 1905).

3 juillet 1904. — Mlle Lucie Faber, de Paris, guérie d'appendicite et d'hydronéphrose avec lésion purulente très étendue, à l'âge de 14 ans, en dehors des pèlerinages (Voir *Journal de la Grotte*, 7 août 1904; *Hirondelle de Saint-Thomas d'Aquin*, juin 1905; *Semaine religieuse de Limoges*, 9 septembre 1904).

8 août 1904. — Mlle Andréa Astarie, de Périgueux, guérie du mal de Pott, à l'âge de 10 ans et demi, au pèlerinage diocésain de Périgueux (Voir *Guérisons de Lourdes*, par l'abbé Goulard, Bergerac, 1905).

8 août 1904. — Mlle Louise Vergnac, de Bergerac (Dordogne), guérie d'une tumeur blanche, à l'âge de 19 ans, au pèlerinage diocésain de Périgueux (Voir *Guérisons de Lourdes*, par l'abbé Goulard).

18 août 1904. — M. Jules Lamarque, de Paris, guéri d'un ulcère à l'estomac, à l'âge de 36 ans, au Pèlerinage National (Voir *Croix, Journal de la Grotte*).

20 août 1904. — Mlle Fortunée Prassi, de Marseille, guérie de tuberculose au tibia, à l'âge de 16 ans et demi, au Pèlerinage National (Voir *Annales de Lourdes*, XXXVII, p. 171; *Semaine religieuse d'Aix*, 2 septembre 1904; *Pèlerin*, avec son portrait, *Croix*, etc.).

20 août 1904. — Mme ELISE RATIER, née PENICHON, de La Rochefoucauld (Charente), guérie d'entérocolite et de métrite chronique, à l'âge de 34 ans, au Pèlerinage National (Voir *Croix*, 21 et 22 août 1904; *Semaine religieuse d'Angoulême; Annales de Lourdes*, XXXVII, p. 171).

20 août 1904. — Mlle LUCIE GRILLOT, de Sèvres, actuellement Sœur VINCENT DE PAUL, des Oblates de l'Assomption, à Froyennes (Belgique), guérie de bronchite spécifique avec cachexie, à l'âge de 24 ans, au Pèlerinage National (Voir *Croix*, 25 août 1904; *Hirondelle*, septembre et octobre 1904; *Annales de Lourdes*, XXXVII, p. 181).

20 août 1904. — Mlle ANNETTE CHAMPEAUX, de Varennes-les-Nevers (Nièvre), guérie d'une arthrite au genou et atrophie musculaire, à l'âge de 36 ans, au Pèlerinage National (Voir *Croix du Nivernais*, 4 septembre 1904; *Journal de la Grotte*, 16 septembre 1904).

21 août 1904. — Mlle MARIE MARTIN, de Vincennes (Seine), guérie d'une maladie grave de l'estomac, à l'âge de 36 ans, au Pèlerinage National.

21 août 1904. — M. EMILE GALZIN, de Saint-Rome-de-Tarn (Aveyron), guéri d'un psoriasis général, à l'âge de 34 ans, au Pèlerinage National.

21 août 1904. — Mlle BLANCHE HOMO, de Varennes-d'Aubigné (Sarthe), guérie de métrorragie et de péritonite tuberculeuse, à l'âge de 19 ans, au Pèlerinage National.

21 août 1904. — Mme MARGUERITE CODRON, de Bourbourg (Nord), guérie de paralysie et d'hémiplégie, à l'âge de 34 ans, au Pèlerinage National (Voir *Annales de Lourdes*, XXXVII, p. 176; *Messager du Cœur de Marie, Croix, Croix du Nord*, etc.).

21 août 1904. — Mme JEANNE BALAGEAS, de Saint-Léonard (Haute-Vienne), guérie d'une affection des voies urinaires, à l'âge de 42 ans, au Pèlerinage National.

22 août 1904. — Mlle AURÉLIE FLOUTARD, de La Bouscasse-de-Montredon (Tarn), guérie de gastrite chronique et troubles nerveux, à l'âge de 28 ans, au Pèlerinage National (Voir *Annales de Lourdes*, XXXVII, p. 182; *Croix* et *Croix du Tarn*).

22 août 1904. — Mlle CÉLESTINE MUSSOUX, de Guichen (Ille-et-Vilaine), guérie d'une grave maladie d'estomac, à l'âge de 22 ans, au Pèlerinage National.

22 août 1904. — Mlle MARIE CORDIER, de Bouère (Mayenne), guérie d'un ulcère rond à l'estomac, à l'âge de 23 ans, au Pèlerinage National (Voir *Annales de Lourdes*, XXXVII, p. 182).

22 août 1904. — M. EMILE JOUANNAUD, de Vitry-sur-Seine (Seine), guéri de coxalgie, à l'âge de 11 ans, au Pèlerinage National.

23 août 1904. — Mlle MARGUERITE CHAPTARD, de Bordeaux,

guérie d'un ulcère à l'estomac, à l'âge de 17 ans, au pèlerinage diocésain de Bordeaux (Voir *Annales de Lourdes*, 30 septembre 1904, XXXVII, p. 182).

23 août 1904. — Mme Berthe Devaux, de Montereau (Seine-et-Marne), guérie d'une entérocolite chronique, de congestion hépatique et de bronchite chronique, à l'âge de 33 ans, au Pèlerinage National (Voir *Croix de Lourdes*, 23 août 1905; *Univers*, 23 août 1905).

23 août 1904. — Mme Marie Bayle, de Bordeaux, déjà améliorée en 1902, guérie d'une bronchite chronique très avancée, à l'âge de 42 ans, au Pèlerinage National.

24 août 1904. — M. Jacques-François Picard, de Paris, guéri d'un myome fort avec chloradite et de gastrite, à l'âge de 45 ans, au Pèlerinage National.

8 décembre 1904. — Mlle Augustine Sarran, de Bordeaux, guérie d'un cancer à l'estomac, à l'âge de 38 ans, en dehors des pèlerinages (Voir *Annales de Lourdes*, XXXVIII, p. 157; *Univers*, *Nouvelliste de Bordeaux*, *Pèlerin*, etc.).

28 mars 1905. — Mlle Germaine Peyrot, de Paris, guérie d'une congestion pulmonaire double, à l'âge de 7 ans, en dehors des pèlerinages.

1er juin 1905. — Mlle Marie-Thérèse Merle, de Toulouse, guérie d'un cancer à l'œil, à l'âge de 3 ans 1/2, en dehors des pèlerinages (*Journal de la Grotte*, 20 août 1905).

9 juin 1905. — Mlle Marie Briand, de Teil-de-Bretagne (Ille-et-Vilaine), guérie du mal de Pott et de phtisie, à l'âge de 18 ans, au pèlerinage diocésain de Rennes.

7 août 1905. — Mlle Marie Vermersch, en religion Sœur Justine, des Augustines du Précieux-Sang, d'Arras, actuellement à Blaringhem (Nord), guérie d'une déviation de la colonne vertébrale, à l'âge de 31 ans, au pèlerinage diocésain d'Arras (Voir *Messager artésien*, *Journal de la Grotte*).

19 août 1905. — Mme Valérie Muller, de Paris, guérie d'entérocolite et de plaies ulcéreuses, à l'âge de 36 ans, au Pèlerinage National (Voir *Croix*, 25 août 1905; *Annales de Lourdes*, 1905, XXXVIII, p. 153).

20 août 1905. — Mlle Marie Robichon, au Muid (Loiret), guérie de névralgies multiples et de luxation de la hanche droite, à l'âge de 53 ans, au Pèlerinage National.

20 août 1905. — M. Louis Audibert, de Cette (Hérault), guéri d'épithélioma du rectum, à l'âge de 48 ans, au Pèlerinage National (Voir *Journal de la Grotte*, 30 août 1908).

20 août 1905. — Mlle Ida Peyrières, de Paris, guérie d'une otite moyenne double avec écoulements et surdité complète, à l'âge de 12 ans, au Pèlerinage National (Voir *Croix, Pèlerin, Annales de Lourdes*, XXXVIII, p. 153).

20 août 1905. — Mlle CLÉMENTINE DELARUELLE, de Fougères (Ille-et-Vilaine), guérie du mal de Pott, avec paraplégie incomplète des membres inférieurs, à l'âge de 29 ans, au Pèlerinage National (Voir *Croix, Pèlerin, Annales de Lourdes*, XXXVIII, p. 151).

22 août 1905. — Mme V^re JULIETTE SAINTARD, de Mantes (Seine-et-Oise), guérie d'une myélite chronique, à l'âge de 50 ans, au Pèlerinage National (Voir *Journal de la Grotte*, 27 août 1905 21 août 1906; *Annales de Lourdes*, XXXVIII, p. 151).

22 août 1905. — Mlle HENRIETTE BORDAS, de Marillac (Charente), guérie de dyspepsie nervomotrice et d'entérocolite muco-membraneuse, à l'âge de 40 ans, au Pèlerinage National (Voir *Annales de Lourdes*, XXXVIII, p. 153; Rapport annuel de M. l'abbé Lacroix du 11 février 1906).

22 août 1905. — M. LOUIS DUCLOS, du Kremlin-Bicêtre, près Paris, guéri d'une sacro-coxalgie, à l'âge de 12 ans, au Pèlerinage National (Voir *Croix, Annales de Lourdes*, XXXVIII, p. 151).

22 août 1905. — M. JOSEPH GALZIN, de Saint-Rome-de-Tarn (Aveyron), guéri du mal de Pott, à l'âge de 8 ans, au Pèlerinage National (Voir *Union catholique de l'Aveyron*).

23 août 1905. — Mlle BERNADETTE JUTARD, d'Angoulême, guérie de scoliose à convexité gauche, et de lésion vertébrale, à l'âge de 2 ans, au Pèlerinage National (Voir Rapport annuel de M. l'abbé Lacroix du 11 février 1906).

23 août 1905. — Mlle MARGUERITE MORDILLAT, de Bar-le-Duc Meuse), guérie de cystite, à l'âge de 27 ans, au Pèlerinage National.

23 août 1905. — M. JOSEPH MERCERON, de Bordeaux, guéri de tuberculose pulmonaire, à l'âge de 10 ans, au Pèlerinage National (Voir *Bulletin de Notre-Dame de Salut*, avril 1906, p. 220).

23 août 1905. — Mlle REINE COULANGE, de Saint-Georges-du-Bois (Sarthe), guérie de tuberculose pulmonaire, à l'âge de 19 ans, au Pèlerinage National.

24 août 1905. — Mlle PAULINE DELAHAYE, de Boulogne (Pas-de-Calais), guérie de phtisie et d'un ulcère à l'estomac, à l'âge de 22 ans, au Pèlerinage National (Voir *Annales de Lourdes*, XXXVIII, p. 154).

29 août 1905. — Mlle MARIE NEVIÈRE, d'Aix-en-Provence, guérie d'une entérite chronique, à l'âge de 35 ans, au pèlerinage diocésain d'Aix.

1er septembre 1905. — Mme V^re JOSEPH SCHWALM, de Reims, actuellement à Beaune (Côte-d'Or), guérie d'une grave maladie, à l'âge de 55 ans, au pèlerinage diocésain de Reims.

11 septembre 1905. — M. FRANÇOIS LE CREURER, de Bringolo (Côtes-du-Nord), guéri d'une otite et kératite interstitielle, à l'âge de 33 ans, au pèlerinage diocésain de Saint-Brieuc.

21 septembre 1905. — Mlle MARGUERITE PEYROCHE, de Ribérac (Dordogne), guérie d'une pleurésie au côté droit avec complications péritonéales de nature bacillaire, à l'âge de 21 ans, au retour du Pèlerinage National.

21 octobre 1905. — Mlle ANGÈLE GLÉTON, de Roubaix (Nord), guérie d'une grave maladie d'estomac, anémie, hémorragie, à l'âge de 35 ans, au pèlerinage diocésain de Cambrai (Voir *Journal de la Grotte*, 2 septembre 1906).

8 juin 1906. — Mlle MARIA-JULIA COOLS, de Paris, guérie de parésie, paralysie des jambes et déviation de la colonne vertébrale, à l'âge de 19 ans, au pèlerinage diocésain d'Anvers (Voir *Annales de Lourdes*, XXXIX, p. 122).

7 août 1906. — Mlle MARIE BARRÉ, de Durtal (Maine-et-Loire), guérie d'une entérite bacillaire, à l'âge de 29 ans, au pèlerinage diocésain d'Angers (Voir *Journal de la Grotte*, 20 août 1907).

10 août 1906. — Mlle MARGUERITE-MARIE VERLAGUET, de La Grand'Combe (Gard), guérie de coxalgie, à l'âge de 13 ans, au pèlerinage diocésain de Nîmes (Voir *Croix*, *Semaine religieuse de Nîmes*, *Eclair de Montpellier*, *Journal de la Grotte*).

10 août 1906. — Mlle JEANNE CHAPUT, de Limoges, guérie de tachycardie, à l'âge de 14 ans, au pèlerinage diocésain de Limoges.

18 août 1906. — Mlle MADELEINE BLANCHARD, de Niort, guérie d'une paralysie des membres inférieurs, à l'âge de 21 ans, au Pèlerinage National (Voir *Libre Parole*, *Croix des Deux-Sèvres*, *Semaine religieuse de Poitiers*).

18 août 1906. — Mlle ADRIENNE AMEL, de Caen, guérie de syphilis héréditaire, à l'âge de 31 ans, au Pèlerinage National (Voir *Croix*, *Pèlerin*, *Annales de Lourdes*, XXXIX, p. 165).

18 août 1906. — Mlle MARIE-LOUISE LECOMTE, d'Authon (Loir-et-Cher), guérie d'une maladie nerveuse, à l'âge de 14 ans, au Pèlerinage National.

18 août 1906. — M. JEAN DUCOM, de Gujan-Mestras (Gironde), guéri de paraplégie pottique, à l'âge de 40 ans, au Pèlerinage National (Voir *Journal de la Grotte*, 30 avril 1908).

19 août 1906. — Mlle CLOTILDE DELINOTTE, de St-Mandé (Seine), guérie d'une atrophie musculaire du bras gauche et nécrose des os, à l'âge de 26 ans, au Pèlerinage National (Voir *Journal de la Grotte*, *Croix*, 25 août 1906).

19 août 1906. — Mlle PHILOMÈNE-FRANÇOISE COURANT, de la Poitevinière (Maine-et-Loire), guérie d'une myélite chronique avec paraplégie complète, à l'âge de 44 ans, au Pèlerinage National

Groupe général des « Miraculés » (1908).

(Voir *Journal de la Grotte*, 20 août 1907; *Annales de Lourdes*,
XXXIX, p. 174; *Annales de Saint-Joseph; Croix*, 21 août 1907;
Nouvelliste de Bordeaux, 19 août 1907; *Semaine religieuse d'Angers*).

19 août 1906. — Mme ELISABETH BOSMAN, de Paris, guérie d'une
paralysie incomplète des membres inférieurs, à l'âge de 37 ans,
au Pèlerinage National (Voir *Journal de la Grotte*, 22 août 1906;
Annales de Lourdes, XXXIX, p. 167; *Croix*).

19 août 1906. — Mlle ROSA ARNICHAND, de Viviers (Ardèche),
guérie d'une arthrite au genou droit, à l'âge de 20 ans, au Pèle-
rinage National (Voir *Nouvelliste de Lyon, Croix de l'Ardèche,
Journal de Montélimar, Semaine religieuse d'Aix*, 31 août 1906;
Journal de la Grotte, 26 août 1906 et 22 août 1907; *Annales de
Lourdes*, XXXIX, p. 168).

19 août 1906. — Mlle MARIE LOISEAU, de Fontenay-le-Comte
(Vendée), guérie du mal de Pott, à l'âge de 25 ans, au Pèlerinage
National (Voir *Vendée, Semaine catholique de Luçon, Pèlerin;
Annales de Lourdes*, XXXIX, p. 166).

19 août 1906. — M. LOUIS RAPP, de Bordeaux, guéri d'une
tuberculose pulmonaire, à l'âge de 9 ans, au Pèlerinage National.

19 août 1906. — Mlle MARGUERITE BESSON, d'Aix-en-Provence,
guérie d'atrophie des membres supérieurs paralysés, à l'âge de
14 ans, au Pèlerinage National (Voir *Journal de la Grotte*, 26 août
1906; *Annales de Lourdes*, XXXIX, p. 168; *Semaine religieuse
d'Aix*, 31 août 1906).

19 août 1906. — Mlle MARIE-LOUISE MONTEVERDE, de Cannes
(Alpes-Maritimes), guérie de rhumatisme polyarticulaire, à l'âge
de 11 ans, au Pèlerinage National (Voir *Journal de la Grotte*, 26 août
1906; *Annales de Lourdes*, XXXIX, p. 169; *Semaine religieuse
d'Aix*, 31 août 1906).

19 août 1906. — Mlle MARIE-ANTOINETTE DESMARIES, de Raphèle
(Bouches-du-Rhône), guérie de coxalgie, à l'âge de 18 ans, au
Pèlerinage National (Voir *Annales de Lourdes*, XXXIX, p. 166).

20 août 1906. — M. JOSEPH LAGARDE, de Toulouse, guéri de
bronchite chronique, à l'âge de 36 ans, au Pèlerinage National
(Voir *Journal de la Grotte, Express du Midi*).

20 août 1906. — Sœur ISIDORE, des Sœurs de Sainte-Marthe, de
Bergerac, guérie d'une lésion tuberculeuse, à l'âge de 26 ans, au
Pèlerinage National.

21 août 1906. — M. JOSEPH DEBURCK, de Comines (Nord), guéri
d'un lombago durant depuis 22 ans, à l'âge de 63 ans, au Pèlerinage National (Voir *Croix*, 24 août 1906).

21 août 1906. — Mlle ADRIENNE LAUZERAL, des Auzerals (Tarn),
guérie d'une entérocolite muco-membraneuse, à l'âge de 45 ans,
au Pèlerinage National (Voir *Express du Midi*, 24 août 1906;

Journal de la Grotte, 26 août et 2 septembre 1906; *Croix, Croix du Tarn*).

21 août 1906. — Mlle MARIE ANGÈLE JARRE, de Pouzol (Puy-de-Dôme), guérie d'une entérite chronique, à l'âge de 4 ans 1/2, au Pèlerinage National.

21 août 1906. — Mme GODART, née LOGEOIS, de Paris, guérie de néoflesme utérin, à l'âge de 46 ans, au Pèlerinage National (Voir *Croix*, 22 août 1906; *Annales de Lourdes*, XXXIX, p. 173).

21 août 1906. — Mlle MARTHE LAMY, de Paris, guérie d'une entérite muco-membraneuse, à l'âge de 20 ans, au Pèlerinage National (Voir *Croix*, 22 août 1906).

21 août 1906. — Mme BERTHE LENOBLE, de Paris, guérie de métrite hémorragique, à l'âge de 35 ans, au Pèlerinage National (Voir *Croix*).

21 août 1906. — Mlle LYDIA BROSSE, de La Ferté-Bernard (Sarthe), guérie d'une ankylose au bras, à l'âge de 16 ans 1/2, au Pèlerinage National (Voir *Croix*).

21 août 1906. — Mme Vve PIERROT, née BLANCHE-MARIE LEMOINE, de Versailles, guérie d'une hémorragie de l'oreille gauche, à l'âge de 47 ans, au Pèlerinage National (Voir *Croix*).

22 août 1906. — Mme Vve CATHERINE BÉDERÈDE, de Bordeaux, guérie d'une bronchite spécifique ulcéreuse, à l'âge de 42 ans, au Pèlerinage National.

23 août 1906. — Mlle LÉONTINE PORTALIER, de Béziers (Hérault), guérie d'une tuberculose pulmonaire, à l'âge de 33 ans, au Pèlerinage National.

24 août 1906. — Mme MARIE AILLET, de Paris, guérie d'une maladie intestinale, déchirure et rein mobile, à l'âge de 43 ans, au Pèlerinage National (Voir *Croix, Pèlerin*).

24 août 1906. — Mlle MARIE LE BRETON, de Paris, guérie d'une tuberculose pulmonaire, à l'âge de 52 ans, au Pèlerinage National.

29 août 1906. — M. FRÉDÉRIC VARLET, de Canteleu-Lambersart, (Nord), guéri d'une cirrhose atrophique du foie avec ascite, à l'âge de 53 ans, au pèlerinage diocésain de Cambrai.

29 août 1906. — M. LOUIS CHEVALIER, de Bordeaux, guéri de suppurations chroniques de l'oreille avec carie de l'os, à l'âge de 30 ans, au retour du Pèlerinage National.

8 septembre 1906. — Mlle MARIE CHAUVIN, de Villebert (Seine-et-Marne), guérie de coxalgie et mal de Pott, à l'âge de 22 ans, au retour du Pèlerinage National (Voir *Journal de la Grotte*, 30 août 1908).

12 septembre 1906. — Mlle SUZANNE RIOUX, de Javron (Mayenne), guérie de tuberculose pulmonaire au 3e degré, à l'âge de 17 ans, chez elle, en dehors des pèlerinages.

24 septembre 1906. — Mlle MARIE MARTINEAU, d'Arfac (Gironde), guérie du mal comitial et hystérie, à l'âge de 36 ans, à un pèlerinage particulier (Voir Boissarie, *Œuvre de Lourdes*).

31 mai 1907. — M. ANDRÉ DOUALE, de St-André-lès-Lille (Nord), guéri d'une tuberculose pulmonaire, à l'âge de 2 ans, en dehors des pèlerinages.

25 juillet 1907. — Mlle MARGUERITE SIMON, de Nîmes, guérie d'une arthrite d'origine tuberculeuse, à l'âge de 24 ans, au pèlerinage diocésain de Nîmes (Voir *Journal de la Grotte*, 28 juillet 1907; *Semaine religieuse de Nîmes*, 11 août 1907; *Eclair de Montpellier; Autour d'un miracle*, par l'abbé Delfour, Vitte, Lyon, 1908).

6 août 1907. — Mlle MARIE-LOUISE ROUSSEAU, des Essards (Vendée), guéri d'une phlébite aux membres inférieurs, à l'âge de 23 ans, au pèlerinage diocésain de Luçon (Voir *Annales de Lourdes*, LX, p. 250; *Croix*, 24 août 1907; *Publicateur de la Vendée*, 25 août 1907; *Semaine religieuse de Luçon*).

17 août 1907. — Mlle MARIE-THÉRÈSE FRAYSSE, de Paris, guérie d'une néphrite chronique, à l'âge de 45 ans, au Pèlerinage National (Voir *Croix*).

18 août 1907. — Mlle BLANCHE PONET, de Paris, guérie d'une tuberculose pulmonaire, à l'âge de 30 ans, au Pèlerinage National (Voir *Croix*, *Annales de Lourdes*, XL, p. 154).

18 août 1907. — Mlle EMMA MOUROT, de Nant-le-Grand (Meuse), guérie d'une maladie infectieuse, à l'âge de 22 ans, au Pèlerinage National.

18 août 1907. — Mme HORTENSE GATINEAU, de La Chapelle-Bertrand (Deux-Sèvres), guérie d'un ulcère à l'estomac, à l'âge de 45 ans, au Pèlerinage National (Voir *Annales de Lourdes*, XL, p. 155).

18 août 1907. — Sœur SAINT-PHILIBERT, de la Congrégation de Saint-Thomas de Villeneuve, de Cannes (Alpes-Maritimes), guérie d'un rhumatisme noueux, à l'âge de 47 ans, au Pèlerinage National (Voir *Semaine religieuse d'Aix*, 30 août 1907).

18 août 1907. — Mlle EMMA CÉDAT, de Marseille, guérie d'une bronchite chronique avec douleurs lombaires, à l'âge de 25 ans, au Pèlerinage National (Voir *Semaine religieuse d'Aix*, 30 août 1907).

18 août 1907. — Mlle MARIE-ANTOINETTE RIVIÈRE, de Grézieu-la-Varenne (Rhône), guérie d'un ulcère à l'estomac, à l'âge de 21 ans, au Pèlerinage National (Voir *Journal de la Grotte*, 25 août 1907; *Semaine religieuse de Lyon*, 6 septembre 1907; *Semaine religieuse d'Aix*, 30 août 1907; *Annales de Lourdes*, XL, p. 153).

18 août 1907. — Mlle MATHILDE QUINCARLET, de Paris-Montrouge, guérie d'une péritonite bacillaire, à l'âge de 26 ans, au Pèlerinage National.

18 août 1907.—M.Jules Bongard, de Nuillé-sur-Vicoin (Mayenne), guéri d'un ankylose musculaire du genou gauche, à l'âge de 10 ans 1/2, au Pèlerinage National (Voir *Annales de Lourdes*, XL, p. 152).

19 août 1907. — M. Victor Lecomte, de Montjean (Mayenne), guéri d'une fistule purulente au rein droit, à l'âge de 20 ans, au Pèlerinage National.

19 août 1907. — Mme Jean, de Méral (Mayenne), guérie d'une péritonite chronique, à l'âge de 33 ans, au Pèlerinage National.

19 août 1907. — Mlle Albertine Badaire, de Vendôme (Loir-et-Cher), guérie d'une entéro-côlite muco-membraneuse, à l'âge de 39 ans, au Pèlerinage National (Voir *Annales de Lourdes*, XL, p. 156).

19 août 1907. — Mlle Léontine Fouché, du Mans, guérie de gastralgie, ulcération d'estomac, entérite, etc., à l'âge de 38 ans, au Pèlerinage National.

19 août 1907. — Mlle Louise-Joséphine-Duval, d'Argentan (Orne), guérie du mal de Pott, à l'âge de 24 ans, au Pèlerinage National.

19 août 1907. —. Mlle Pauline Mathey, de Paris-Auteuil, guérie de douleurs arthritiques au genou, à l'âge de 26 ans, au Pèlerinage National.

19 août 1907. — Mlle Barbe Muller, en religion Mère François d'Assise, de l'Abbaye-au-Bois, de Paris, guérie de dyspepsie et grave entérite muco-membraneuse, à l'âge de 53 ans, au Pèlerinage National (Voir *Croix*, 23 août 1907; *Hirondelle*, septembre-octobre 1907; *Le Bonheur*, septembre 1907; *Annales de Lourdes*, XL, p. 157).

19 août 1907. — Mme Marie Thélène, née Gaffet, de Barbentane (Bouches-du-Rhône), guérie d'eczéma chronique, à l'âge de 40 ans, au Pèlerinage National (Voir *Semaine religieuse d'Aix*, 30 août 1907).

19 août 1907. — Mlle Clémence Prat, de Port-Saint-Louis-du-Rhône (Bouches-du-Rhône), guérie d'une gastro-entérite avec cachexie, à l'âge de 27 ans, au Pèlerinage National (Voir *Journal de Lourdes*, 22 septembre 1907; *Semaine religieuse d'Aix*, 6 septembre 1907).

19 août 1907. — Mlle Madeleine Laure, de Saint-Jean-de-Braye (Loiret), guérie d'une entérite muco-membraneuse, à l'âge de 19 ans, au Pèlerinage National.

19 août 1907. — Mlle Renée-Victorine-Mathilde Schiermeyer, de Boulogne-sur-Seine (Seine), guérie d'infirmités du membre inférieur droit, à l'âge de 13 ans 1/2, au Pèlerinage National (Voir *Noël*, 5 septembre 1907; *Annales de Lourdes*, XL, p. 155).

20 août 1907. — Mlle Fernande Duminil, de Paris, guérie d'une mastoïde, à l'âge de 15 ans, au Pèlerinage National (Voir *Croix*, 24 août 1907; *Annales de Lourdes*, XL, p. 159).

20 août 1907. — M. Emmanuel Demerville, d'Épernay (Marne), guéri d'une coxalgie, à l'âge de 15 ans, au Pèlerinage National (Voir *Croix de la Marne et de la Champagne*).

20 août 1907. — Mme Vte Daviau, de Blois, guérie d'un fibrôme utérin, à l'âge de 52 ans, au Pèlerinage National.

20 août 1907. — Mlle Marie Dargent, de Toulouse, guérie d'une ostéite, à l'âge de 22 ans, au Pèlerinage National.

20 août 1907. — Sœur Anatolie Mauzen, de l'asile des vieillards, à Bergerac (Dordogne), guérie de pleuro-pneumonie et de tuberculose, à l'âge de 32 ans, au Pèlerinage National (Voir *Semaine religieuse de Périgueux*, 31 août 1907, et *Croix du Périgord*).

20 août 1907. — Mme Alphonsine Bouttet, en religion Sœur Marie-Rose, du Bon-Pasteur d'Angoulême, guérie de tuberculose pulmonaire, à l'âge de 42 ans, au Pèlerinage National (Voir *Croix, Journal de la Grotte;* Rapport annuel de M. l'abbé Lacroix).

21 août 1907. — M. Armand-Georges Boucher, de La Roche (Haute-Vienne), guéri d'une paralysie, à l'âge de 31 ans, au Pèlerinage National (Voir *Annales de Lourdes*, XL, p. 156; *Pèlerin*, etc.).

21 août 1907. — Mlle Gabrielle Benvenuti, de Châteaufort (Seine-et-Oise), guérie de tuberculose pulmonaire, à l'âge de 20 ans, au Pèlerinage National (Voir *Annales de Lourdes*, XL, p. 163).

21 août 1907. — Mlle Émilie Lucron, de Paris, guérie d'une paralysie aux jambes et aux bras, à l'âge de 10 ans, au Pèlerinage National (Voir *Croix, Journal de la Grotte*).

21 août 1907. — Mère Marguerite Ricci, des Missionnaires du Sacré-Cœur de Jésus, de Neuilly-sur-Seine, guérie de rhumatismes musculaires, à l'âge de 29 ans, au Pèlerinage National (Voir *Croix, Annales de Lourdes*, XL, p. 158).

22 août 1907. — M. l'abbé Sébastien Tourné, de Llauro (Pyrénées-Orientales), guéri d'une phlébite à la jambe droite, à l'âge de 49 ans, au Pèlerinage National (Voir *Croix*, 24 août 1907; *Semaine religieuse de Perpignan*, 31 août 1907; *Annales de Lourdes*, XL, p. 163).

22 août 1907. — M. Auguste Picquet, de Bouchamps-les-Craon (Mayenne), guéri d'une névrose traumatique à forme neurasthénique grave, à l'âge de 32 ans, au Pèlerinage National.

22 août 1907. — Mlle Nathalie Audouin, de Versailles, guérie d'une arthrite au genou droit, à l'âge de 47 ans, au Pèlerinage National.

22 août 1907. — Mme Amélie Milville, de Paris, guérie d'une tumeur au nerf sciatique, à l'âge de 51 ans, au Pèlerinage National (Voir *Annales de Lourdes*, XL, p. 160.)

22 août 1907. — M. Alcide Gatineau, de La Chapelle-Bertrand

(Deux-Sèvres), guéri d'une hernie ombilicale congénitale, à l'âge de 18 mois, au Pèlerinage National.

22 août 1907. — Mlle MARIE BORREL, de Mende, actuellement à Villefranche (Aveyron), guérie d'une typhlite chronique avec ankylose des vertèbres lombaires, à l'âge de 27 ans, au Pèlerinage National (Voir *Croix de la Lozère*, 1er septembre et 8 décembre 1907; *Semaine religieuse de Mende*, 30 août et 6 septembre 1907; *Croix*, article de Georges Bertrin, 23 septembre 1908; *Annales de Lourdes*, XL, p. 162).

22 août 1907. — Mlle GEORGETTE-ESTELLE SCHNELL, de Paris, guérie d'une tuberculose pulmonaire, à l'âge de 23 ans, au Pèlerinage National.

22 août 1907. — Mme AIMÉE BOILEVIN, de Paris, guérie d'une paralysie à la jambe gauche, à l'âge de 32 ans, au Pèlerinage National (Voir *Croix*, 23 août 1907; *Annales de Lourdes*, XL, p. 163).

22 août 1907. — M. MARCEL BOUGNAUD, de Saintes (Charente-Inférieure), guéri de coxalgie de la jambe gauche, à l'âge de 15 ans, au Pèlerinage National (Voir Rapport de M. l'abbé Lacroix).

22 août 1907. — Mlle ADÈLE DUBANT, de Montbron (Charente), actuellement à Paris, guérie d'une tuberculose pulmonaire, à l'âge de 21 ans, au Pèlerinage National. (Voir *Semaine religieuse d'Angoulême*; Rapport annuel de M. l'abbé Lacroix).

24 août 1907. — Mlle MARIANNE MOUCHET, d'Alos-Sibas (Basses-Pyrénées), guérie d'une tuberculose pulmonaire, à l'âge de 22 ans, au Pèlerinage National.

25 août 1907. — M. JOSEPH BAUDELLE, de Saint-André-lès-Lille (Nord), guéri d'une ostéo-périostite bacillaire, à l'âge de 40 ans, au Pèlerinage National.

28 août 1907. — M. MARCEL COMME, de Bordeaux, guéri de troubles cérébraux à la suite de fièvre typhoïde, à l'âge de 26 ans, au pèlerinage diocésain de Bordeaux.

6 septembre 1907. — Mlle MATHILDE BONNEAU, de Tours, guérie de coxalgie, à l'âge de 19 ans, au pèlerinage diocésain de Tours.

31 octobre 1907. — M. JEAN GÉRARD, de Paris, guéri d'un ulcère à la jambe et au pied, à l'âge de 47 ans, au retour du Pèlerinage National.

22 novembre 1907. — Mlle LUCIENNE-HENRIETTE-VALENTINE BANCE, de Paris, guérie d'anémie, chlorose et scrofules, à l'âge de 5 ans et demi, en dehors des pèlerinages.

15 décembre 1907. — Mlle CÉLINE DUMOUSSET, de Thiers (Puy-de-Dôme), guérie de brûlures profondes, à l'âge de 24 ans, après le Pèlerinage National.

10 février 1908. — Mlle LOUISE RAT, de Bordeaux, guérie d'une tuberculose osseuse au bras droit, à l'âge de 40 ans, au pèlerinage de Bordeaux organisé par le *Nouvelliste* (Voir *Nouvelliste de Bordeaux*, février 1908).

25 mars 1908. — Mme Louise Gouzy, de Villar-de-Belle (Aude), guérie d'une hypertrophie du cœur, à l'âge de 42 ans, en dehors des pèlerinages.

17 juin 1908. — Mlle Eugénie Meunier, de Paris, guérie d'une plaie à la région abdominale avec trajets fistuleux, à l'âge de 20 ans, au premier pèlerinage diocésain de Paris (Voir *Arsenal de Saint-Paul-Saint-Louis*, juillet 1908).

26 juillet 1908. — M. Paul Chételat, de Versailles, guéri de calculs urinaires, à l'âge de 67 ans, en dehors des pèlerinages.

Laus Deo et Mariæ.

BIBLIOTHÈQUE NATIONALE. IMPRIMÉS. R.F. SÉRIE.

TABLE DES ILLUSTRATIONS
par ordre logique.

I. Portraits.

II. Paysages et monuments.

III. Scènes de genre.

IV. Divers,

TABLE DES MATIÈRES

INTRODUCTION

APPENDICES

cription annuelle pour les malades. Admission des malades pauvres. Hospitalisation et soin des malades. Réunions à Lourdes. Liste des Comités et correspondants diocésains. Manuel du Pèlerinage.

IV. — Hospitalité de Notre-Dame de Salut. 277

Extrait des statuts. Insignes de l'Hospitalité. Conseil de l'Hospitalité. Chefs de service de l'Hospitalité.

V. — Liste des « Miraculés » présents a Lourdes le 23 aout 1908.............. 283

Ordre chronologique de guérison et références sur chaque « miraculé ».

Table des Gravures.................... 313

Portraits. Panoramas et monuments. Scènes de pèlerinage. Divers.

Table des Matières.................... 317

BIBLIOTHÈQUE NATIONALE R.F. IMPRIMÉS

1249-08. — Imprimerie P. Feron-Vrau, 3 et 5, rue Bayard, Paris, VIIIe

www.ingramcontent.com/pod-product-compliance
Lightning Source LLC
LaVergne TN
LVHW050211030726
842520LV00002B/479